D0651628

LE CLASSICISME FRANÇAIS

OUVRAGES DU MÊME AUTEUR

Louis Ménard, Yale University Press, 1932.

Bibliographie critique de l'Hellénisme en France de 1843 à 1870, Yale University Press, 1932.

Qu'est-ce que le Classicisme? Paris, Droz, 1935 (épuisé).

Shelley et la France. Lyrisme anglais et lyrisme français au XIXe siècle, Le Caire, 1935.

Hommes et Œuvres du vingtième Siècle, Paris, Corrêa, 1938.

L'Influence des Littératures antiques sur la Littérature française moderne, Yale University Press, 1941.

HENRI PEYRE

LE CLASSICISME FRANÇAIS

ÉDITIONS DE LA MAISON FRANÇAISE, Inc.
610 Fifth Avenue, New York, N. Y.

AVANT-PROPOS

En 1933, nous avons fait paraître à la librairie Droz, à Paris, un petit livre intitulé : *Qu'est-ce que le classicisme ? Essai de mise au point.* Depuis plusieurs années, ce livre est épuisé. L'intérêt porté par de nombreux lecteurs, français et étrangers, à tout ce qui touche le dix-septième siècle français a suscité depuis maint travail. Nous avons mis à profit ces études récentes, comme en témoigne une bibliographie qui, après bien des éliminations, compte plus de trois cents titres. Nous avons également modifié, précisé ou élargi notre conception du classicisme français et, dans la mesure où cela était utile, du classicisme « éternel », dont le classicisme français est l'une des faces, la plus belle peut-être et la plus pure dans l'ensemble des littératures modernes. C'est donc un ouvrage mis à jour et entièrement refondu que nous présentons au public.

Cet ouvrage paraît en Amérique, à l'un des moments les plus lourds d'angoisses pour la France. Ce n'est point dilettantisme frivole que de se tourner en pensée vers le passé le plus glorieux de la culture française en ces années de tragique incertitude. Ce n'est point, surtout, désespérer du présent et ne rien attendre de l'avenir. Les Français eux-mêmes, dans leur détresse physique et morale, puisent en ce moment dans Corneille, dans Pascal, dans Molière et dans Bossuet de précieux encouragements. Leur XVIIe siècle leur apprend ou leur rappelle que leur histoire, même aux époques les plus glorieuses, n'a jamais été exempte d'épreuves, de déchirements, de périls mortels. De ces épreuves, toujours ils sont sortis épurés, plus graves, plus audacieux, plus résolus à tendre, selon le mot de Bossuet, « au beau et au grand.» Leur Grand Siècle ne les a ni stérilisés ni pétrifiés dans une admiration servile et conventionnelle. Le miracle de la culture française est d'avoir été pendant dix siècles continue, et pourtant toujours nouvelle et différente d'elle-même. Dans ces qualités et ces vertus classiques, que la France a incarnées à plusieurs reprises et en particulier au XVIIe siècle, tous ceux qui ont foi en la France lisent aujourd'hui un message plus que jamais actuel : que si ces dons de profondeur qui est clarté, de passion qui est sagesse, de sérénité qui est triomphe sur l'inquiétude, d'ordre qui est victoire sur la turbulence, d'équilibre qui est vie fragile mais harmonieuse, de raison qui est l'affirmation hardie du pouvoir de l'esprit sur les choses, venaient à disparaître, c'est toute la culture et c'est toute la civilisation, non seulement de l'Europe, mais de l'Occident, qui souffriraient un coup dont elles ne se relèveraient peut-être jamais plus.

YALE UNIVERSITY,
NEW HAVEN, CONN.
janvier 1942

I

INTRODUCTION

UN VOLUME qui se propose de répondre à la question, « Qu'est-ce que le Classicisme français ? » n'a sans doute pas besoin de justifier son existence par d'amples considérations préliminaires. La question se pose, inévitablement et tôt ou tard, à tout critique, à tout étudiant, à tout Français cultivé qui réfléchit sur la littérature et sur le passé de son pays. Elle se pose également à tout étranger qui, désireux de comprendre dans son essence la culture française, de se l'assimiler si possible, rencontre trop fréquemment dans ce classicisme une pierre d'achoppement. C'est à ces lecteurs français et étrangers, que leurs études ou leurs réflexions auront amenés à se demander, non sans quelque impatience, « qu'est-ce donc au juste que le classicisme français ? » que nous avons tâché d'apporter une réponse, nuancée certes, mais claire et aisément utilisable.

Nous n'avons point la prétention d'exposer ici, sur le classicisme, une théorie nouvelle en tous points, ni de proposer, de ce terme aux emplois si divers, une formule de définition préférable aux trente ou quarante autres qui ont déjà été offertes. Toute théorie nouvelle sur la notion de classicisme (que l'on considère le classicisme dogmatiquement « en soi » et comme l'une des attitudes éternelles de l'esprit humain, ou historiquement, dans la pensée et dans l'art d'un pays particulier, à une certaine époque) risquerait fort d'embrouiller un problème qui est déjà passablement confus. Pour être nouvelle, cette théorie devrait sans doute, après cent-cinquante ans de discussions sur le mot et la chose, ne pas répugner au paradoxe, se contraindre à différer des affirmations de nos divers prédécesseurs, et se faire volontairement exclusive et partielle.

L'objet du présent ouvrage est tout autre. Nous grouperons, avec un éclectisme où l'on verra sans doute notre souci d'impartialité, un certain nombre de traits par lesquels des critiques fort divers, et choisis tels à dessein, se sont efforcés de caractériser le classicisme. Nous utiliserons les plus récents résultats de l'érudition contemporaine pour mettre au point l'état de chacune des questions de détail que comprend le vaste problème du classicisme. Enfin, nous apporterons le résultat de notre expérience de Français qui a vécu à l'étranger et a exposé hors de France, à des publics curieux et pleins de sympathie, mais ni alourdis de préjugés favorables ni refroidis par un enseignement scolaire jadis impatiemment subi, l'histoire de notre littérature. Ce faisant, nous chercherons à être toujours clair et concis, sans pour cela simplifier ou généraliser à l'excès, à être précis sans tomber dans la minutie pédantesque, à fuir les spéculations d'esthétique transcendentale ou de philosophie de l'histoire, sans redouter pour cela de toucher aux idées.

Bien des fois, après avoir commenté ou interprété, pour des auditoires divers, nos grands écrivains du XVIIe siècle, nous nous sommes trouvé fort embarrassé pour indiquer, à des curieux ou à des étudiants avides de notions précises, l'ouvrage commode qu'ils appelaient de leurs vœux, où le classicisme serait nettement défini et caractérisé. Ni les pages que Gœthe écrivait sur ce sujet en 1795 sous le titre étrange de *Sansculottisme littéraire,* ni l'essai par trop fuyant de Sainte-Beuve, ni la brillante conférence de Herbert Grierson, ni la brochure hâtive et partiale de Gonzague Truc, ni enfin l'ouvrage récent, véhément avec passion, épris de grandeur, mais confus et désordonné comme à plaisir de J. Fidao-Justiniani, ne sauraient en effet fournir de réponse satisfaisante à la question que ces critiques s'étaient posée, que tant d'autres après eux se posent encore : « Qu'est-ce qu'un classique ? »[1]

Serons-nous plus heureux ? Nous espérons du moins, venant ainsi après beaucoup d'autres, éviter quelques-uns des pièges où sont tombés nos prédécesseurs. Nous mettrons libéralement à contribution les efforts de nos devanciers, et nous leur céderons la parole aussi souvent que possible. Nous ne nous attarderons pas à les opposer vainement les uns aux autres pour démontrer une fois de plus que le concept de classicisme englobe mille notions diverses et peut-être contradictoires, que le mot même de classicisme est mal choisi. C'est là un jeu trop facile, qui n'exige qu'étalage de lectures et un certain sens de l'ironie. Suivons plutôt la leçon des classiques eux-mêmes qui, à leurs différences individuelles, préférèrent les traits plus généraux par lesquels les hommes se ressemblent, peuvent se comprendre et se supporter. Le bon sens, qui n'exclut pas toujours les nuances, a plus de prix, dans un petit livre comme celui-ci qui se veut utile et didactique, que la recherche d'une originalité factice ou forcée.

Les citations occuperont donc une large place dans l'exposé que voici. Ce ne sera point par modestie seulement que nous les multiplierons ainsi, ni pour dissimuler ingénieusement notre opinion (et moins encore notre absence d'opinion) derrière l'éloquence de noms plus illustres, mais plutôt pour rendre notre tentative d'élucidation plus pratique et plus objective, parce que plus représentative d'une large part de l'opinion contemporaine. A cet effet, nous emprunterons volontiers nos références à des écrivains modernes ou immédiatement contemporains. La connaissance que nous avons aujourd'hui du dix-septième siècle diffère

1. Pour les références précises à ces cinq auteurs, voir notre bibliographie, numéros 130, 248, 135, 282, 104. Ajoutons une fois pour toutes qu'il s'agira avant tout pour nous dans cet ouvrage du classicisme français du XVIIe siècle, et exceptionnellement du classicisme ou du classique en général, lorsque la comparaison avec d'autres littératures nous paraîtra jeter une vraie lumière sur les problèmes particulièrement français que nous nous posons.

considérablement de celle qu'en avaient Nisard, Taine, et Brunetière. Ajoutons que l'opinion d'un Paul Valéry, d'un André Gide ou d'un André Suarès, d'un Benedetto Croce, ou d'un T. S. Eliot nous importera plus que celle de maint érudit et professionnel de l'histoire littéraire. Ce n'est point là sot dédain pour la critique universitaire et dénigrement vaniteux de nos aînés ou de nos pareils. Mais les professeurs passent pour avoir intérêt à louer le classicisme ; nul ne s'étonne de leur entendre célébrer (si tant est qu'ils le fassent encore aujourd'hui) l'ordre, la règle, les disciplines, la sagesse, et la raison. Nous voudrions aussi apercevoir et faire apercevoir à nos lecteurs et à nos étudiants ce que le classicisme conserve de vivant, de robuste, et de jeune. On leur a assez longtemps présenté l'apparence scolaire de ce classicisme, une apparence fort défraîchie par des années de séjour dans les salles d'étude.

Pour une raison analogue, nous nous placerons ici, non tant au point de vue du lecteur français qu'une éducation traditionnelle et sans doute la fierté d'un ancien et riche héritage mettent mieux à même de comprendre la période classique de son histoire, qu'au point de vue de l'étranger, de l'Américain ou de l'Anglais d'aujourd'hui. Il n'est pas mauvais que le *Cid*, l'*Ecole des femmes*, et *Bajazet* soient parfois lus ou écoutés par des adolescents ou des hommes à qui nul n'avait jamais enseigné à respecter (ou, par réaction contre ce même enseignement, à blasphémer) les noms de Corneille, de Molière, et de Racine. C'est un signe réconfortant de la vitalité de ces œuvres, et aussi bien des tragédies de Sophocle ou des comédies d'Aristophane, qu'elles triomphent de cette épreuve plus sûrement que bien des pièces modernes ou que bien des drames élisabéthains. L'absence de relativisme historique qui caractérise parfois les auditoires étrangers tourne elle-même plus souvent qu'on ne le croit à l'avantage des classiques. Le jeune Américain qui n'éprouve aucune vénération intimidante devant Poussin, Molière, ou Pascal demande à ces maîtres étrangers de l'amuser, de l'émouvoir, ou de le « stimuler » autant que tel peintre ou tel écrivain de son pays et de son temps. Et, très fréquemment, il n'est point déçu.[2]

Une expérience de plusieurs années d'enseignement à l'étranger nous a amplement convaincu qu'il n'est nullement impossible de faire apprécier à de jeunes Anglo-Saxons notre littérature classique : il y faut seulement quelque patience et quelque savoir-faire, et le choix d'un point de vue qui n'est pas forcément celui du professeur français enseignant aux lycéens de Paris ou de Carpentras comment il faut paraître aimer La Fontaine et Boileau pour réussir au baccalauréat. En fait, il semble que, depuis une vingtaine d'années, l'atmosphère littéraire soit devenue plus favorable à une intelligente compréhension du classicisme qu'elle ne l'a jamais été. Des critiques aussi écoutés que Lytton Strachey et T.S. Eliot, des philosophes ou des essayistes tels que T.E. Hulme et Middleton Murry en Angleterre ou Waldo Frank en Amérique, un romancier comme Maurice Baring,[3] ont parlé récemment de Bossuet ou de Racine avec une admiration sym-

2. Le vœu que formule indirectement un critique récent est ainsi rempli : les œuvres classiques doivent lutter contre un public neuf exactement comme le fait une œuvre écrite d'hier par un inconnu, et elles luttent victorieusement. « Si les salles de spectacle se trouvaient pleines d'hommes neufs et sans préjugés, les grandes œuvres auraient alors à conserver leur existence avant de montrer leurs perfections. Mais il y a heureusement une rumeur de gloire, une attente de presque tous, et, par la seule puissance du silence, une disposition favorable de tous. J'ai souvent plaint l'œuvre nouvelle, qui vient me trouver sans aucun cortège, non encore soutenue par l'humaine acclamation. » Alain, *Propos de littérature* (Hartmann, 1933), p. 99.

3. Voir bibliographie, Nos. 261, 87, 88, 156, 202, 113, 21. Le meilleur ouvrage qui existe sur Madame de La Fayette est dû à un professeur de la Colombie britannique, Henry Ashton. Le plus récent et presque le seul gros livre en anglais sur Racine a été écrit en 1939 par un autre professeur de Vancouver, No. 55. Les immenses et importants travaux de Henry C. Lancaster sur le théâtre du XVIIe siècle font autorité en tous pays. Henry Stewart, de Cambridge (Angleterre) est l'un des meilleurs pascalisants d'aujourd'hui ; C. Lewis May a publié en 1938 l'une des dernières études qu'ait inspirées Fénelon.

pathique et pleine de ferveur, qu'on eût en vain demandée à la génération de Carlyle, d'Emerson, ou même de Matthew Arnold. Il nous est même arrivé de constater que la prose de Pascal, que la poésie de Racine ou de La Fontaine peuvent toucher de jeunes Américains plus aisément et plus vivement que le roman de Balzac ou que nos poètes dits romantiques, pour lesquels l'accueil de l'étranger a toujours été assez réservé. Notre romantisme, même lorsqu'il est très original, n'est pas forcément supérieur en beauté ou en nouveauté au romantisme anglais ni peut-être au romantisme allemand. Il est vrai par contre que notre classicisme est une réussite unique, à laquelle rien dans l'Europe moderne n'offre de point de comparaison ou d'analogie légitime. La fluide et délicate mélodie du vers de Racine et de La Fontaine (et de quelques poètes mineurs du dix-septième siècle, plus tard de Mallarmé et de Paul Valéry) est plus originale, dans l'ensemble de la littérature européenne, que ne le sont, en face de Gœthe, de Lenau, de Lermontov, de Wordsworth, ou de Shelley, les élégies lamartiniennes, les poèmes philosophiques de Vigny, les extases ou les regrets de Musset et de Victor Hugo chantant la nature, l'amour, ou l'infini.

Il n'est d'ailleurs nullement question pour nous aujourd'hui de préférer systématiquement notre littérature classique à notre littérature romantique, ni de présenter la première seule comme l'expression vraie de la France. Les temps de ces mutilations appauvrissantes sont, espérons-le, révolus. Grâce à Dieu, nous pouvons proclamer avec largeur d'esprit et non sans fierté que notre histoire littéraire compte plus d'un seul « grand siècle,» et que c'est là sa supériorité sur les littératures moins continues de plusieurs pays d'Europe. Mais il est légitime de répéter aux étrangers et à nos contemporains en France qu'une connaissance du classicisme est indispensable à quiconque veut comprendre le passé et même le présent de notre pays. S'il est normal que les écoliers étrangers commencent par lire Alexandre Dumas ou Edmond Rostand, Maupassant ou Anatole France, et même *Paul et Virginie* ou les *Silences du Colonel Bramble*, il ne l'est pas moins que nous leur expliquions ensuite que le mérite et le profit sont plus grands à comprendre ce qui diffère de nous ou d'eux que ce qui leur ressemble ; qu'une initiation au classicisme français constitue à cet égard pour eux le plus sûr enrichissement de leurs perspectives, le plus fécond enrichissement de leur culture.

Notre présentation du classicisme français, s'adressant ainsi à des lecteurs très divers, et qui peuvent n'être pas nos compatriotes, s'imposera donc quelques directives qu'il importe de formuler nettement dès l'abord.

A. Trop de champions de notre classicisme ont voulu l'admirer exclusivement, c'est-à-dire non tant en lui-même que contre ce qui l'avait précédé (le Moyen Age et parfois la Renaissance) ou plus souvent encore contre ce qui l'a suivi (siècle de Voltaire et de Rousseau, débordements du moi à l'époque romantique, morbidité et excentricités de la littérature moderne). Tels furent Nisard et, dans quelque mesure, Brunetière ; tels furent plus récemment Charles Maurras, Pierre Lasserre, Ernest Seillière, Louis Reynaud et leurs disciples.

Rien ne surprend davantage, et à plus juste titre, les observateurs et les admirateurs étrangers de la France que cette mutilation volontaire que nous faisons subir ainsi à notre être spirituel.[4]

4. Voir par exemple l'étonnement indigné d'un grand critique espagnol, peu sensible, il est vrai, aux beautés de notre âge classique, Menendez y Pelayo, dans son *Historia de las ideas estéticas en España* (Madrid, Dubrull, 1891, vol. V, *El romanticismo en Francia,* chapitre d'introduction). C'est une véritable histoire de la littérature française moderne que donne sous ce titre ce volume, un peu vieilli aujourd'hui, mais encore plein de fougue et de verve. Rien n'irrite plus le grand critique espagnol que le dédain négligent professé par d'éminents Français pour leur Moyen Age. Il ne peut admettre que des Français du XIXe siècle aient besoin d'une traduction en français moderne pour lire la *Chanson de Roland,*

Nul Anglais ne songerait à couvrir d'injures Shakespeare, Byron ou même Cromwell, sous prétexte qu'il ne peut les englober dans la même admiration que Pope, Burke, l'église anglicane et la monarchie britannique. Un Allemand, même dans le Troisième Reich, ne renie pas le « classicisme » de Gœthe sous prétexte qu'il élit pour ses dieux Nietzsche et Wagner. Certes, l'héritage français est d'une richesse peu commune : il embrasse également le mysticisme de la chevalerie et la raillerie gauloise des fabliaux, les cathédrales gothiques et le palais de Versailles, le classicisme le plus achevé qu'ait réalisé un peuple moderne, et la Révolution française, c'est-à-dire la passion la plus acharnée à tout détruire pour tout rebâtir, le romantisme en apparence le plus outrancier qui ait bataillé en Europe, le réalisme le plus intransigeant et le symbolisme le plus épris de rêve et de nuées. Mais ce patrimoine est-il donc si lourd pour les Français d'aujourd'hui, qu'ils doivent s'acharner ainsi à le tronquer, impuissants à l'accepter et à l'assimiler tout entier ? Cent ans après la bataille d'*Hernani,* il semble que nous devions être désormais assez loin de ces querelles intestines pour qu'un Français, sans tomber dans un éclectisme fade et froid, se décide au moins à fermer résolument la porte à ces deux déesses de discorde que nous avons jusqu'ici fait trop volontiers intervenir dans l'étude de notre littérature : la politique et la religion.

B. Le mouvement romantique étant donc suffisamment reculé dans le passé, nous pouvons aussi renoncer à l'éternelle antithèse Classicisme-Romantisme, qui a hanté trop de nos prédécesseurs dans ces tentatives de définition. Il est possible (et nous reviendrons au moment voulu à l'examen de cette thèse) que, pris dans un sens profond, ces deux termes puissent servir à désigner deux pôles de l'esprit humain, entre lesquels oscillerait périodiquement

« comme si l'on traduisait Dante ou Pedro Lopez de Ayala en italien ou en espagnol modernes. » Mais l'âme du classicisme français lui échappe ; il ne comprend vraiment que Corneille, Pascal et Saint-Simon, et se trompe fortement sur Racine.

ce pendule imaginaire qui apparaît, à certains historiens, comme le symbole de l'évolution de la littérature. Mais à prendre les choses d'un point de vue moins philosophique et plus modeste, ne sommes-nous pas davantage frappés aujourd'hui par les analogies profondes qui unissent le romantisme au classicisme ? Pierre Moreau a souligné quelques-unes de ces analogies dans son ouvrage sur le *Classicisme des romantiques* (No. 192). Toutes les études récentes sur Chateaubriand, Stendhal, Mérimée, Musset, Sainte-Beuve insistent sur les nombreux et profonds traits « classiques » qui limitent le romantisme partiel et éphémère de certains de leurs écrits. Le lyrisme de Lamartine, de Vigny, du jeune Hugo nous frappe aujourd'hui par tout ce qu'il renferme, non seulement d'oripeaux pseudo-classiques et de procédés de rhétorique, mais de tendance à la généralité, de désir de comprendre, d'expliquer et de convaincre, d'ordre et de clarté.

Les romantiques ont donc pu se définir eux-mêmes par opposition aux classiques dégénérés ; mais les classiques ne se sont nullement définis en opposition au romantisme ou à la Renaissance. Ils ignoraient même profondément qu'on les séparerait à jamais des libertins et probablement des précieux, puis que viendraient des générations nouvelles qui recevraient dans les histoires les noms de « transition après le classicisme,» de « préromantisme » et de « néo-classicisme.» Par un adolescent tant soit peu iconoclaste d'aujourd'hui, Racine et Chateaubriand, La Fontaine et Victor Hugo, Bossuet et Michelet sont également traités d'« ennuyeux » ou de « raseurs,» alors que, naguère encore, ces épithètes peu courtoises pouvaient être réservées aux seuls classiques. *Hernani* ou *Chatterton* ne paraissent certes pas moins « vieux jeu », sur la scène de la Comédie Française ou de l'Odéon, que *Polyeucte* ou *Britannicus*. Classicisme et romantisme, ces deux frères jadis ennemis, peuvent donc aisément se réconcilier et s'unir aujourd'hui, pour s'opposer ensemble à ce parvenu loué ou décrié qu'on appelle le moderne, jusqu'à ce que ce moderne paraisse lui-même vieilli et vieillot à son tour. La vraie coupure de l'histoire littéraire et artistique du XIXe siècle, s'il fallait à tout prix en fixer une, serait plutôt vers 1860 que vers 1820.[5] Marcel Proust, Paul Valéry, André Gide, Cézanne, et Ravel nous semblent aujourd'hui plus éloignés du romantisme que les romantiques eux-mêmes ne le sont des classiques.

C. L'un des reproches les plus justifiés que doivent s'attirer la plupart des études françaises sur le classicisme est ce splendide isolement qui a, trop longtemps, voulu tenir le classicisme français à l'écart du reste de l'Europe. Cette contemplation exclusive et égoïstement satisfaite de soi-même n'est plus de mise en notre siècle de coopération intellectuelle et de littérature comparée. Nous tenterons donc d'élargir notre perspective en regardant par delà les frontières nationales ; nous replacerons fréquemment le classicisme du XVIIe siècle dans l'ensemble des littératures anciennes et modernes. Rien n'est plus instructif que de rechercher dans quelle mesure on peut déceler les caractères d'une époque classique quelque peu analogue à la nôtre en Grèce, à Rome, en Angleterre ; pourquoi une telle époque est absente des littératures espagnole, italienne, et allemande. Nous viserons ainsi, non à accumuler des points de comparaison extérieurs et artificiels, mais à mieux comprendre l'autonomie et l'originalité d'une grande période de la civilisation française.

En même temps que la littérature comparée, l'histoire de l'art devra servir aussi à préciser et à élargir notre conception du classicisme. « Toute histoire littéraire qui ne parle que de littérature,»

5. C'est l'époque de Baudelaire, Rimbaud, Lautréamont, Mallarmé et de la révolution poétique la plus féconde du siècle ; du modernisme des Goncourt, du décadentisme, de l'acceptation par plusieurs penseurs du rôle nouveau de la science et de la révolution industrielle ; du Salon des Refusés et de tout le mouvement de peinture qui remonte à Manet, Degas, Monet ; de Wagner et du Wagnérisme, et du *Capital* de Karl Marx.

écrit quelque part ce poète-musicien et ce prosateur-architecte qu'est Paul Valéry,[6] « est une œuvre aussi infirme que le serait, par exemple, une histoire politique où ne seraient point mentionnés les événements économiques.» On a beaucoup trop négligé l'histoire du goût pictural ou musical au XVIIe siècle, et on ne sait que bien mal comment les écrivains et le public d'alors jugeaient Versailles ou le Val de Grâce, Poussin ou Rembrandt, Lulli ou Le Nôtre. Quelques indications sur le « classicisme » (antérieur au classicisme littéraire) de Poussin ou de Claude Lorrain pourront servir en attendant à éclairer notre tentative d'élucidation du classicisme.

D. Enfin, dans notre effort pour saisir dans sa vérité la plus large et dans sa qualité la plus haute le classicisme français, nous nous garderons de prêter une attention excessive aux doctrines et aux règles.

Il est très vrai que le pédantisme des humanistes et des grammairiens exerçait sa tyrannie sur la France du XVIIe siècle, que maint savant ou faux-savant occupait alors, dans l'estime du public, une place bien supérieure à celle de La Fontaine, de Madame de La Fayette, voire même de Boileau. Mais c'est contre ces doctrinaires et ces pédants que s'est formé le véritable classicisme. Racine et Corneille ont écrit des préfaces ou des « Discours », les unes et les autres plus médiocres et moins importants qu' on ne se plaît à le dire. Ils ont dû à l'occasion témoigner une excessive déférence à ces théoriciens redoutés qui, de Chapelain à d'Aubignac et de Ménage au Père Bouhours, étaient alors à l'honneur. Mais ils étaient fort peu critiques, et l'absence ou l'insignifiance de leurs remarques sur leurs lectures antiques, françaises ou étrangères éclatent quand on les compare aux innombrables aperçus critiques semés, au courant de leurs lectures, par un Gide, un Flaubert, un Chateaubriand, un Diderot

6. Paul Valéry, *Pièces sur l'art* (No. 291), p. 77.

ou même, dès la fin de l'âge classique, par Bayle, Trublet ou La Bruyère.[7]

En fait, d'excellents ouvrages (et surtout ceux de René Bray et d'Hubert Gillot, Nos. 35 et 126) ont accordé aux théories littéraires du XVIIe siècle toute l'importance qu'elles méritent. L'âme du classicisme n'est pas dans Chapelain, La Mesnardière, ou d'Aubignac. Elle n'est même pas dans Boileau. Daniel Mornet, qui a étudié de près la genèse de la clarté française, longtemps offusquée par les commentaires des grammairiens et des pédants, l'a proclamé avec justesse. Les grands écrivains de 1660-1680 n'ont ni créé ni organisé la doctrine classique. « Ils se sont débattus contre elle, et ils n'ont eu de génie que pour s'en être, dans une certaine mesure, libérés ».[8] Nous rechercherons donc l'essence du vrai classicisme dans les œuvres mêmes de Racine et de Molière, de La Fontaine et de Bossuet. Certes, ce classicisme profond est plus malaisé à saisir, derrière et malgré les doctrines, que les recettes des théoriciens et des pédants ; mais, pour quiconque n'est point par profession historien des théories littéraires, c'est le seul qui doive compter.[9]

7. Sainte-Beuve remarque justement, à propos de Boileau lisant *Don Quichotte* aux eaux de Bourbon et n'ayant pas un mot de commentaire pour ce chef-d'œuvre espagnol : « Les poètes français du grand siècle, en s'écrivant avec une bonhomie qui a certes bien son prix, n'ont aucune vue critique, aucun de ces aperçus littéraires qu'on serait tenté de leur demander. . . . On se contentait d'avoir beaucoup de talent dans ses œuvres ; pour le reste, et dans le courant de la vie, on économisait les idées. » *Nouveaux lundis,* VIII, 61.

8. Voir D. Mornet, Nos. 195 et 196. C'est à ce dernier texte que cette citation est empruntée, p. 514.

9. On entend bien que nous ne contestons ni le vif intérêt ni la réelle importance des études de René Bray, par exemple, sur la formation de la doctrine classique. L'objet même de son livre contraignait l'auteur à se limiter à la période « doctrinaire » du siècle, celle qui se termine en 1660 et qui précède les chefs-d'œuvre. Mais, pour des modernes et surtout pour des profanes, les œuvres des classiques doivent passer bien avant les recettes doctrinales. Notre siècle hypercritique a une tendance dangereuse à se pencher avec sympathie fraternelle vers tous ceux qui, avant lui, semblent avoir été à leur manière des critiques. Les thèses se multiplient donc sur Montaigne, Fénelon, Voltaire, Victor Hugo, Anatole

Une liste bibliographique de plus de trois cents titres complète cet ouvrage. Elle comprend tous ceux, parmi les articles ou volumes que nous avons utilisés et cités, qui touchent directement au problème du classicisme. Il est trop évident que nous ne donnons point cette liste pour une bibliographie systématique et complète sur le classicisme français. Rien ne serait plus facile que de la gonfler démesurément, car il n'est guère d'article de critique un peu sérieux, il n'est guère de livre d'histoire littéraire qui ne touche par quelque côté à la question du classicisme ou qui n'emploie, avec une rigueur plus ou moins grande, le mot. Mais ce serait là une tâche assez vaine. Nul ne peut prétendre, encore moins souhaiter, avoir lu tout ce qui a jamais été écrit sur un sujet aussi vaste et aussi vague que le classicisme.

Telle qu'elle est, notre liste bibliographique, que complète une table de concordance par sujets, pourra rendre des services à qui veut envisager le classicisme en se plaçant, comme nous, au point de vue de modernes désireux, avec le secours d'autres modernes français et étrangers, de juger sainement et de goûter pleinement la littérature du XVIIe siècle.[10]

France, Verlaine « critiques littéraires. » Et les auteurs de ces thèses ressentent une naïve satisfaction à constater que tous ces « créateurs » n'étaient pas, après tout, de trop piètres critiques, et auraient pu faire d'assez convenables professeurs. Cela est fort bien. Mais on risque fort de négliger l'essentiel qui est l'œuvre même, plus mystérieuse, plus énigmatique, mais autrement révélatrice que telle préface ou tel article de critique. Après tout, pour prendre un exemple extrême, Baudelaire lui-même, si grand comme critique, est encore plus grand, ou plus profondément lui-même, comme poète.

10. Les références dans le texte ou dans les notes renvoient aux numéros d'ordre selon lesquels les titres de la bibliographie sont classés alphabétiquement.

II

LE MOT CLASSICISME

SI LA NOTION de classicisme est malaisée à définir, le terme ne l'est pas moins. Un lexicographe qui recueillerait patiemment les divers emplois du mot et cataloguerait les œuvres, aussi nombreuses que dissemblables, que l'on a pour de multiples raisons qualifiées de classiques, apporterait à l'histoire de la littérature et de la critique une contribution précieuse.

Mais le labeur serait gigantesque. Quelques pages, un peu trop théoriques, de Paul Van Tieghem et une histoire du mot, incomplète sans doute mais fort suggestive, esquissée par Pierre Moreau (Nos. 294 et 192) sont, en attendant, ce que nous possédons de plus précis sur ce point. Le mot « classique » plus vénérable, plus familier à nos oreilles, ne semble pas avoir piqué la curiosité des chercheurs au même degré que son cadet, ce parvenu à la fortune si soudaine, « romantique.» Une mise au point aussi attentive que celle dont le mot « romantique » a été l'objet de la part d'Alexis François, de Logan Pearsall Smith, et en dernier lieu de Fernand Baldensperger, serait la bienvenue.[1]

Il est un point en tous cas sur lequel l'accord est unanime : le terme est fort mal choisi, et les acceptions si élastiques dont il est susceptible irritent, non sans raison, les esprits friands de précision et de rigueur. Que faire cependant ? Le mot existe, il est commode, il est sans cesse employé et il continuera à l'être par nos étudiants et par le public, même si de rigoureux puristes le bannissent de leur vocabulaire. N'employer jamais le mot qu'au

1. Voir Nos. 112, 259, 20.

pluriel (« les classicismes ») comme l'a proposé, pour le terme parallèle de « romantisme », un éminent philosophe américain,[2] pour bien marquer que ce terme ne désigne pas une seule et unique entité, mais recouvre une pluralité de sens divers ? Cela ne servirait qu'à compliquer inutilement les choses, car chacun de nous continuera à voir surgir, derrière « classicisme » ou « romantisme,» un cortège d'associations et de connotations particulières. Mieux vaut encore se résigner à l'inévitable, et se contenter de spécifier, toutes les fois que cela est possible, dans quel sens on use du terme et à qui on l'applique.

L'expression « classicisme » est probablement mal choisie pour désigner la littérature du dix-septième siècle, ou d'une partie de ce siècle. Mais elle ne l'est pas plus que le terme « Renaissance,» lui aussi adopté tardivement, auquel on conteste aujourd'hui le droit de symboliser tout le XVIe siècle, ou que l'on veut employer pour diverses époques antérieures que ce mot semblait autrefois rejeter dans la barbarie. Elle ne l'est pas plus que les étiquettes « impressionnisme », « naturalisme », « symbolisme », « cubisme », « expressionnisme ». Ces divers termes, exactement comme « classicisme » ont été adoptés par accident, après coup le plus souvent, pour désigner un groupe d'écrivains ou de peintres ;[3] ils accentuent un seul trait de ce groupe d'écrivains ou d'artistes aux dépens de cinq ou dix autres laissés dans l'ombre. Il y a autre chose que des impressions dans l'impressionnisme, et il y a autre chose que des modèles scolaires dans le classicisme. Conservons cependant ces noms comme des étiquettes commodes, en nous rappelant que ce sont de simples étiquettes et pour éviter la confusion qui résulterait d'une rupture avec la coutume de plus d'un siècle de cri-

2. Arthur Lovejoy, « On the Discrimination of Romanticisms, » *Publications of the Modern Language Association of America,* 1924, vol. XXIX, pp. 229-253.

3. Certaines de ces étiquettes ont même commencé par être attachées aux réalistes, aux impressionnistes, ou aux symbolistes dans une intention ridicule ou malveillante, et ont été reprises et brandies par bravade.

tique littéraire. Plus qu'un problème de mots, la définition du classicisme doit être pour nous un problème d'idées. Evitons de prendre, selon l'expression de Leibnitz, « la paille des mots pour le grain des choses.»

L'histoire du mot classique, encore trop mal connue, nous apprendra donc fort peu sur la chose elle-même, sur l'état d'âme complexe et vivant qui reçoit cette dénomination traditionnelle. Cette histoire n'en serait pas moins curieuse : elle nous renvoie au latin et au bas-latin, nous indique Pierre Moreau (Sainte-Beuve signalait déjà le sens du mot « classicus » chez Aulu-Gelle), puis à Thomas Sébillet en 1548,[4] aux dictionnaires de Furetière, de l'Académie, de Richelet, enfin de Littré ou, en anglais, de Murray.[5]

Trois emplois du mot semblent très vite se différencier :

A. Auteurs à l'usage des classes et des écoliers. Sans doute n'est-ce point là le sens étymologique, puisque « classicus » désignait d'abord en latin une classe de citoyens. Mais le recours à l'étymologie n'est point forcément le meilleur procédé pour élucider le sens de mots qui ont subi une évolution aussi complexe que celui-ci. « Classique », disait Furetière, « ne se dit guère que des auteurs qu'on lit dans les classes, dans les écoles ou qui y font grande autorité, Saint Thomas, Cicéron, Aulu-Gelle, César. » Toujours, dans le mot « classique, » persistera le sens d'auteurs

4. Sébillet, cité par Edmond Huguet, *Dictionnaire de la langue française au XVI*e siècle, parle des « bons et classiques poètes français comme, entre les vieux, Alain Chartier et Jan de Meun, » comme étant les plus susceptibles d'aider l'invention de l'apprenti-poète. Voir Sébillet, *Art poétique,* chapitre iii, édition Gaiffe, Cornély, 1910, p. 26.

5. L'ouvrage déjà cité de Pierre Moreau (No. 192) rassemble et examine avec beaucoup de clarté et de finesse les textes les plus importants. La définition de Murray, dans le *New English Dictionary,* est en somme celle de Littré. Cotgrave définissait le mot « classique » par « classical, » puis par « formal, orderly, in due or fit rank, » enfin par « approved, authentical, chief, principal. »

les plus sages, les plus propres à être mis entre les mains des jeunes écoliers, les plus capables de former la jeunesse.

B. Les auteurs que l'on fait lire ainsi aux élèves sont jugés les meilleurs. On comprend sans peine que dans la désignation de « classique » soit souvent enveloppé un jugement de valeur, un éloge, la proclamation d'une supériorité. Tel est le sens que donne en premier lieu le *Dictionnaire de l'Académie Française* : « Se dit des auteurs du premier rang, qui sont devenus des modèles dans une langue quelconque » et « ouvrage qui a soutenu l'épreuve du temps et que les hommes de goût regardent comme modèle ». Les classiques seront donc les plus grands auteurs de chaque littérature. Le mot est couramment employé dans ce sens général, quand nous le décernons comme un titre d'éloge à Dante, à Shakespeare, à Calderon, à Rousseau, ou à Flaubert. Nos libraires publient des collections appelées « les Classiques de l'Orient » ou « les Classiques français du Moyen Age. » Tel est, proclame Matthew Arnold, le vrai et juste sens du mot « classique. »[6]

Seulement il s'est trouvé qu'un terme d'un sens aussi général a été employé en français pour désigner une certaine catégorie d'écrivains qui vécurent au XVIIe siècle, et dont plusieurs furent

6. Matthew Arnold, *Essays in Criticism,* deuxième série, chapitre sur « The Study of Poetry » : « If a writer is a real classic, if his work belongs to the class of the very best (for this is the true and right meaning of the word classic, classical . . . . » Mais, quelques pages plus loin, le même critique refuse de ranger parmi les classiques Chaucer et Burns, parce qu'il leur manque « the high seriousness of the great classics. » Les meilleurs esthétiquement doivent, pour mériter à ses yeux le titre de classiques, être aussi les meilleurs, ou du moins assez bons, solides, et graves, *moralement.* Dans son article sur « The Function of Criticism at the Present Time, » *Essays in Criticism,* première série, Matthew Arnold, qui resta toujours le fils du pédagogue son père et est resté lui-même un poète pour professeurs, reproche à la poésie romantique anglaise de « n'avoir pas su assez. » « Wordsworth should have read more books, among them no doubt, those of Gœthe. » Les classiques français du XVIIe siècle ne devaient donc point satisfaire pleinement Arnold, car ils n'étaient guère des hommes de bibliothèque, et ni Molière ni La Fontaine, ni Racine n'avaient la pompe et le « high seriousness » d'un Gœthe.

très grands. Il a même servi de bouclier, d'écran, ou de parure à des imitateurs on à des admirateurs de ces écrivains qui ont vécu au XVIIIe ou au XIXe siècle, et à quelques attardés ou entêtés du XXe. Les pseudo-classiques et même les néo-classiques ont fait grand tort au classicisme, qu'ils ont souvent édulcoré ou desséché. Il est regrettable que nous ne puissions distinguer nettement en français, comme le font les Anglais, entre les *classics* et les *classicists,* les classiques et leurs partisans.

C. Mais (et ici la confusion est plus fréquente encore en anglais qu'en français), les classiques, the *classics,* sont aussi les écrivains de l'antiquité. La transition est naturelle et insensible des deux premiers sens du mot au troisième. Les anciens ont été pendant longtemps les seuls auteurs lus et étudiés dans les classes ; ils ont soutenu l'épreuve du temps et sont, ou ont longtemps été, regardés comme les modèles. Le *Dictionnaire de l'Académie* ne manquait pas de signaler cette signification du terme : « Se dit encore de ce qui a rapport à l'antiquité grecque et latine. » Consciemment ou inconsciemment, bien des modernes, qui appelleront classiques les écrivains du XVIIe siècle, impliqueront qu'une ressemblance les rapproche des modèles de l'antiquité gréco-romaine. Les « classiques » seront, dans l'esprit de bien des gens, des imitateurs ou des continuateurs des anciens, des écrivains devenus eux-mêmes dignes des anciens, c'est-à-dire pouvant à leur tour servir de modèles et toujours admirables.

D. Nul de ces trois sens (auteurs étudiés dans les classes, auteurs les plus excellents, auteurs anciens ou dignes des anciens) ne paraît, à première vue, devoir désigner spécifiquement les écrivains français de la seconde moitié du dix-septième siècle. Bien entendu, Racine ou Boileau, Molière ou La Fontaine n'ont jamais songé à revendiquer ce titre de classiques. Puisque « classique » implique une approbation ou une admiration continue de la part de la postérité, il est toujours ridicule de l'employer pour désigner ses contemporains, et plus encore ses amis ou soi-même.[7] Ce serait un fécond sujet d'étude que de rechercher quand et comment les écrivains du siècle de Louis XIV ont été ainsi canonisés, adoptés par les Jésuites, puis par l'Université dans les programmes d'enseignement, enfin préférés de bien haut aux auteurs de la Renaissance, du dix-huitième siècle, et parfois de l'antiquité. La critique du dix-huitième siècle a sans doute joué en cela un grand rôle, que l'on aimerait voir précisé (La Harpe, Marmontel, Diderot, l'Encyclopédie, Vauvenargues). Cependant Voltaire lui-même, admirateur des « grands talents » du siècle de Louis XIV et adorateur de Racine, mettra des années avant d'appeler ces écrivains « nos auteurs classiques ». Il est probable qu'après l'Université impériale et les remarques critiques, encore indépendantes et nullement hagiographiques, formulées par Joubert et Chateaubriand sur les écrivains du grand siècle, ce sont les professeurs de 1830 à 1850 qui ont imposé en France l'admiration des classiques. Le jeune Renan, qui vers 1845 suivait impatiemment les leçons où Nisard et Saint-Marc Girardin croyaient écraser les romantiques français, rhéteurs de décadence, sous l'humiliante comparaison avec leurs grands aînés du XVIIe siècle, le perçut alors avec finesse. Une pensée de ses *Nouveaux cahiers de jeunesse* (No. 234, p. 197) note : « Ce sera, je crois, une époque qui marquera dans l'histoire littéraire que celle où les écrivains du siècle de Louis XIV ont été définitivement reconnus comme classiques et comme tels panthéonisés parmi nous. »

Avec la révolution romantique et les mille débats polémiques qu'elle a entraînés en France, pays des cénacles, des académies, des théories belliqueuses, et des révoltes de jeunes, le mot « classicisme » a donc pris un quatrième sens, ignoré du *Dictionnaire*

7. « Ceux qui se disent classiques me font penser à ce routier du temps du roi Philippe VI qui disait à ses frères d'armes : 'En avant ! mes amis, pour la guerre de cent ans !' » écrit Elie Faure dans une étude sur Henri Matisse (Crès, 1923).

de l'Académie, mais que Littré ne manquera pas d'indiquer. Classique est désormais opposé à romantique. Classique signifie un art de mesure, de lucidité, d'ordre, d'équilibre, et de santé, en face de l'art nouveau que l'on juge excessif et violent, obscur et malade.[8] Une telle opposition ne contribuera guère à éclaircir les choses ; d'autant qu'on va souvent superposer à la formule commode « classicisme-romantisme » cette autre antithèse chère à Madame de Staël : « Littératures du nord — littératures du midi. » Comme si les troubadours, Dante ou l'Arioste, Juan Ruiz l'archiprêtre de Hita ou Calderon étaient plus classiques et moins romantiques que Schiller et Gœthe, Milton, Dryden, et Wordsworth !

Dans chaque pays, souvent dans chaque esprit, l'antithèse « classique-romantique » va dès lors évoquer des notions sans cesse différentes et va troubler les esprits des critiques et des lecteurs. Les deux termes étaient face à face ; ils le sont restés. Les romantiques, cependant, ont pénétré peu à peu dans les classes. Ils y sont désormais commentés et disséqués au même titre que leurs aînés. Il sont devenus, eux aussi, des « classiques, » en ce sens que nul ne leur dispute plus le rang suprême, la qualité d'excellence ou la consécration officielle que le mot semble impliquer. Enfin, les romantiques nous apparaissent maintes fois plus proches des anciens, plus antiques eux-mêmes, que bien des classiques. Keats et Landor, Hölderlin et Gœthe, Leopardi et Pascoli, Pouchkine et Théophile Gautier sont plus « grecs » — à leur manière — que nombre de « classiques » des siècles pré-

8. La célèbre phrase de Gœthe, « Je nomme classique le genre sain et le genre romantique le genre malade, » rapportée par Eckermann le 2 avril 1829, n'est guère qu'une boutade. Gœthe n'avait jamais ressenti grande sympathie pour les romantiques allemands, dont plusieurs en effet (Novalis, Kleist, Hoelderlin, etc.) ne furent pas très « sains » ou normaux. Mais durant la même année 1829 (et par exemple dans une lettre du 18 juin 1829 au comte Reinhard), Gœthe lit et loue avec passion les jeunes romantiques de France et il approuve le *Globe* de combattre les vieilles règles dites classiques.

cédents. L'ordre, la solidité architecturale, la mesure parfois, la grâce ingénieuse, et la perfection de la forme ne sont nullement absents de leurs meilleures réussites. Les trois premiers sens que nous avons attribués au mot « classique » conviendraient donc également au mot « romantique. » Mais l'antithèse « classique-romantique » est là ; elle est commode ; on veut voir en elle la formule-clé, qui résume l'opposition de deux « écoles » ou de deux « mouvements, » voire même de deux états d'âme. Il est désormais impossible de définir la notion de classicisme, sans préciser le sens de cet autre talisman redoutable, le mot « romantique. » [9]

On voit ainsi quelles précautions sont à observer pour qui veut, non pas même définir d'une formule simpliste ces deux termes « classique » et « romantique, » mais mettre derrière ces deux étiquettes quelques notions précises et nuancées.

Nous ne retiendrons pas ici les sens A et B (auteurs étudiés dans les classes, auteurs les plus grands dans leur genre).[10] Notre objet est justement de rechercher pourquoi, entre beaucoup d'autres aujourd'hui, les écrivains du XVIIe siècle méritent d'être étudiés dans les classes et d'être jugés très grands. Il serait peu

9. On sait que dans ses *Conversations avec Eckermann,* à la date du 21 mars 1830, Gœthe a revendiqué l'honneur d'avoir, le premier, lancé cette opposition entre classique et romantique. « C'est de Schiller et de moi, dit-il, que vint tout d'abord cette distinction.... Schiller m'écrivit que j'étais, malgré moi, un romantique, et que mon *Iphigénie,* par la prédominance du sentiment dans cette pièce, était beaucoup moins classique et beaucoup moins dans l'esprit de l'antique que certains ne le supposaient. Les Schlegel s'emparèrent de l'idée, la poussèrent plus loin encore, et elle s'est maintenant répandue dans le monde entier. »

10. C'est faute d'avoir évité ces éléments de confusion que l'essai de Sainte-Beuve, *Qu'est-ce qu'un classique ?* est si déroutant. Un classique est pour lui « un auteur qui a enrichi l'esprit humain, qui en a réellement augmenté le trésor, qui lui a fait faire un pas de plus. » Et le temple du goût élargi dont il trace le plan accueille, parmi ces « classiques » nouveaux, Homère et Shakespeare, Dante et Gœthe, Molière et Rousseau, etc. Cet essai est de 1860 ; en 1867 (No. 249) Sainte-Beuve emploie le mot classique dans un autre sens encore, qui n'est guère moins sujet à confusion.

loyal de préjuger de la question en employant le mot « classique » comme impliquant forcément un compliment, et décernant quelque mérite spécial ou qualité prééminente.

Nous ne retiendrons pas davantage la notion de modèle, d'auteur proposé à l'admiration de la jeunesse, d'imitateur des anciens digne d'être imité lui-même (sens C). Les professeurs ne conseillent pas plus aux adolescents d'aujourd'hui d'imiter Bossuet, Pascal, ou La Fontaine que Flaubert, Verlaine, ou Marcel Proust. Ces notions ont trop longtemps encombré nos manuels et nos anciennes classes de rhétorique.[11] Nous indiquerons, le moment venu, combien lâches sont les rapports entre la littérature française du XVIIe siècle et celle de l'antiquité. Marquons dès l'abord la vaste différence entre les classiques créateurs (les seuls qui soient grands) et les imitateurs des classiques.

« Le classique d'imitation est une idée des critiques, » a dit d'eux un contemporain qui ne les aime guère, André Suarès (No. 265, iii, 68). « Comme leur métier est d'écrire sur ce qu'on a écrit de ceux qui écrivent, ils proposent à l'art d'imiter ceux qui imitent. »

11. Rien n'est plus curieux à cet égard que les scrupules de Brunetière devant ces sens difficilement conciliables du mot « classique. » Brunetière aurait bien voulu faire de cette épithète le synonyme de « suprême » ou « parfait. » Mais il dut vite reconnaître que Salluste, s'il est un meilleur modèle, donc en un sens un plus pur classique que Tacite, lui est néanmoins inférieur ; que Voltaire est un meilleur modèle de style que Saint-Simon pour les écoliers, mais est peut-être un écrivain moins original ; que dans la littérature anglaise, les écrivains dits « classiques » (Pope et ses contemporains) sont nettement inférieurs à Shakespeare, à Wordsworth, ou à Shelley. D'autre part, si l'on se contentait de voir dans le classique l'auteur à imiter (c'est-à-dire l'auteur qui possède au plus haut point les qualités de clarté, de mesure, de sagesse), on arriverait à ce résultat paradoxal de préférer l'œuvre secondaire mais sans défauts, de proclamer Regnard un plus vrai classique que Molière, Massillon, Bourdaloue ou Nicole, des modèles plus sûrs que Bossuet et Pascal. Aussi la conception que Brunetière se fait du classicisme reste-t-elle passablement flottante. (Voir les textes les plus significatifs à cet égard indiqués dans notre bibliographie, Nos. 39 à 45.)

Enfin n'employons qu'avec des réserves infiniment nuancées l'adjectif « classique » pour qualifier tels ou tels écrivains de l'antiquité, à l'exclusion de tels ou tels autres ; car tout n'est pas classique dans la littérature qui va du huitième siècle avant Jésus-Christ à Julien l'Apostat. Il n'est même pas certain que le choix fait par le XVIIe siècle dans le vaste héritage de l'antiquité ait isolé les plus classiques (nous voulons dire les plus sobres, les plus parfaits, les plus profonds, et les plus artistes) pour les préférer à ces rhéteurs, à ces polygraphes et à ces conteurs d'anecdotes que l'humanisme du XVIe siècle avait accueillis pêle-mêle. On a fréquemment embrouillé à plaisir le sens du mot « romantique » en l'appliquant sans grand discernement tantôt à Euripide (Herbert Grierson, No. 135), tantôt au quatrième livre de l'*Enéide* (Sainte-Beuve, No. 248), tantôt encore à Empédocle en qui un critique anglais voit le plus romantique des romantiques qui furent jamais (Lascelles Abercrombie, No. 1). D'autres critiques à l'esprit philosophique et préférant systématiquement la considération des essences à la soumission aux contingences et aux particularités historiques, s'acharnent à nous démontrer que le romantisme est aussi vieux que l'homme, ou que la femme, et que seule une limitation injuste et étriquée peut oser réserver ce nom pour la fin du XVIIIe siècle et le XIXe (Julius Bab et Fritz Strich, Nos. 12 et 263). « Tout est dans tout, et réciproquement, » disaient autrefois en souriant les professeurs de rhétorique. Classicisme, dans le sens de besoin d'ordre, de mesure, d'équilibre, et d'harmonie existait déjà, tout comme son prétendu adversaire le romantisme, dans le Jardin d'Eden et dans l'arche de Noé.

Avant de remonter aussi loin et aussi haut, avant d'escalader les hauteurs sereines où règne, par-dessus les nuées, le classicisme en soi, contentons-nous d'appliquer sagement le terme à un certain nombre d'auteurs (nous ne disons ni une « école, » ni un « groupe ») écrivant pour un certain public et pour la postérité à la fin du règne de Louis XIII et dans les vingt-cinq premières années du règne de Louis XIV. On ne retrouve ni dans d'autres littératures ni à d'autres époques de notre littérature, exactement le même faisceau de qualités qui ont rendu ces écrivains et, sinon parfaits, du moins éternellement grands et jeunes.

Le terme, déclarait il y a quelques années l'un des esprits contemporains les plus avides de définition lucide, « est incompatible avec la précision de la pensée. »[12] Admettons-le de bonne grâce, et efforçons-nous de réduire cet inconvénient ; car il faut bien qu'il y ait de tels termes, et si les esprits clairs refusent de les employer, les esprits confus les rendront plus confus encore. On peut aisément écrire une histoire complète de la littérature italienne ou espagnole sans employer une seule fois l'adjectif « classique, » et en se contentant d'appeler le XIVe ou le XVIIe siècle « la grande époque » ou « l'âge d'or. » On gagnerait à bannir le terme d'une histoire de la littérature allemande, où le néo-classicisme du début du XVIIIe siècle précéda le romantisme, lequel précéda lui-même un prétendu classicisme. D'autres termes (et par exemple « Augustan ») conviennent peut-être mieux au siècle de Pope et du Dr. Johnson. On pourrait enfin, et on l'a fait plus d'une fois, écrire l'histoire entière de la littérature grecque ou latine sans faire intervenir le mot ou la notion de

12. Paul Valéry, dans les *Entretiens* rapportés par Frédéric Lefèvre (No. 286). Voir, du même auteur, *Littérature* (No. 289, pp. 99-100) : « On confond paisiblement sous le nom de classiques des écrivains qui disaient bien peu de chose dans d'immenses phrases ; d'autres qui ont avec naturel prononcé des vérités de bonnes femmes ; d'autres qui montrent une vigueur vulgaire ou une redondance de plaidoyer, ou une élégance exquise affectée ; d'autres qui observent un ordre apparent très souligné ou des règles de jeu. »

classicisme. Mais on ne peut concevoir une histoire de la littérature française où ce terme commode ne désigne les grands écrivains du XVIIe siècle, et certaines qualités en eux que d'autres souhaitèrent, ou prétendirent après eux, posséder.[13]

13. « Littérature, » disons-nous. Car les expressions « peinture classique, » « architecture classique » n'ont pas tout à fait le même sens. L'expression « musique classique, » on le sait, englobe des œuvres et des notions tout autres que celles du XVIIe siècle. Dans cet emploi courant du mot, « classique » désigne évidemment tout ce qui est habituel, traditionnel ou traditionaliste, goûté depuis longtemps et respecté par les gens sérieux, par opposition au moderne, lequel inquiète ou déroute toujours les contemporains.

III

L'ÉPOQUE CLASSIQUE : LE MILIEU ET LE MOMENT

« IL N'Y A PAS de classicisme : il n'y a guère que des classiques, » pourrait prononcer un sceptique friand de vérités premières. Disons plutôt qu'il y a un classicisme parce qu'il y a des classiques, c'est-à-dire que les individus, talents ou génies, sont, comme toujours, l'essentiel et que nul déterminisme plus ou moins matérialiste, nul pédantisme économique ou sociologique ne saurait prévaloir contre la présence, sans doute fortuite, de certains grands hommes à un certain moment.

Mais ces individus sont justement venus à un moment particulièrement heureux, et dans un état social qui les a aidés à devenir eux-mêmes. La Fontaine aurait peut-être été La Fontaine s'il était né à l'époque de Marot ou de Racan. Mais Racine n'aurait probablement pas été Racine s'il avait vécu à la place d'Alexandre Hardy ; Molière n'aurait pas écrit le *Misanthrope* ou *Don Juan* s'il avait été contemporain de Larivey ; Bossuet aurait écrit différemment si, avant lui, Du Vair, Balzac, et maint autre n'avaient préparé la prose française à l'éloquence.

Il est donc certaines conditions politiques et sociales dont la réalisation était, nous semble-t-il, nécessaire pour que pût survenir une époque dite classique.

La littérature classique est, tout d'abord, celle d'un *groupe social relativement restreint* : la cour et la ville, disait Boileau.

Jamais en effet Paris n'a exercé un monopole aussi exclusif que pendant ces années de floraison littéraire qu'illustrèrent Molière, Boileau, La Rochefoucauld, Mme de Sévigné, La Bruyère, tous Parisiens de naissance, Racine et La Fontaine nés à quelques lieues de la capitale, et l'évêque de Meaux. Au XVIe siècle, nos grands écrivains avaient tous été des provinciaux, passionnément attachés à leur Vendômois, à leur Chinonais, à leur petit Lyré ou à leur Périgord. Montesquieu du château de la Brède, Voltaire de Ferney, Buffon de Montbard, Rousseau de ses divers ermitages, s'adresseront, par delà Paris, à la France entière et souvent à l'Europe. Les romantiques seront des voyageurs (Lamartine, Stendhal, Mérimée, Balzac lui-même), parfois des isolés (Vigny, Nerval), ou des exilés (Madame de Staël, Victor Hugo pour un temps) qui ne borneront jamais au même degré leur horizon aux murs de la capitale. Le public auquel s'adressaient nos auteurs classiques ne dépassait pas quelques milliers de personnes, rassemblés autour de Paris et de Versailles.[1]

L'auditoire restreint de ces écrivains classiques, composé en majeure partie de nobles et de bourgeois, est un auditoire de *connaisseurs.* Cela ne veut point dire forcément de gens d'un discernement supérieur, ouverts aux nouveautés, acceptant d'être bousculés dans leurs habitudes mentales et devinant par avance le jugement futur de la postérité. Dans ce public de connaisseurs, il faut comprendre des précieuses et des femmes savantes, des petits marquis fats et des pédants solennels et mesquins, des abbés Trissotin et des duchesses de Bouillon, des faiseurs de sonnets comme Oronte, de plats courtisans comme Dangeau, des aristocrates entichés d'étiquette comme Saint-Simon, et quelques exemples de l'honnête homme par trop cavalier comme Méré.

1. Voltaire, dans son *Dictionnaire philosophique* (article « Goût ») estime à deux ou trois milliers de personnes le nombre de connaisseurs ou de gens de goût composant la bonne compagnie.

Ce public s'est fréquemment trompé. Mais les Grecs, public de connaisseurs s'il en fut, donnèrent-ils toujours la palme à Sophocle, isolèrent-ils Socrate ou Phidias de la foule des sophistes ou des sculpteurs ? Du moins ces connaisseurs étaient, plus qu'aucun public à aucune autre période de notre histoire, des mondains agités des mêmes préoccupations, ayant en commun tout un fond identique et très large de goûts, d'idées, et sentiments, soucieux de comprendre avec sagesse, respectant les talents contemporains autant qu'il était salutaire de le faire, c'est-à-dire sans les gâter à force de les déifier et sans les contraindre à produire avec excès, ou à fausser leur naturel.

Une certaine *unité* est donc réalisée au sein de ce public de connaisseurs.[2] Les auteurs et leurs lecteurs semblent agités des mêmes préoccupations ; les mêmes conventions sont également observées par eux. Les mêmes sujets sont, d'un commun accord, proscrits : les discussions politiques et, jusqu'à un certain point, les spéculations métaphysiques et religieuses, ou du moins les dissidences trop marquées en ces matières. La littérature y a-t-elle perdu, qui compte Pascal, Malebranche, Bossuet, Fénelon parmi ses noms illustres ? A-t-elle gagné autant que nous nous plaisons à l'imaginer aujourd'hui à traiter au XVIIIe siècle du commerce des blés, des impôts payés par l'homme aux quarante écus, des délits et des peines d'après Beccaria, ou plus tard du machinisme, de la cité future entrevue par de diserts causeurs assis « sur la pierre blanche » ou des observations recueillies en hâte par tel ou tel académicien à Chicago, à Moscou, ou en Chine ? Un homme du XVIIe siècle, même si « les grands sujets »

2. Nous n'ignorons pas qu'à distance, et à travers la simplification un peu grossière que nous imposent les manuels, cette unité paraît plus absolue qu'elle n'était sans doute. Des dissidences se cachaient derrière l'unité apparente de l'époque classique. Les souligner à l'excès, comme dans le recueil de textes curieux que Félix Gaiffe a intitulé l'*Envers du Grand Siècle*, No. 118, est pourtant aussi peu légitime que de les ignorer tout à fait.

comme dit La Bruyère n'avaient pas été interdits à sa satire, aurait probablement vu en tout cela de l'éphémère où il aurait gaspillé et égaré son talent et son art. Un contemporain, qui unit parfois la même préoccupation morale et la même insolence somptueuse qui distinguèrent Retz et La Rochefoucauld osait écrire, en 1935, ces phrases qu'un classique n'eût pas désavouées :

> La question sociale et la question politique sont sur un plan qui n'est pas celui de l'esprit. Elles doivent, malgré tout, être regardées de haut, comme nous regardons, dans notre vie privée, les questions de nourriture et de logement . . . Le hasard m'a fait vivre en telles années et en tels lieux. Et après ? Vais-je laisser gouverner ma vie par ces futiles données du temps et de l'espace ? . . . La vraie actualité, c'est l'éternel.[3]

L'unité qui règne au sein de ce public est une unité organisée, une hiérarchie. Elle est étroitement liée à un état social et politique nettement compartimenté et défini. « L'Etat devint un tout régulier, dont chaque ligne aboutit au centre,» comme l'écrit Voltaire dans son *Siècle de Louis XIV*. Les courtisans et les mondains attendent du roi leur mot d'ordre ; les écrivains et les artistes attendent du roi et des grands l'approbation, les faveurs et les récompenses qui leur sont nécessaires. La littérature fait partie d'un vaste ensemble, harmonieusement ordonné, pour lequel Richelieu, puis Colbert et le Grand Roi multiplient académies et réglementations. Les grands périls que couraient la littérature et l'art du XVIIe siècle étaient donc l'académisme uniforme et enrégimenté et la flatterie servile. Dans l'ensemble, malgré l'hégémonie de Le Brun dans la peinture, malgré quelques préfaces ou dédicaces trop courtisanesques des écrivains, ce double péril à été évité, et la littérature des sujets de Richelieu et de Louis XIV a été moins totalitaire et plus libre que celle de maint pays du XXe siècle, soumise au ministre de la propagande ou à la

3. Henry de Montherlant, conférence sur « L'Ame et son ombre, » dans *Service inutile* (Grasset, 1935), p. 241.

tyrannie non moins perfide d'une opinion publique paresseuse que nul n'ose défier. Les grands classiques n'ont pas eu à se faire violence pour accepter l'ordre établi. Un certain conformisme supérieur leur était naturel, car il convenait à leurs goûts personnels et satisfaisait leurs aspirations. La politique, l'économie, la sociologie, ou la diplomatie leur paraissaient affaire des gens de métier. Ils n'essayaient point de guider leurs lecteurs sur ces chemins qu'ils n'avaient pas explorés eux-mêmes ; leurs lecteurs leur accordaient en échange le plus précieux des privilèges, celui de se taire sur ce qu'on ne connaît pas.[4] Une entente tacite et large unissait les auteurs et le public.[5]

Cette unité supérieure qui a frappé tous les historiens et observateurs du classicisme ne signifie pas renoncement à l'individualité. On a trop prodigué le terme d'« école » à propos des grands écrivains de 1660-1680. Les récentes recherches de l'érudition moderne ont montré que les quatre amis évoqués par La Fontaine au début de *Psyché* sont probablement, aux côtés du fabuliste, Maucroix, Pellisson et quelque troisième auteur de l'époque encore moins illustre et moins classique qu'eux ; en d'autres termes que jamais Molière, La Fontaine, Racine et Boileau ne se sont réunis au même cabaret pour fixer les dogmes de la « doctrine classique » et pour s'aider mutuellement de leurs conseils fraternels. Il est même probable que l'influence, jadis si hautement vantée, de Boileau sur ses contemporains, et en particulier sur Racine, ne s'est guère exercée avant 1671 (date où Racine était déjà en possession de tout son génie et de tout son art « difficilement facile »), et que l'*Art poétique* s'est contenté de codifier,

4. Le même écrivain moderne, Henry de Montherlant, revendique avec véhémence ce même droit au silence, cette même loyauté mutuelle entre l'écrivain et son public dans le morceau cité dans la note précédente (*ibid.*, p. 213).

5. « Un art est classique s'il est adapté non tant aux individus qu'à une société organisée et bien définie, » Paul Valéry, *Littérature*, No. 289, p. 97.

assez médiocrement, la pratique des aînés de Boileau.[6]

Même le bon sens dépourvu d'érudition et simplement critique aurait dû nous faire apercevoir que Molière, Bossuet, Madame de La Fayette, La Rochefoucauld, et La Fontaine étaient loin de ressembler à des écoliers docilement groupés sous la férule du magister Boileau, à des co-équipiers d'un même groupement sportif, ou aux membres d'un même cénacle assemblés pour formuler de communes revendications et attiser des haines communes. Chacun de ces écrivains a créé, individuellement et isolément, une œuvre originale, dans laquelle nous découvrons après coup les traits communs qui la rapprochent des autres grandes œuvres contemporaines. *Chacun d'eux a été une manière de rebelle et de novateur,* remportant, non sans lutte, sa victoire dans son domaine propre : Racine dans la tragédie, Molière dans la comédie, Boileau dans la critique, etc.

La véritable unité de ces classiques est plutôt, à nos yeux, dans leur commun désir de s'adapter à la partie la plus éclairée de leur public, d'être le plus eux-mêmes en s'identifiant le plus intelligemment possible avec leur milieu. Les poètes de la Pléiade n'hésitaient pas à insulter le « rude populaire » et leurs vers s'enorgueillissaient d'être mystérieux et ésotériques ; les artistes romantiques cultivaient la solitude, douloureux privilège de l'élu, et, du haut de leur tour d'ivoire ou de leur rocher d'exil, ils criaient à la foule indifférente que le poète devait être le mage et le pilote de la société ; Parnassiens, réalistes, surréalistes n'ont cessé de railler leur public de philistins. L'auteur classique, au contraire, ne croyait pas déroger en s'adaptant à son auditoire lorsque celui-ci le méritait. Il ne mutilait point sa personnalité et

6. Voir les articles un peu trop affirmatifs mais fort originaux de Jean Demeure, Nos. 75, 76, les commentaires de Daniel Mornet et d'Emile Henriot Nos. 195, 196, 147, la discussion serrée d'Antoine Adam, No. 4, enfin la thèse de Sister Marie Philip Haley, No. 138.

ne souillait point son intégrité parce qu'il épousait les préoccupations et les goûts de ses contemporains. Aussi se donnait-il comme règle suprême de *plaire.*

Plaire au public ne serait point chose en soi admirable de nos jours. Le romancier aux plus forts tirages, le compositeur d'opérettes, le chroniqueur le plus lu n'oseraient sans doute s'enorgueillir de leur succès en déclarant que plaire a été leur unique pensée. Mais au XVIIe siècle, plaire à un public qui, même au parterre du théâtre où Molière raillait les précieuses, était un public averti et difficile, signifiait combattre la critique étroite des pédants. Le suffrage des connaisseurs l'emportait, pour ces écrivains au goût robuste qui s'appelaient Molière, La Fontaine et Racine et avaient conscience de faire du neuf, sur l'envie maligne des sots et les raisonnements scolastiques des théoriciens. Prenant pour accordé un vaste et général agrément entre son public et lui, s'adressant à un même fonds de sentiments, d'idées et de conventions implicitement acceptés et partagés, l'auteur classique n'avait point à repartir à chaque fois du néant pour tout rebâtir à lui tout seul. Il pouvait se dispenser d'attaquer ses prédécesseurs, de railler ou de vilipender son public, et de s'opposer à tout ce qui l'entourait pour mieux se distinguer. Cette sorte d'unanimisme qui le reliait à son temps et à son milieu (comme l'« unanimisme » qui rattachait jadis le tragique grec à l'ensemble des citoyens d'Athènes ou l'architecte des cathédrales gothiques à la foule des fidèles) évitait à l'artiste classique le gaspillage d'énergie et de loisir auquel doit se livrer chez les modernes un Stendhal, un Wagner, un Zola. Il n'en avait que plus de temps pour approfondir sa pensée et parfaire son art.[7]

7. Cette soumission volontaire et modeste des auteurs classiques à leur milieu est peut-être le trait du classicisme qui se trouve séduire le plus vivement certains de nos contemporains, las de l'isolement systématique et aigri de tant d'écrivains au siècle qui s'ouvrit avec Byron et se ferma avec Nietzsche et Ibsen. « Le triomphe de l'individualisme et le triomphe du classicisme se confondent, »

Un tel accord intérieur et profond entre l'auteur classique et son milieu communique à la littérature classique un des caractères par lesquels on l'a le plus volontiers définie : c'est une *littérature sociale*, « une littérature mondaine, née du monde et faite pour le monde,» disait Taine non sans quelque exagération. Certes les genres personnels ne disparaissent pas complètement : le moi tient encore une large place dans les *Pensées* de Pascal, dans les *Lettres* de Madame de Sévigné, dans les *Mémoires* de La Rochefoucauld et du Cardinal de Retz, dans les *Fables* de La Fontaine, et même dans les *Satires* et les *Epîtres* de Boileau. Mais, à l'inverse des romantiques qui réussiront le plus complètement dans la poésie lyrique, dans le roman personnel et dans la confession individuelle, les classiques triomphent avec le plus d'éclat dans les genres plus sociaux des maximes, des portraits, de l'éloquence de la chaire et surtout dans la tragédie et la comédie ; partout où l'on s'adresse à un public de connaisseurs dont on escompte à l'avance et prépare les réactions, partout où l'on a pour auditoire les fidèles d'une église, les habitués d'un salon, les spectateurs d'un théâtre.

écrivait, il y a quelques années André Gide (*Incidences,* No. 122, p. 38). « Or, » poursuit-il, « le triomphe de l'individualisme est dans le renoncement à l'individualité ; . . . . tandis que celui qui fuit l'humanité pour lui-même n'arrive qu'à devenir particulier, bizarre, défectueux. » Et Gide de citer un de ses textes favoris dans les Evangiles : « Celui qui veut sauver sa vie [sa vie personnelle] la perdra. » C'est là pour Gide une vérité littéraire à laquelle il tient fort et qu'il a quelque temps, avec une logique paradoxale, transportée dans la politique et appliquée au communisme. « Le bonheur de l'homme n'est pas dans la liberté, mais dans l'acceptation d'un devoir, » a-t-il proclamé dans sa préface au *Vol de nuit* d'Antoine de Saint Exupéry. Un critique anglais contemporain, aussi différent que possible d'André Gide et non moins écouté que lui, T. S. Eliot, accorde de même son admiration la plus fervente à cette acceptation que consentaient les classiques, sachant comprendre le milieu où ils vivaient et le servir. « L'artiste de second ordre ne peut évidemment accepter de participer à une action commune ; car sa tâche principale est d'accentuer les différences de détail qui constituent son unique originalité. Seul l'homme qui a assez à donner pour s'oublier lui-même dans son œuvre peut accepter de collaborer, de contribuer. » (« The Function of Criticism » [1923] dans *Selected Essays,* No. 88, p. 13.)

Aussi l'accomplissement suprême de l'époque classique française est-il dans la *littérature dramatique,* et plus particulièrement dans la comédie. Ces genres littéraires ou ces formes d'art exigent pour fleurir le milieu, restreint mais choisi parmi une vaste foule, d'une capitale, une certaine stabilité sociale, un public de connaisseurs ou d'habitués, la collaboration entre auteur et acteurs et surtout la complicité entre le dramaturge et son public. Ces mêmes conditions se trouvaient réalisées aux autres époques qui connurent ou devaient connaître un développement presque «classique » du théâtre : à Athènes au Ve siècle, dans la Rome de Térence, à Londres sous la reine Elisabeth, et plus encore peut-être au temps de Congreve et de Wycherley, à Madrid lors de Lope de Vega et même, dans un sens beaucoup plus limité, à Weimar lorsque Schiller et Gœthe élevaient le théâtre allemand à la hauteur d'un genre noble. Inversement, l'absence de toute œuvre dramatique de valeur en France au XVIe siècle, et plus encore dans une Italie où cinq ou six villes se sont toujours disputé la suprématie sans qu'aucune d'elles ait jamais fourni à l'auteur dramatique ce public de connaisseurs avec lequel il se serait senti en communion, et l'échec d'innombrables tentatives dramatiques d'indépendants ou de révoltés, en tous pays, depuis le XVIIIe siècle semblent dus pour une large part à ce désaccord profond et irrémédiable qui sépare l'auteur tragique ou comique de son auditoire démocratique ou cosmopolite, trop peu critique, trop flottant et toujours divers.

Un accord aussi subtil entre l'œuvre d'art et le public auquel elle s'adresse n'est que bien difficilement réalisé. Aussi le classicisme est-il un *état d'équilibre,* fragile et provisoire, que suivra vite une période de désorganisation et d'inquiétude, et qui suit lui-même une ère de troubles et de désordres. La maturité, dans la nature comme dans l'art, porte en elle-même, on le sait, des germes de corruption et de mort. La décadence de la tragédie se devine dans les chefs-d'œuvre de Racine eux-mêmes, dans une monotonie d'invention que dissimule ou compense une poésie merveilleuse mais inimitable. La fable ne pouvait que décliner après La Fontaine. Le genre périlleux des pensées et des maximes pouvait difficilement survivre après Pascal et La Rochefoucauld. Enfin il n'est pas d'unité si totale qu'elle écrase à jamais toute velléité individuelle dans une minorité longtemps silencieuse. L'esprit non-conformiste, incroyant ou turbulent, que l'on identifie avec le XVIIIe siècle, n'a jamais disparu dans les années les plus glorieuses du règne de Louis XIV. Il éclate, avec les *Pensées sur la Comète* de Bayle dès 1682, une année à peine après le sermon de Bossuet sur l'*Unité de l'Eglise.* Derrière la splendide façade du classicisme, les érudits modernes n'ont pas grand'peine à découvrir les réduits souterrains de dissidence, la putréfaction précédant la maturité elle-même, « Fäulnis vor der Reife,» selon l'expression nietzchéenne.

[Mais le classicisme suit le désordre plus encore qu'il ne le précède. Comme en Grèce et à Rome, la « grande époque », la synthèse classique française, est venue après une longue suite de guerres extérieures, de discussions religieuses ou philosophiques acharnées, d'incertitude politique et même de révolte civile : car la Fronde dure de 1648 à 1653, la victoire de Rocroy a été remportée en 1643, et la Guerre de Trente Ans ne prend fin qu'avec la paix de Westphalie en 1648.] Nos manuels d'histoire littéraire oublient trop aisément, dans leur désir de nous présenter comme un solide bloc de marbre radieux tout le Grand Siècle, quel contraste tranché sépare l'époque de Louis XIII et de la Fronde, toute en aventures, en désordre et en fougue, en individualisme forcené, et le règne personnel de Louis XIV, ordonnant une cour et un état enfin équilibré et soumis. Un historien à la verve souvent vigoureuse a écrit :

Il y eut un moment où la France venait de se déchirer et de se battre durant un siècle. On avait brûlé les châteaux, assiégé les villes, cassé les statues des églises, fondu leurs trésors, on avait grillé vifs un bon nombre de gens, on en avait pendu davantage. On avait si bien besogné qu'après cent ans de ce travail, vers 1650, chaque ville se renfrognait en son coin, chaque maison tenait ses portes bien fermées, par peur du voisin, chaque classe tâchait de définir ses droits, ses privilèges, ses franchises et de les fixer à jamais. L'espace était très petit, très stable, les gens minuscules, et très séparés. Ils avaient une merveilleuse aptitude à se quereller, et une richesse d'imagination pour inventer des sources de disputes, telle qu'il leur vint enfin à tous un immense désir de se comprendre, une profonde estime pour les uns et les autres et pour leurs facultés de compréhension, de critique, d'analyse. Ils se demandèrent avec curiosité si un beau jour ils pourraient s'entendre malgré leurs désaccords religieux, leurs différences de climat, d'habitudes, de races, de patois, de mœurs, de lois.

Alors parut l'école classique française, dont la précision, l'exactitude et l'adresse à réduire les choses ou les êtres à leurs éléments intelligibles n'a jamais été égalée. Tout ce qui était obscur, confus et contradictoire, elle l'élimina, l'aplanit, le ramena à des notions claires. Ce qu'il y a de plus complexe sur la terre, les passions des hommes, fut son grand triomphe, elle peignit en traits fins sur un miroir de cristal.[8]

Ce désordre antérieur à l'ordre semble indispensable à la formation d'un esprit classique et, dans la mesure où une généralisation est légitime, à la venue d'un âge classique. Une époque classique s'annonce en effet par un soupir de soulagement. Elle se montre volontiers satisfaite d'elle-même. Les auteurs et leur public sentent également qu'un progrès a été enfin et péniblement réalisé, qu'ils vivent dans une ère moins troublée, plus disciplinée et plus affinée que ne l'ont fait leurs prédécesseurs. Ils sentent que plusieurs générations ont accumulé pour eux des expériences

8. Bernard Fay, « Essai sur la poésie, » *Revue Européenne,* août 1930, pp. 668-669.

et des connaissances et leur ont légué des matériaux abondants, mais informes.

Dans ce riche mais confus héritage, les artistes classiques opèrent selon leur procédé favori, qui est *le choix*.[9] Ils élaguent, purifient et créent enfin œuvre durable et achevée. Ils renoncent à parcourir le monde extérieur et s'attachent à mieux explorer le cœur humain. Le classicisme est ainsi un moment fortuné d'équilibre forcément instable. Il est nécessairement court, car il constitue un temps d'arrêt. Il suppose une abondante accumulation antérieure de matériaux qu'il met en œuvre et ordonne pour élever un édifice harmonieux. Un classicisme prolongé ne saurait que dégénérer en pseudo-classicisme, car n'ayant plus de désordre antérieur à transformer en ordre et en beauté, il se contente de copier des chefs-d'œuvre selon des recettes tout artificielles et extérieures.[10] Il a fallu la rare vitalité de la littérature française pour qu'elle échappât à cette dégénérescence du classicisme qui menaçait de corrompre nos lettres à l'époque des Houdar de la Mothe, des Campistron, et des Lagrange-Chancel. Un revirement soudain et fécond a fait du pays de l'unité et de l'autorité celui de la critique hardie et de la turbulence. La patrie de Bossuet et de Boileau est devenue celle de l'*Encyclopédie* et du *Contrat Social.*

On ne saurait trop insister sur cette phase de désordre, de turbulence, et d'anarchie individualiste, qui précède chronologi-

9. Ce point est, brièvement mais brillamment, mis en valeur dans quelques pages du critique anglais W. E. Henley, « A Note on Romanticism, » *Essays on Art,* No. 146, pp. 221-224.

10. Voir là-dessus le livre plein de vivacité de Giuseppe Borgese, *Storia della critica romantica in Italia,* No. 31, p. xx : « Les classiques interprètent l'art comme *organicité,* discipline, continuité et présupposent comme stade initial, nécessaire mais non suffisant, la spontanéité de l'inspiration. Surviennent, » poursuit l'auteur, « les pédants qui ne voient plus dans cette *organicité* qu'une exigence formelle, se contentent de recettes mesquines et rendent ainsi inévitable une réaction de la spontanéité et de l'émotion, ce que nous appelons un romantisme. »

quement notre époque classique et semble logiquement l'expliquer et la préparer. Car c'est ainsi seulement que l'on pourra saluer dans le classicisme ce qu'il a dû être en effet : non pas (selon l'expression que Carlyle emploie à propos de l'histoire) « une misérable chose morte,» bonne pour être conservée dans des bocaux et imposée à l'admiration béate des générations futures, mais un moment de la pensée française tout vibrant de jeunesse et tout frémissant de vie. Pascal, Molière, La Fontaine, La Rochefoucauld, Bossuet lui-même ont grandi, on l'oublie trop souvent, dans l'atmosphère de luttes et d'intrigues brouillonnes qui fut celle de la Fronde.[11] Leur connaissance de la vie et des passions, leurs réflexions sur l'indépendance, l'égoïsme, et même sur la mort sont loin d'être uniquement livresques. Règles et discipline avaient, pour ces contemporains de la Grande Mademoiselle, de Madame de Longueville, et du Prince de Condé un tout autre sens que pour les pseudo-classiques du siècle suivant, ou même que pour nos théoriciens du classicisme aujourd'hui. C'est en songeant au rôle considérable que joue cette période préparatoire à l'avènement du classicisme, et aux traces profondes (semblables à la terreur inspirée par la Commune vers 1875 ou par le bolchevisme en 1925) que laissèrent les désordres de la Fronde et les excès « fanatiques » de Cromwell, que nos contemporains peuvent parler du « *romantisme* » *latent dans le classicisme français.*

On a trop jonglé avec ces deux termes. Mais il reste vrai que l'étrangeté, la bizarrerie fantaisiste, la complication ingénieuse que certains déplorent de ne pas trouver dans le classicisme de Poussin et de Racine n'avaient pas été absents dans la France de la première moitié du siècle. Le baroque, si l'on veut introduire cette autre catégorie aujourd'hui en faveur chez d'ingénieux

11. Ils avaient, les trois premiers, trente ans environ, La Rochefoucauld quarante ans et Bossuet vingt-six ans quand la Fronde se termina en 1653.

esprits, avait abondé dans la France de la Contre-Réforme (Lyly, Gongora, et Marino sont, par leur date de naissance, à peu près les contemporains de Shakespeare et de Malherbe) et coexistera parfois avec le classicisme sans se mêler à lui : le rococo caractérisera plutôt, et pour bien peu de temps, l'art de la Régence, de Marivaux, et de Watteau, mais un rococo supérieur et ennobli par les souvenirs du classicisme précédent.

Mais c'est dans un sens psychologique plus que chronologique qu'on a le devoir de parler du romantisme antérieur au classicisme et survivant en celui-ci. Nul ne l'a mieux compris que nos contemporains : André Suarès, André Gide, Paul Valéry. « L'œuvre classique ne sera belle et forte qu'en raison de son romantisme dompté,» écrit le critique d'*Incidences* (No. 122, p. 38), et « l'œuvre est d'autant plus belle que la chose soumise était d'abord plus révoltée.» Paul Valéry a répété, en termes presque identiques, que « tout classicisme suppose un romantisme antérieur » (No. 286, p. 119). Envisagée sous cet angle, la notion de classicisme cesse en effet de s'opposer à la notion de romantisme : elle se l'assimile pour ainsi dire et se l'approprie pour constituer une synthèse supérieure. Aussi les esprits les plus clairs se plaisent-ils aujourd'hui à nommer « classicisme » l'effort, parallèle à certains égards à celui de Racine et de La Fontaine, de Gœthe, de Keats, de Baudelaire, de Cézanne pour « intégrer » (selon le terme présentement à la mode) le romantisme dans un ensemble plus large et plus serein. « Le classique vivant est le dernier terme d'une croissance romantique, non point sa négation mais plutôt sa réforme et son couronnement,» écrit Ramon Fernandez (No. 100, pp. 42-53). « Le romantisme est un problème de ravitaillement, le classicisme un problème de direction.»[12]

12. La même attitude est celle d'un esprit très différent, poète et critique de l'Angleterre d'aujourd'hui, qui oppose romantisme à réalisme, puis réconcilie ces deux termes dans une large et accueillante conception du classicisme, Lascelles Abercrombie, *Romanticism*, No. 1, p. 33.

On a proposé encore, pour expliquer le classicisme, d'autres conditions historiques et sociales, d'autres concours heureux de circonstances érigés après coup en lois. Gœthe, dans un petit écrit peu connu mais plus perspicace que bien des platitudes pompeuses que lui attribuent de béats auditeurs (*Literarischer Sancoluttismus,* No. 130) énumérait en 1795 cinq conditions dont la réalisation avait produit dans le passé, et pourrait éventuellement produire en Allemagne un classique national : vivre dans un grand Etat devenu, après une série d'événements marquants, une nation unifiée et heureuse ; trouver sa patrie à un niveau élevé de civilisation ; embrasser dans une large sympathie le passé aussi bien que le présent ; ne venir qu'après mainte tentative déjà accomplie par des prédécesseurs ; commencer dès la jeunesse, entrevoir les possibilités d'un grand sujet et les développer avec patience et lenteur.

Nous souscririons volontiers à ces préceptes gœthéens, que nos remarques précédentes ont déjà couverts en grande partie. Maint classique français du XVIIe siècle ferait exception à la quatrième de ces conditions. La troisième surtout est contestable. Le classicisme de Gœthe, volontaire et conscient, a été en effet cet éclectisme large qui embrasse le passé aussi bien que le présent, accueille ou utilise Shakespeare, Diderot, et Hafiz, a goûté le charme de la poésie populaire avec Herder et est « devenu meilleur » au contact de Winckelmann. Le classicisme français du XVIIe siècle est moins éclectique dans ses goûts ; il est plus jeune, plus spontané et s'accompagne souvent d'un mépris non dissimulé du passé (mépris pour l'antiquité chez Descartes, Pascal et maint autre ; mépris quasi-universel pour la « barbarie gothique » ; mépris pour Villon, Rabelais, et Ronsard). Le classicisme tel que les modernes le désirent pour eux-mêmes ne peut ainsi faire abstraction du passé (car alors il pourrait être classique, mais sans le savoir) ; il peut donc signifier une large et sereine sagesse, capable de tout comprendre et de tout aimer. Historiquement, le classicisme de Boileau ou celui de Dryden et du Dr. Johnson sont plus naïvement satisfaits de leur époque, plus belliqueux et plus dédaigneux de ce qui diffère d'eux que l'éclectisme gœthéen ou le dilettantisme renanien.

Brunetière, qui fut à la fin du siècle dernier, à l'Académie Française, à la *Revue des Deux Mondes* et dans l'Université le grand-prêtre de l'idéal classique, n'a pas manqué de rechercher, en plus d'un endroit de ses livres, les causes de cette floraison littéraire qu'il célébrait nostalgiquement comme le sommet de l'évolution culturelle française. Il insistait principalement sur deux « conditions » nécessaires selon lui à l'éclosion de ce rare et précieux esprit qu'est un classique : la perfection de la langue et l'indépendance nationale (voir surtout Nos. 41 et 44).

La perfection de la langue est chose évidemment relative, à laquelle nous attacherons moins d'importance que ne le faisait Brunetière, fidèle à sa doctrine évolutive de jardinier avisé qui ne se pardonnerait point de cueillir un fruit après qu'il a dépassé son point idéal de maturité. Certes, la langue française était moins claire, moins analytique, moins régulière en 1580 qu'elle ne le deviendra un siècle plus tard ; mais Saint-Simon n'en est pas pour cela un prosateur plus classique que Montaigne ; et il n'est pas sûr que les *Provinciales* ou la *Conversation du maréchal d'Hocquincourt* soient des modèles de style classique supérieurs aux *Mélanges* de Voltaire ou aux nouvelles de Mérimée. Il est trop aisé d'être après coup le jouet d'une confusion, et de prendre le mot classique dans ce sens périlleux qui désigne les modèles les plus réguliers et les plus faciles à imiter pour les écoliers. Virgile et Horace peuvent nous faire paraître Lucrèce et Térence archaïques ; cependant la poésie philosophique et la comédie n'ont point progressé à Rome après Lucrèce et Térence. L'histoire n'a point davantage progressé entre Tite-Live, vivant au siècle d'Auguste, et l'ombrageux Tacite. La notion de courbe évolutive, depuis trois quarts de siècle, s'est révélée aussi trompeuse qu'elle était flatteuse pour nos esprits paresseux. Si un très grand écrivain avait, par le prestige universellement admiré de son génie, fixé notre langue au XVIe siècle, comme le fit Dante au XIIIe chez les Florentins, ne serait-ce pas la langue de ce « classique » qui nous paraîtrait aujourd'hui la plus parfaite, le point idéal de maturité ?[13]

Quant à l'indépendance nationale, c'est là une notion assez dangereuse à introduire dans l'histoire littéraire impartialement conçue. Nous avons renoncé aujourd'hui à l'aveuglement qui faisait admettre à Brunetière et à certains de ses contemporains que nos romantiques, parce qu'ils avaient célébré et quelquefois feuilleté Shakespeare, Walter Scott, Gœthe, et Schiller étaient moins français que nos classiques. Laissons à de plus subtils docteurs le soin de décider qui est plus français de Molière ou de Balzac, de Voltaire ou de Bossuet, de Poussin ou de Manet. Que l'époque classique coïncide avec l'ère la plus glorieuse de l'histoire de la France, cela peut à la rigueur s'admettre.[14] Mais le classicisme latin du siècle d'Auguste est-il indépendant des littératures étrangères, lui qui ne détourne point ses regards des modèles

13. Gustave Lanson dans son livre sur Boileau (No. 167, pp. 179-180), présente sur ce point quelques remarques des plus fines, en exposant la position finale adoptée par Boileau dans la querelle avec Charles Perrault.

14. « A la rigueur, » pour la France. Nisard, qui devança Brunetière avec beaucoup moins de talent que lui, aurait pu noter avec la précision d'un arpenteur que cent-quarante-cinq années séparent la défaite de Pavie de la date de 1670 (apogée de Louis XIV, deux ans après la paix d'Aix-la-Chapelle) ; et cent-quarante-cinq ans de courbe descendante aboutissent au désastre de Waterloo. Contentons-nous de rappeler que la littérature grecque a magnifiquement fleuri pendant la guerre malheureuse du Peloponnèse ; que l'époque dite classique en Angleterre n'est pas contemporaine de la reine Elisabeth ou de Waterloo ; le siècle d'or de Calderon et Velasquez brille avec le plus d'éclat lorsque la puissance politique de l'Espagne décline déjà ; la grande époque de la littérature et de la philosophie allemandes (Gœthe, Schiller, Kleist, Novalis, Fichte, Hegel, etc.) correspond à l'ère d'humiliations politiques et militaires infligées par Napoléon.

helléniques ? Dryden et Pope sont-ils plus anglais, plus nationaux que Shakespeare, Wordsworth, Tennyson, ou Kipling ? D'ailleurs de récentes recherches (de Spingarn et de René Bray) ont clairement démontré que les principes essentiels de notre doctrine classique nous étaient venus de l'Espagne et de l'Italie et avaient été francisés par nous, tout comme le seront plus tard le byronisme et l'ossianisme. « La vérité,» pouvait écrire Daniel Mornet dans un article très juste (No. 194) « est que les Français ont été les derniers à s'intéresser aux principes de la littérature classique et qu'en les empruntant, ils les ont transformés à leur usage.»

Si les relations des classiques avec le milieu et avec le moment où ils ont vécu nous aident à mieux comprendre le classicisme, il nous reste à combattre le déterminisme trop rigoureux ou la définition trop étroitement géométrique qui voudraient limiter à l'excès le milieu et le moment classiques.

L'appétit d'unité que ressentit le royaume de Louis XIV (« une foi, une loi, un roi ») est loin d'avoir tué la riche diversité des individus. On fausse le réel en présentant aux écoliers les grands classiques comme une équipe de sept ou huit coureurs qui auraient distancé et vaincu successivement leurs indignes rivaux : les précieux, les romanesques, les burlesques, les libertins, les pédants. Il est trop clair que la préciosité, par exemple, n'a pas été anéantie par les railleries de Molière et n'a jamais joui d'un plus vif prestige qu'entre 1660 et 1700 (voir les études de Pierre Mélèse sur le *Mercure galant* de Donneau de Visé, G. Mongrédien et D. Mornet, Nos. 190, 197, 198, 199). On savait déjà par les noms de Molière et de La Fontaine que le prétendu « courant » libertin s'était parfois confondu avec le « courant » classique. Ces ennuyeux « voyages extraordinaires », devant lesquels nous nous pâmons comme s'il s'agissait, dans ces jeux de fantaisie attardés, de dissidences révolutionnaires, ont probablement été lus par le même public qui se délectait à *Phèdre* et à la *Princesse de Clèves,* qui applaudissait à Bossuet et même qui lisait les *Pensées* éditées par Port-Royal. La ferveur et la gravité religieuses ne sont nullement l'apanage de quelques groupements isolés (Jansénistes, Compagnie du Saint-Sacrement, Huguenots, ou Jésuites). De Mademoiselle de Roannez et Mademoiselle de la Vallière à Rancé et à Vigneul-Marville, combien de personnages du XVIIe siècle, sans attendre l'heure de leur mort, furent touchés de la grâce et devinrent Carmélites, Trappistes, ou Chartreux ! Les écrivains classiques sont parfois des incroyants, et plus souvent laissent la religion en dehors de leurs ouvrages parce que cela ne concerne point le public. Mais les recherches de l'abbé Bremond nous ont assez montré combien de sentiment religieux sincère a baigné le siècle classique, et qu'il est faux de répéter que la France conserva, au XVIe et au XVIIe siècles, l'orthodoxie catholique parce qu'elle n'avait pas assez de religion pour en avoir plusieurs (No. 37).

Le jour où nous posséderons le livre que Daniel Mornet appelait de ses vœux en 1932 (il l'a écrit en partie depuis, No. 199), « la véritable histoire de la littérature française classique, où nous apercevrions nos chefs-d'œuvre classiques non pas tels qu'ils nous semblent et, si l'on veut, tels qu'ils sont, mais tels que les ont vus, année par année, les contemporains », nous comprendrons mieux sans doute que le classicisme fut aussi riche et aussi divers que le fut le romantisme ou l'époque symboliste où voisinent dans l'admiration des lettrés Zola et Renan, Verlaine et Heredia, Becque et Maeterlinck. Le XVIIe siècle ne sépara pas plus Racine de Pradon, Bossuet de Bourdaloue, ou Mme de Sévigné de Bussy-Rabutin que Sainte-Beuve ne distingua Balzac de Charles de Bernard et Flaubert de Feydeau, que nos lecteurs éclairés d'aujourd'hui ne savent distinguer entre Mauriac et Maurois, entre

Claudel et Giraudoux.[15] On sait d'ailleurs de longue date que les grands succès littéraires et dramatiques du XVIIe siècle n'allèrent pas toujours aux œuvres que la postérité a retenues. Faut-il s'en étonner avec naïveté ? Seul un tout petit nombre de connaisseurs sont capables de voir juste, à n'importe quelle époque, parmi la masse de la production contemporaine. Seuls les meilleurs lecteurs de Pascal, de Bossuet, et de La Bruyère, les meilleurs auditeurs de Molière et de Racine, les plus clairvoyants admirateurs de Poussin et de Le Nôtre furent de ce nombre : et ils mirent avec eux Louis XIV et l'élite de la cour et, après quelque temps, l'élite du public.

Il n'est donc guère possible de délimiter infailliblement le milieu ou le public du classicisme français, et cela ne peut tenter que les amateurs de généralisations impérieuses et trompeuses. Est-il possible d'enfermer le moment classique entre deux dates rigides ?

Les histoires de la littérature gagneraient en clarté autant qu'elles perdraient en intérêt si tous les contemporains de Shakespeare avaient été des « élisabéthains,» tous les sujets de Victoria d'impeccables « victoriens,» tous les écrivans de 1660-1715 des classiques « louis-quatorziens.» On s'est résolu il y a longtemps à déclarer classiques, de préférence, les écrivains et artistes qui produisirent le meilleur de leurs œuvres entre 1660 et 1685. Il n'existe guère de raison valable pour rejeter ces deux dates : la

15. Bien entendu, l'histoire du goût du public n'est pas l'histoire de la littérature, et nous n'avons pas à tirer trop vite argument des erreurs de jugement du passé. Mais il est utile à une plus saine connaissance du XVIIe siècle de se rappeler en quelle estime Rapin et Bouhours tenaient Bussy-Rabutin, l'admiration de Pascal lui-même pour Méré, la préférence accordée à Benserade sur Boileau par Damien Mitton (voir Grubbs, No. 136) ; Ménage, mise à part la querelle des Anciens et des Modernes, estimait Perrault « un de nos meilleurs poètes » (voir Sainte-Beuve, *Causeries du Lundi,* v. 268 note) ; Huet, homme des plus écoutés, humaniste illustre, aimait à la fois les romans de Madeleine de Scudéry et de Mme de La Fayette (*ibid,* II, 175) ; Méré, honnête homme s'il en fut, traite avec un mépris fort cavalier les maximes du grand seigneur honnête homme La Rochefoucauld.

première ouvre l'ère de stabilité, de satisfaction de soi, de grandeur prééminente en Europe qui constitue en effet le moment classique ; la seconde (Colbert meurt en 1683, la Révocation de l'Edit de Nantes survient en 1685, Louis XIV est opéré de la fistule en 1686 et tombe sous l'influence de Mme de Maintenon, Bossuet prononce en 1687 l'oraison funèbre du grand Condé et la guerre de la ligue d'Augsbourg commence en 1689) clôt la grande époque du règne. Nous désignerons donc souvent ces vingt-cinq années comme le quart de siècle le plus typiquement et noblement classique du siècle classique.

Cela ne signifie nullement que la nature ou la Providence ait fait vivre alors tous les grands écrivains ou artistes du classicisme, ni qu'ils aient tous eu besoin de Louis XIV (et moins encore de Colbert ou de Boileau) pour devenir grands. En fait, les œuvres qui paraissent à partir de 1660 (l'*Ecole des femmes* 1662, *Tartuffe* 1664, les *Maximes* 1665, *Andromaque* 1667, les *Fables* 1668, l'*Art poétique* 1674, *Phèdre* 1677, la *Princesse de Clèves* 1678, les *Caractères* 1688) ne doivent pas grand'chose à la protection royale. Avec véhémence, un critique contemporain a soutenu que le prétendu Siècle de Louis XIV est en réalité le Siècle de Louis XIII (André Suarès, No. 264), car « un artiste appartient à la génération qui l'a formé, beaucoup plus qu'à celle où il se produit »; or Corneille, Descartes, Poussin, Claude Lorrain, Rotrou, la Rochefoucauld, Retz, Saint Evremond, Le Nôtre, Le Brun lui-même, La Fontaine, Molière, Pascal, Mme de Sévigné, Bossuet, Mme de La Fayette, Lulli, Bourdaloue, et Boileau étaient tous, par une différence qui va de quarante-quatre ans à deux ans, les aînés de Louis XIV.

Peu nous importent les querelles où peuvent s'affronter admirateurs et détracteurs de la monarchie absolue du Roi-Soleil ! Nous n'irons point, sous prétexte que l'apogée du classicisme doit se placer vers 1670, nous refuser à voir la présence des plus belles qualités classiques dans Poussin (mort en 1665), Claude Lorrain (mort en 1682), dans le *Discours de la méthode* (1637), *Polyeucte* de Corneille (1643), le Val de Grâce conçu par François Mansart dès 1640. Il nous semble plus sage et plus conforme à la vérité historique de constater, tout le long du XVIIe siècle, une suite de poussées de sève ou de lames de fond qui ont donné à la France un nombre toujours plus grand d'auteurs et d'artistes de premier ordre. La plus classique de ces diverses générations, dont la succession apparaîtra dans le tableau que nous donnons ci-dessous, est celle qui, née entre 1630 et 1640, se révélera pleinement dans les vingt premières années du gouvernement personnel de Louis XIV (1660-1680). Les qualités d'audace cavalière, d'impétueuse et obstinée volonté, d'individualisme et de fantaisie, la *libido sciendi* de Descartes et la *libido dominandi* de Pascal, de Retz, ou de Condé font graduellement place à plus de modestie, à plus de sagesse. Ce que nous avons appelé le moment classique n'est donc pas une période d'utilisation égoïste des dons légués par l'époque antérieure, une jouissance toute « statique » de l'héritage transmis par des aînés plus amis du risque. Appliquant par avance le noble conseil donné par le Faust de Gœthe, les classiques de 1660-1685 ont discerné qu'ils avaient eu, parmi les générations précédentes, de splendides modèles à suivre et à dépasser. Ils ne les ont pas reniés. Ils ont hérité leurs dons pour les approfondir, les compléter, et les prolonger, et les ont ainsi pleinement mérités.

Was du ererbt von deinen Vaetern hast,
Erwirb es, um es zu besitzen !
(*Faust,* i, deuxième monologue)

APPENDICE AU CHAPITRE III

SI L'ON PEUT TENTER, sans prétendre à ériger de curieuses et troublantes coïncidences en lois historiques, de classer les grands hommes et les écrivains par leur date de naissance (car l'âge où ils révèlent leurs dons par des actions ou des œuvres varie de la jeunesse à la maturité, selon qu'ils ont la précocité d'un Condé ou d'un Pascal, la sage prudence d'un Turenne ou d'un La Fontaine), nous proposerions de distinguer au XVIIe siècle les générations que voici :

A. Une génération d'hommes du XVIe siècle qui vécurent et écrivirent au début du XVIIe siècle, et ressentirent déjà un besoin d'ordre et de discipline qui les distingue par exemple de leurs contemporains anglais nés vers 1575 (Donne, Ben Jonson, et les plus violents des dramaturges élisabéthains, Dekker, Heywood, Tourneur, Webster). Ce sont Saint François de Sales, D'Urfé, Alexandre Hardy, Régnier, Montchrétien, nés entre 1567 et 1575 (Malherbe est de plusieurs années leur aîné à tous).

B. Les dix années qui vont de 1581 à 1592 voient naître un groupe de talents originaux, encore irréguliers et indépendants ; certains, surtout parmi les poètes et les artistes, feront retentir une note nouvelle en France. Mais le choix, la maturation, l'approfondissement font trop défaut à leur œuvre pour qu'on puisse les appeler des précurseurs du classicisme. L'impérieux Cardinal Richelieu est leur contemporain, mais son action se fera surtout sentir sur ses cadets. Ce sont Saint-Cyran, Maynard, Camus, La Mothe le Vayer, Jansen, Saumaise, Racan, Théophile (né en 1591, la même année peut-être que le peintre Simon Vouet), enfin Jacques Callot et Gassendi, nés en 1592. Richelieu, né en 1585, est placé par sa date de naissance au centre de ce groupe d'isolés.

C. Descartes (1596-1650) domine pareillement le groupe de talents nés dans les six dernières années du siècle et parmi lesquels (à côté d' « irréguliers » comme Saint-Amant, Desmarets de Saint-Sorlin, Colletet et Charles Sorel) se trouvent les premiers vrais ouvriers du classicisme : J. L. Guez de Balzac, Chapelain, Vaugelas, Voiture. Deux ans avant Descartes était venu au monde le plus grand classique dans le domaine de la peinture (Poussin), et deux ans après lui François Mansart (à l'étranger Jordaens est l'exact contemporain de Poussin et Cromwell est né en 1599).

D. Cette première génération de pré-classiques est bientôt suivie d'une seconde, plus riche encore et plus variée (de 1600 à 1611) : celle de Mazarin en politique, de Corneille en littérature. En 1600, c'est Claude Lorrain (né une année après Velasquez et la même année que Calderon) ; puis Tristan, Scudéry, le mathématicien Fermat (1601), Mazarin, Philippe de Champaigne, Guy-Patin (1602). Conrart, D'Aubignac, Patru, Cotin, Sarrasin, Godeau, le voyageur Tavernier, et d'autres « minores » séparent ceux-ci de Corneille (1606) ; contemporain de Rembrandt et de quatre ans l'aîné de Téniers, Mademoiselle de Scudéry, Méré, La Calprenède, Rotrou, La Mesnardière, Du Cange, Mézeray, Scarron, Pierre Mignard apparaissent à la fin de cette dizaine d'années, et Turenne naît en 1611.

E. Une nouvelle vague marque, en littérature, un progrès dans l'analyse de soi accompagné encore d'une poussée d'indépendance audacieuse qui distinguera ces hommes, après 1660, des classiques plus jeunes, plus assagis, peut-être plus authentiques ou plus purs. Ce sont les Français nés entre 1612 et 1618 : Antoine Arnauld (1612) ; la féconde année 1613 est une des plus mémorables du siècle (La Rochefoucauld, Retz, Saint-Evremond, Le Nôtre, Claude Perrault, et deux hommes alors illustres et respectés, Ménage et Benserade). Le mécène Fouquet, Ninon de

Lenclos, Brébeuf et Bussy-Rabutin suivent entre 1615 et 1618 ; les peintres Le Sueur et Sébastien Bourdon en 1616.

F. La plus grande génération du siècle, encore antérieure à Louis XIV, et qui marie si heureusement l'ardeur, la fougue et la vie à la discipline et à la quête de la perfection est celle de 1619-1628. Seules une ou deux autres générations littéraires en France (nées vers 1800 et 1820) peuvent prétendre égaler celle-ci en richesse. Dès 1619 naissent Colbert, le peintre Le Brun, et ces aimables talents secondaires qui s'appellent Maucroix, Furetière et l'indiscret Tallemant. L'abbé de Pure, Charpentier, Cyrano sont, en 1620, les contemporains de Cinq-Mars. Les grands génies suivent bientôt : La Fontaine (né en 1621, comme le Grand Condé, et deux plus humbles noms, Rapin et Madame de Motteville), Molière et Pierre Puget en 1622, Pascal en 1623, Mme de Sévigné en 1626, Bossuet en 1627 et, autour d'eux, de 1624 à 1628 : Segrais, Pellisson, Thomas Corneille, Nicole, Jacqueline Pascal, Chapelle, Rancé, la Grande Mademoiselle, Bouhours, Charles Perrault, et Girardon.

G. La quatrième dizaine d'années du siècle comptera, autour de Louis XIV, d'autres grands noms ; mais la fougue de cette dernière génération vraiment classique sera calmée. Le désir de plaire, le raffinement un peu fade, une religion moins virile commencent à tenter certains de ces talents : Bourdaloue, Fléchier, Mabillon, et Pradon (nés en 1632, la même année, chose curieuse que Locke, Spinoza et Ver Meer de Delft) ; Lulli et Vauban (1633) ; Mme de la Fayette (1634) ; Mme de Maintenon et Quinault (1635), Boileau et Chaulieu (1636), Mme Deshoulières (1637), Boursault et Malebranche, nés la même année que Louis XIV (1638), ainsi que Dangeau et Mme de Villedieu; enfin en 1639, Louvois et le suprême et presque le dernier classique, Racine.

H. L'esprit du XVIIIe siècle apparaît déjà avec la génération née aux alentours de 1650 ; un certain épuisement se fait sentir. Le sens critique (en littérature et en politique) se développe, mais la sève créatrice n'est plus aussi vigoureuse. Ce sont, répartis non plus sur dix mais sur quinze ou seize années qui suivent la naissance de Racine : La Bruyère (1645), l'Ecossais Hamilton (1646), Bayle (1647, la même année que Denis Papin), Fénelon en 1651 et Valincour en 1653, Regnard en 1655, Fontenelle en 1657, l'abbé de Saint-Pierre en 1658, enfin Massillon, Rollin et Dancourt en 1661. Dans le domaine des Beaux-Arts, entre 1656 et 1661 apparaissent Largillière, Guillaume Coustou, Hyacinthe Rigault, Coypel, Desportes.

I. Pénurie de grands noms après 1661, tandis que la splendeur du règne irradie l'Europe. Seuls Lesage et Couperin naissent en 1668, puis Saint-Simon en 1675, Destouches en 1680. Le XVIIe siècle et le classicisme sont dès lors terminés. A l'étranger, aux alentours de 1670 ont apparu successivement l'Italien Vico, et les Anglais Shaftesbury, Mandeville, Congreve, Addison, Steele. Pope et le Suédois Swedenborg naissent à quelques mois de distance en 1688. La prééminence littéraire de la France est discutée. Elle sera reconquise par cette génération nouvelle de Français (Marivaux, 1688, Montesquieu, 1689, Voltaire 1694, l'abbé Prévost 1697) qui demanderont à l'étranger des stimulants rajeunissants. Rameau, Nattier, Watteau apparaissent aussi autour de 1685 ; Chardin, Boucher, La Tour entre 1699 et 1704. Ils assureront au XVIIIe siècle le rayonnement de la France dans les Beaux-Arts.

IV
LES TRAITS FONDAMENTAUX DU CLASSICISME FRANÇAIS

TOUT CE QUI concerne le contenu idéologique du classicisme français a été depuis longtemps et fort abondamment discuté. Nul sujet n'est plus encombré de lieux communs. Nous voudrions ici éliminer quelques-unes des platitudes les plus usées, rafraîchir par quelques rapprochements point trop attendus des vérités qui étaient devenues trop traditionnelles, enfin mettre au point, avec un peu de clarté et de concision, les divers éléments qu'enveloppe la notion de classicisme.

A. RATIONALISME

Le terme que l'on a le plus souvent donné comme équivalent du mot classicisme est sans conteste : rationalisme. « The Age of Reason, » dit-on fréquemment en anglais pour désigner le siècle de Descartes aussi bien que le siècle de Voltaire. Depuis que le romantisme effaroucha par quelques excentricités les bourgeois du règne de Louis-Philippe, les maîtres de l'Université ont proposé à la jeunesse l'admiration des classiques comme une cure bienfaisante de raison, de logique, et de sagesse.[1]

1. Un des fils de cette Université française du XIXe siècle et un de ceux qui ont le mieux parlé de Descartes et qui ont le plus chéri Bergson, Charles Péguy nous met en garde quelque part contre l'emploi inconsidéré de ces beaux termes : « D'abord la raison n'est pas la sagesse et ni l'une ni l'autre n'est pas [sic] la logique. Et les trois ensemble ne sont pas l'intelligence. » (*Note sur Monsieur Bergson et la philosophie bergsonienne,* début, No. 216.)

L'une des explications les plus tentantes qui devaient se présenter à l'histoire littéraire était de mettre à l'origine du classicisme — *post hoc, ergo propter hoc* — la philosophie cartésienne. Nisard, dans le célèbre chapitre d'introduction de son *Histoire de la littérature française* où il définissait à sa manière l'esprit français, déclarait fièrement : « C'est presque la raison elle-même. » Taine, dans un chapitre non moins célèbre de ses *Origines de la France contemporaine,* expliquait, non seulement tout le classicisme, mais la Révolution française elle-même par ce culte de la raison cartésienne et abstraite. Quoi d'étonnant si les critiques étrangers, emboîtant le pas, répètent à satiété que la littérature du XVIIe siècle est une littérature toute rationnelle et raisonnable, sans prendre garde que ces deux adjectifs jurent parfois d'être ensemble, et que nul sans doute n'est moins raisonnable que celui qui est trop rationnel (voir par exemple O. Elton, No. 90 et A. Tilley, No. 278). Il n'est pas d'écolier qui n'ait retenu par cœur le conseil de Boileau :

Aimez donc la raison. Que toujours vos écrits
Empruntent d'elle seule et leur lustre et leur prix.

Que cette raison désigne tout uniment le bon sens, que l'on pouvait en cette heureuse époque croire la chose du monde la mieux partagée, ou cette qualité des œuvres littéraires qui s'optrice de l'âme humaine, » c'est en elle que l'on voit la source de la floraison littéraire française du XVIIe siècle.

Ce serait cultiver sans profit le paradoxe que de rompre en pose à l'imagination et aux excès de la fantaisie ; qu'elle représente enfin la haute raison cartésienne, « dominatrice et direcvisière avec ce consensus d'opinions vénérables et de nier radicalement le rationalisme du siècle classique. Mais un sévère effort de précision sémantique et logique est nécessaire et n'a guère été accompli. Que mettait le XVIIe siècle sous ces mots «raison, » « bon sens, » « sagesse » ? Autant que les expressions d'« imagination » ou des « ordres » chez Pascal, ces termes et celui de « nature, » mériteraient qu'on les éclaircît avec précision chez Descartes, Boileau, Nicole, etc.

Souvent de tous nos maux la raison est le pire,

écrit, dans une sorte d'éloge de la folie encombré de lieux communs, Boileau dans sa quatrième satire. « Nous croyons tous que le bon sens, la raison, et le bon esprit sont la même chose, » affirme dans une lettre à Corneille du 31 décembre 1678 un homme alors fort écouté et assez représentatif de l'attitude moyenne du public cultivé, Bussy-Rabutin. R. Michéa, qui a amorcé récemment la tentative de définition rigoureuse que nous souhaitons voir reprise et étendue (No. 189), insiste justement sur les connotations, sociale et mondaine, du mot tel que l'emploie le XVIIe siècle : la plupart des contemporains de Louis XIV auraient été surpris de lire dans Taine, qu'ils voulaient, par leur culte de la raison, légiférer pour le monde entier.

Gardons-nous en particulier d'adopter trop vite comme équivalents interchangeables les adjectifs « rationnel » et « raisonnable. »[2] Rationaliste ou rationnel veut rarement dire au XVIIe siècle desséché et froid. Cinq-Mars, Cyrano de Bergerac et Condé sont, ne l'oublions pas, les exacts contemporains de La Fontaine et de Molière. Une juvénile impatience, la précipitation vers les grandes choses, l'aspiration au sublime, le goût de l'héroïque et du romanesque caractérise (comme J. Fidao-Justiniani aime à nous le rappeler aujourd'hui, No. 105) les contemporains de Corneille et de Retz, de Boileau lui-même, de

2. Albert Thibaudet a, dans un article sur Boileau paru dans la *Nouvelle Revue Française* de juillet 1936 (No. 275, pp. 153 et 154), proposé une distinction acceptable avec quelques réserves : « Le rationnel, c'est la raison qui construit ; le raisonnable, c'est la raison qui se défie. » Et il note que chez Boileau le mot raison a le plus souvent un sens limitatif et dit *non* plutôt que *oui*.

Racine et de Charles de Sévigné. Ce n'est point la froide raison qui réglait la vie amoureuse ou les dépenses somptuaires du Grand Roi, pas plus que la modération ou la prudence n'ont caractérisé la plus grande partie de son règne.[3] La raison ne triomphe pas davantage dans ces victoires tragiques de la passion que module Racine, dans La Fontaine ou même dans les comédies de Molière, ami du bon sens et de quelques raisonneurs qui dispensent à l'auditoire des leçons de sagesse, mais non de la raison cartésienne.

Descartes s'est vu attribuer une influence excessive. Nombreux sont encore aujourd'hui les observateurs (surtout étrangers) de la France, qui veulent voir dans le cartésianisme — un cartésianisme souvent tronqué et déformé — la philosophie qui résumerait à elle seule tout l'esprit français. Rabelais et Pascal, Diderot et Bergson ne sont cependant pas moins « français » que Descartes. Certes le succès de la philosophie cartésienne fut grand et soudain au XVIIe siècle. « Peu d'années après sa mort, » écrivit alors Baillet, son biographe (II, 499), « il n'était pas plus possible de compter le nombre de ses disciples que celui des étoiles du ciel ou des sables de la mer. » Mais cette influence ne fut guère moins profonde hors de France, à Utrecht, où Renéri enseigna publiquement la nouvelle philosophie à l'Université, à Londres sur les philosophes, les déistes et les savants de la *Royal Society.* Le rationalisme cartésien répondait alors à un besoin européen, et non seulement français.

Gustave Lanson, dans une magistrale étude, a mis les choses au point avec une netteté qui a paru et qui restera peut-être

3. Les *Mémoires* de Louis XIV proposent d'admirables leçons de bon sens et de prudence raisonnables. Mais ces *Mémoires* datent d'avant 1668 et expriment un bel idéal presque cartésien, qui ne fut qu'imparfaitement réalisé en pratique. La *Vie de M. Descartes* d'A. Baillet, mentionnée dans le paragraphe qui suit, est citée dans l'édition de 1691, chez Horthemels.

définitive (No. 166). Sans aller jusqu'à prétendre avec certains que le vrai siècle « cartésien » de la France est le XIIIe siècle, celui de la scolastique et de cette merveille d'ordre lumineux et classique, Notre-Dame de Paris, et sans rappeler avec nos plus récents historiens de la philosophie que le penseur de la « table rase » a beaucoup emprunté au « docteur angélique » et à Saint-Augustin, nous convenons tous aujourd'hui que l'influence de Descartes est nulle sur La Rochefoucauld, Molière, Racine et bien entendu sur La Fontaine et Mme de Sévigné, ces anti-cartésiens ; qu'elle s'est exercée pour ainsi dire à rebours sur Pascal, qu'elle est faible sur Retz et sur La Bruyère, partielle et comme accessoire sur Boileau et Bossuet, et contredite chez eux par maint autre élément (culte des anciens, affinités jansénistes ou foi catholique). Les grandes œuvres classiques, comme l'a prouvé Gustave Lanson, contredisent le cartésianisme ou ne relèvent nullement de lui. Elles sont cartésiennes comme le sont les *Fleurs du Mal,* un tableau de Cézanne, ou du douanier Rousseau, c'est-à-dire qu'elles traduisent un ensemble de notions et de goûts chers aux Français de toutes les époques (ordonnance intellectuelle, lucidité, harmonie, mesure, solidité). Le classicisme à proprement parler a grandi en même temps que le cartésianisme. Les premiers ouvriers, Malherbe, Balzac, Chapelain sont les aînés du philosophe. Son rationalisme est contestable et très partiel. Les vrais rationalistes, les « rationaux » comme les appelle Paul Hazard dans un chapitre de la *Crise de la Conscience* (Nos. 141, 143) sont, sinon ces capricieux et insouciants libertins que Descartes avait combattus avec vivacité, du moins leurs successeurs plus érudits et à la tête plus philosophique : Bayle, Fontenelle, ceux-là justement qu'on a coutume de ranger en dehors du classicisme, et plus encore Montesquieu et Condillac.

Le classicisme aime à raisonner et à comprendre ; il est épris de construction ordonnée, d'architecture intellectuelle, de netteté dans l'analyse ; mais l'identifier avec le seul culte de la raison et de la logique est une simplification par trop grossière, et contre laquelle il faut protester. Molière se rit de la logique trop absolue (et vite illogique) d'Alceste atrabilaire et amoureux. Comme tout auteur comique, il oppose le bon sens pratique et même les revendications de l'instinct et de la nature, aux efforts du philosophe, du pédant, du médecin ignorant, de la précieuse et de la femme savante qui, tous « prétendent mettre la chair sous les ordres de l'esprit. »[4] « Taisez-vous, raison impuissante ! » lance avec mépris l'auteur des *Pensées*, raisonneur passionné lui-même, mais acharné à nous convaincre par mille arguments que « tout notre raisonnement se réduit à céder au sentiment. » « Il n'y a pas de pays où la raison soit plus rare qu'elle est en France, » déclare au même moment Saint-Evremond ;[5] La Fontaine, ami des « animaux-machines, » fantaisiste et rêveur, n'est pas davantage un logicien convaincu ; et le grand tragique de l'époque classique écrase sans cesse raison, sagesse, et ordre, sous les excès de la passion exaspérée et folle de ses Hermione, de ses Roxane, et de ses Phèdre. Le rationalisme si souvent invoqué du classicisme est donc à chercher chez quelques théoriciens du classicisme, et chez quelques philosophes qui sont à peine des classiques (de Descartes à Malebranche et à Bayle). Ailleurs, chez Poussin ou chez Corneille, chez Racine ou chez Bossuet, ce n'est qu'avec mille réserves et nuances que l'on peut user de ce terme pour y voir un élément fondamental du classicisme.[6]

4. L'expression est de Ramon Fernandez qui a indiqué avec beaucoup de pénétration les sources psychologiques du comique de Molière dans son petit livre, *Vie de Molière* (Gallimard, 1929), p. 72.

5. Il est vrai qu'il ajoute aussitôt : « Quand elle s'y trouve, il n'y en a pas de plus pure dans l'univers. »

6. Il est toujours téméraire d'affirmer qu'une même philosophie latente inspire

B. INTELLECTUALITÉ

Au terme trop simple et trop simpliste de rationalisme, nous préférerons plutôt, pour désigner l'une des tendances les plus profondes de la littérature classique, celui d'intellectualité. Ces grands écrivains ne furent pas des cartésiens ; ils bafouèrent volontiers la raison et lui contestèrent plus d'une fois le droit d'organiser la vie. D'ailleurs les ministres, les généraux ou les magistrats qui étaient leurs contemporains ne se soucièrent pas davantage de faire régner dans la politique, dans la guerre ou dans la justice les décrets universels et logiques d'une raison abstraite et idéale.

Tous, par contre, connurent et goûtèrent le plaisir de comprendre. Tous se sont plu, même au milieu de leurs incohérences, de leurs passions et de leurs folies, à dissocier des con-

les œuvres littéraires d'une époque. Les romantiques français ont-ils été les adeptes d'une seule doctrine, alors que Stendhal lit Condillac, Balzac Swedenborg, d'autres Rousseau, ou Platon, ou Lamennais ? Le bergsonisme joue-t-il dans la littérature française de 1895-1910 le rôle de doctrine inspiratrice, de vaste toile de fond qu'on a parfois voulu lui attribuer (chez Rémy de Gourmont, Claudel, Verhaeren, Pierre Louys, Bourget, Gide, etc.) ? Oserait-on dire qu'en Angleterre les doctrines philosophiques des utilitaristes et des économistes malthusiens aident beaucoup à comprendre la poésie romantique qui leur est contemporaine ? L'Allemagne est évidemment le pays où la philosophie et la littérature sont restées le plus étroitement en rapports : Herder et Gœthe, Hegel, Schelling, Fichte et les romantiques ; Schopenhauer et Wagner ; Nietzsche et les œuvres de la fin du siècle. — Pour ce qui est du classicisme, il faut renoncer à désigner une doctrine philosophique qui serait comme le substratum des diverses manifestations littéraires et artistiques de la seconde moitié du XVIIe siècle. Ni Descartes ni Pascal ne peuvent expliquer tout le classicisme. Encore moins Aristote (dont seule la *Poétique* compte vraiment, et encore beaucoup moins qu'on ne l'a dit), ou Platon dont H. C. Wright (No. 310, p. 15) fait l'inspirateur caché du classicisme en soutenant que « le postulat fondamental du classicisme est un idéal de beauté, un *beau idéal* placé dans la réalité ou au delà d'elle, et donnant quelque fixité aux jugements de l'écrivain. » Le classicisme n'est en vérité ni aristotélicien ni platonicien. Le romantisme est, dans son attitude religieuse et philosophique, sinon dans son esthétique, beaucoup plus platonicien.

cepts, à analyser juqu'aux états d'âme les plus contradictoires, jusqu'aux nuances de sentiment les plus ténues. L'analyse psychologique est peut-être le trait permanent le plus caractéristique de la littérature française depuis Chrétien de Troyes ou Jean de Meung jusqu'à Marcel Proust et André Gide.[7] Le XVIIIe siècle mettra dans cette analyse plus d'insouciance morale et de perspicacité désinvolte, et une espièglerie fine qui nous charment même lorsqu'elles nous repoussent chez Voltaire, Crébillon fils, Laclos et le Prince de Ligne. Le romantisme poursuivra cette analyse de l'homme intérieur dans les moments d'extase, de violence émotive et de mensonge passionné où il devient difficile à l'observateur de se dédoubler pour se juger. Moins détaché et moins sec que le XVIIIe, moins séduit que le XIXe par l'exploration pittoresque des mondes étrangers ou par le souci nostalgique d'échapper à soi-même, le XVIIe siècle a peut-être donné à la France les modèles les plus purs et les plus vrais de cette éternelle poursuite de l'homme intérieur par l'homme.

Tourmenté de s'aimer, tourmenté de se voir.
(Vigny)

A cet égard, Descartes rédigeant son célèbre *Discours* est bien le représentant symbolique de ce siècle d'analyse qui s'était ouvert en Europe avec *Hamlet, Don Quichotte* et les patientes études d'amoureux d'Honoré d'Urfé. Lorsqu'il fait hardiment table rase des notions acquises à l'école, ce psychologue s'acharne à observer le fonctionnement de son esprit et à saisir les intuitions de sa conscience. Il se raconte, dans les premières pages

7. Voir entre autres jugments d'observateurs étrangers qui ont souvent noté ce trait, la remarque que voici d'un critique italien recherchant la signification centrale de la littérature de son pays par rapport à la nôtre : « Le cavalier amoureux est la figure la plus remarquable de la poésie et de la prose françaises, le combattant moral qui discute les droits et les torts de la passion, les limites et les exigences du devoir. Auprès de lui est la femme, amante ou tentatrice. » (Giuseppe Borgese, *Il Senso della letteratura italiana,* No. 32, pp. 20-21.)

de son enquête « pour bien conduire son esprit, » non plus avec la nonchalance amusée de Montaigne, mais avec cette « conscience de soi lumineuse et insolente »[8] qui annonce assez bien l'âge classique. Les héros de Corneille dans leurs moments d'incertitude et de trouble, les personnages de Racine, au plus fort de leur passion en délire ou de l'aveuglement de leurs sens, impitoyablement s'analysent. Leurs monologues ne les ramènent pas à la raison ou (dans le cas de Racine) à la maîtrise de soi : derrière les allées et venues de mobiles en lutte, ce sont en réalité des analyses bien conduites de chacune des forces qu'ils sentent s'affronter dans leur âme.

Ah ! ne puis-je savoir si j'aime ou si je hais ?

se demande Hermione.

Que fais-je ? où ma raison se va-t-elle égarer ?

criera Phèdre dans sa fureur jalouse. Et moins tragiquement, mais avec une spontanéité plus révélatrice encore, la gracieuse Silvia du *Jeu de l'amour et du hasard,* en comprenant enfin et en autorisant son amour pour celui qu'elle n'avait pas cru digne d'elle, poussera ce soupir de soulagement : « Ah ! je vois clair dans mon cœur ! »

Plusieurs circonstances favorables ont aidé au XVIIe siècle à ce développement de l'analyse de soi la plus aiguë. La confession et l'examen de conscience, chez des mondains qui avaient été des élèves des Jésuites ou des Jansénistes, avaient inculqué ce goût de comprendre et de juger les motifs des faiblesses humaines,

Car il fut gallican, ce siècle, et janséniste.

(Verlaine, *Sagesse,* X)

8. L'expression est de Léon Brunschvicg dans le *Progrès de la conscience dans la philosophie occidentale* (Alcan, 1927), vol. I, livre III, chapitre VI.

Et on ne dira jamais assez combien la religion imprégna les âmes, sinon de tous les écrivains ou philosophes, du moins de nombreux « humanistes dévots, » inquiets et mystiques dans ce siècle dit rationaliste. L'habitude de la discipline critique et le souci de la perfection artistique jouèrent aussi un rôle. « Classique est l'écrivain qui porte un critique en soi-même et qui l'associe intimement à ses travaux, » comme l'écrit un peu péremptoirement Paul Valéry à propos de Baudelaire dans *Variété II*. Enfin l'esprit scientifique déployé par Roberval et Fermat, Descartes et Pascal, et quelques autres encore qui firent du XVIIe siècle l'une des plus glorieuses époques de la mathématique et de la physique ne manqua pas d'influer sur ce goût de la soumission au fait psychologique, parallèle à la soumission au fait physique. Au début de ses *Mémoires*, le Cardinal de Retz (qui ne compta d'ailleurs ni le sentiment religieux ni le sens critique ni l'esprit scientifique au nombre de ses dons) approuve le Président de Thou d'avoir loué « les hommes qui ont été assez sincères pour parler véritablement d'eux-mêmes. » Il promet de pratiquer cette recherche en lui-même de l'authentique, non pour retrouver en lui l'humaine condition comme Montaigne, ou comme Rousseau pour impressionner son Créateur le jour du dernier Jugement, mais pour son plaisir. « Ma morale ne tire aucun mérite de cette sincérité, car je trouve une satisfaction si sensible à vous rendre compte de tous les replis de mon âme que la raison, à mon égard, a beaucoup moins de part que le plaisir dans la religion et l'exactitude que j'ai pour la vérité. »

Ce goût de l'analyse et de la compréhension lucide de soi, diffus et partout présent dans la littérature et l'art classiques de la France, rapproche de nous ce classicisme et explique sa grandeur. Ce sont là vertus plus vivantes et plus nuancées que ce rationalisme froid et abstrait auquel on ne saurait sans fausser les choses ramener Racine et Claude Lorrain, Pascal et Madame de La Fayette. C'est là aussi le commun dénominateur que nous pourrions sans doute retrouver à toutes les périodes de tonalité dominante classique dans la littérature française et les littératures étrangères. L'union de l'« esprit » (« wit ») et de l'émotion est, beaucoup plus que le rationalisme, la qualité du lyrisme anglais de Donne, de Cowley et même de Pope ; la recherche consciente de lucidité dans l'analyse distingue aux XVIIe et XVIIIe siècles le roman de Richardson ou le journal de Pepys. Des traits analogues caractériseront plus tard la génération de Browning, de Thackeray et de Matthew Arnold, en France celle de Baudelaire, de Flaubert, d'Amiel, du Taine d'*Etienne Mayran* et du Renan des *Dialogues* ou de *l'Examen de conscience philosophique*.

C'est en ce sens que l'on peut consentir à voir dans ces époques une manière de classicisme, partiel et limité d'ailleurs. Emotion et sensation, troubles sensuels et élans imaginatifs ne sont point supprimés au nom d'une philosophie hautaine et exclusive. Ils sont admis, mais gouvernés ; ils sont compris et analysés, donc affinés et humanisés.

Là est aussi le secret de cette place éminente que la France continue et continuera longtemps à accorder à son classicisme parmi les diverses manifestations de son génie contradictoire. L'étranger s'y est fréquemment trompé.[9] L'époque classique française, beaucoup plus que le règne de la logique raisonnable

9. Car derrière le « rationalisme » apparent, les observateurs étrangers du classicisme n'aperçoivent pas toujours le désordre transformé en ordre, la fougue comprise et disciplinée, les abîmes de la vie sensuelle ou émotive explorés. Voici par exemple comment Oliver Elton définit le classicisme français dans *The Augustan Ages* (No. 90) : « Le classicisme français est l'expression de qualités qui ne sont point les plus hautes, mais qui sont fondamentales et indestructibles dans l'esprit français ; si bien qu'il y aura toujours, selon toute vraisemblance, chez les Français un désir de retourner à leur période classique et de trouver en elle un appui. »

ou des règles, est peut-être le moment où la France est allée le plus loin dans cet approfondissement de l'homme intérieur qui est le but central de sa littérature, et peut-être de toute littérature en Occident. Shakespeare, Wordsworth, ou Jane Austen ont mieux saisi les secrets de l'homme intérieur, en Angleterre, que Pope, le Dr. Johnson et même que Swift et Dryden ; les romantiques allemands et même le Gœthe de *Werther* ou de *Faust* mieux que les prétendus classiques de l'Allemagne, y compris Wieland et Schiller. En France, toute l'histoire de la littérature, de Montaigne et des *Sonnets pour Hélène* aux *Rêveries d'un promeneur solitaire,* à Maine de Biran, Stendhal, Benjamin Constant, au Baudelaire de *Mon Coeur mis à nu,* à Proust, Gide, Jacques Rivière et Montherlant pourrait être contée sous ce beau titre : « De la Sincérité envers soi-même. » La contribution de La Rochefoucauld, de Pascal, de Racine, de Madame de La Fayette, de Retz, et de Saint-Simon resterait peut-être de toutes la plus solide, la plus saine, la plus complète dans cette histoire idéale. Tout mouvement nouveau, en France (le romantisme l'a bien senti) doit tôt ou tard soutenir, dans l'estimation de son apport psychologique, la redoutable comparaison avec les classiques du XVIIe siècle.

Une dernière question reste à poser : cette intellectualité, où nous voulons voir le trait peut-être le plus caractéristique de notre littérature classique, n'est-elle point creuse et superficielle, parce qu'elle aurait triomphé presque sans combat, c'est-à-dire parce que la sensibilité, l'instinct, la spontanéité turbulente étaient alors en France trop prêts ou trop prompts à se laisser soumettre ? « En France, et dans la France seule, l'intelligence tend toujours à l'emporter sur le sentiment et l'instinct, » écrit dangereusement André Gide dans *Incidences* (No. 122, p. 40). Mais il ajoute aussitôt : « Ce qui ne veut nullement dire, comme certains étrangers ont une disposition à le croire, que le sentiment ou l'instinct soit absent.... Débordante chez Rubens, la sensualité chez Poussin est-elle moins puissante, pour être toute refoulée ? »

Une prédominance de l'intellectualité est en effet la marque des artistes secondaires à toutes les époques et dans toutes les écoles, dussent-elles s'appeler romantiques ou surréalistes. Limpide clarté, maîtrise parfaite de soi, intelligence avisée, art conscient caractérisent Saint-Evremond et La Bruyère ; Charles Nodier, parfois Musset et Mérimée, et bien des petits romantiques ; Henri de Régnier et presque tous les petits symbolistes ; Anatole France et ses fils spirituels d'aujourd'hui : André Maurois, Georges Duhamel, Jules Romains, Paul Morand, Aldous Huxley. L'intellectualité de ces auteurs dissimule parfois absence de profondeur, plus souvent absence de luttes ou, comme disent aujourd'hui nos psychologues, de problèmes.

Nous ne nierons pas qu'il n'y ait parfois, dans les œuvres du XVIIe siècle, absence de ce « tremblement » où le classico-romantique Gœthe a vu un jour le meilleur de l'homme. Mais, chose curieuse, ce reproche atteindrait surtout les « libertins » et les écrivains que l'on n'a point coutume de mettre au rang des classiques : cet épicurien délicieux de Saint-Evremond, par exemple, qui dénonce, avec un sourire, le cœur, « cet aveugle à qui sont dues toutes nos erreurs » et loue sa spirituelle amie « qui rendait grâces à Dieu tous les soirs de son esprit et le priait tous les matins de la préserver des sottises de son cœur. » Les manifestations de la sensibilité sont sans doute sujettes à la mode ; et, à l'encontre du siècle de *Manon Lescaut* et de Greuze, le XVIIe a pratiqué en ce domaine ce que les gentlemen anglais appellent la vertu de l'« understatement. » Mais la sensibilité n'est pas absente du *Polyeucte* de Corneille, des tragédies raciniennes, des *Pensées,* des *Sermons* de Bossuet. Etait-elle absente des débats, et peut-être des tourments intérieurs des précieuses, des âmes déchirées comme celles de Jacqueline Pascal, Mademoiselle de La Vallière, Rancé ? ou même des auditoires qui demandaient à Quinault et Lulli de chanter leurs émotions ou à Bossuet et Bourdaloue de les faire pleurer ? Pierre Trahard nous paraît avoir faussé quelque peu l'histoire de la sensibilité française en la faisant commencer *ex abrupto* aux alentours de 1730. C'est sous Louis XIV, en entendant l'oraison funèbre de la Palatine prononcée par Bossuet qu'un contemporain notait : « Il fut touchant jusqu'aux larmes ; les princes et les princesses en pleurèrent, comme je fis et tant d'autres. » (*Mémoires et Journal sur la vie et les ouvrages de Bossuet,* par l'abbé F. Ledieu.) Le même témoin rapporte que l'on pleura chaudement le 5 juin 1672, devant la Reine, parmi la cour assemblée à Saint-Germain le jour de la Pentecôte. Jean Racine n'a peut-être pas versé autant de larmes que l'a imaginé Sainte-Beuve dans un mauvais poème ; mais ses lecteurs et ses auditeurs ont peut-être pleuré plus qu'on ne fait aujourd'hui dans nos salles de spectacle.

Cette « intellectualité » des classiques n'est donc point à nos yeux aridité et froideur ; elle s'allie avec la passion, la profondeur et le déchirement. Elle est rarement étalage de virtuosité et d'éclat pétillant, comme chez maint pseudo- ou néo-classique. Elle est presque toujours le résultat d'une conquête et la traduction d'une volonté ferme, chez ces psychologues défiants des ténèbres, de traduire ou de transposer en langage intelligible, mais frémissant, les étranges « intermittences du cœur » qui séduiront deux siècles et demi plus tard Marcel Proust. Pascal, Racine, et Saint-Simon n'ont pas tout ignoré des mystères de l'inconscient et du subconscient. Ils les ont explorés et ont voulu les faire comprendre en même temps que les faire sentir. La lucidité, et parfois la froideur apparente ou le calme trompeur des grandes œuvres classiques n'excluent pas la profondeur. « En psychologie, la véritable profondeur, c'est celle qu'on explore, » écrivait peu de temps avant sa mort Jacques Rivière, l'un des critiques les plus pénétrants de notre siècle et l'un des moins suspects de prévention envers son époque, puisqu'il avait chéri Claudel, Gide, Laforgue, Dostoiewski, Rimbaud, et Proust avant d'en arriver à déclarer : « Mes maîtres sont Descartes, Racine, Marivaux, Ingres, c'est-à-dire ceux qui refusent l'ombre. »[10]

C. IMPERSONNALITÉ ET UNIVERSALITÉ.

Brunetière aimait à répéter que la raison, étant en nous ce qu'il y a de plus général, c'est-à-dire de commun à tous ces animaux raisonnables que croient être les hommes, constituait naturellement la base de cette littérature éminemment universelle et impersonnelle qui fut celle du XVIIe siècle. Le romantisme était au contraire à ses yeux une littérature s'adressant à l'imagination et surtout à la sensibilité, c'est-à-dire à ce qu'il y a en nous de plus personnel et de plus variable, donc une littérature individualiste et relativiste.

L'autorité de Brunetière a longtemps imposé ce jugement à ses contemporains et même à la critique de ses successeurs. Une telle distinction, fondée sur la traditionnelle division de l'esprit en « facultés » distinctes, ou du moins en groupes de tendances, nous apparaît aujourd'hui quelque peu artificielle. La raison (ou ce que nous appelons de ce nom) n'est guère moins sujette au changement que la sensibilité. Chaque siècle, chaque génération, chaque groupement social nourrit ses préjugés qu'il considère

10. La première de ces citations est la conclusion d'un bel article de Jacques Rivière intitulé « De Dostoiewski et de l'insondable, » No. 243, pp. 175-179 ; la seconde est une phrase écrite par lui en marge d'une photographie et reproduite dans le numéro spécial de la *Nouvelle Revue Française* d'avril 1925.

comme partie intégrante de son bagage rationnel. Les courants d'idées ne sont pas moins soumis aux caprices de la mode et à la contagion grégaire de l'imitation que les façons de sentir. Peut-être même le sont-ils davantage.

Nous sommes assez loin aujourd'hui du romantisme, et assez instruits par les erreurs des critiques dogmatiques et moralisateurs qui nous ont précédés, pour reconnaître que tout n'est point particularisme étroit ou peinture d'excentricités individuelles et locales chez Lamartine, Musset ou Balzac. Les romantiques, puis Flaubert, puis Rimbaud ou Marcel Proust ont annexé à la littérature l'étude de sentiments d'abord jugés étranges ou anormaux, mais dont nous avons vite constaté en nous l'existence, au moins à l'état de germes, de commencements ou de possibilités. Nulle littérature n'est, au XIXe et au XXe siècle, aussi péninsulaire, aussi générale et universelle que la française. Hernani et le père Goriot, et même Des Esseintes et Monsieur Teste, Bouvard et Pécuchet, la Parisienne de Becque et Madame Verdurin sont des types, eux aussi, au même titre que Rodrigue, Célimène, et Georges Dandin. « O insensé qui crois que je ne suis pas toi ! » crie au lecteur de 1856 la préface des *Contemplations.* Insensé en effet. Voici cinquante ans que des générations de jeunes gens français et étrangers se reconnaissent eux-mêmes dans Baudelaire, « mon semblable, mon frère,» et se contemplent dans ce miroir des *Fleurs du mal* que Sainte-Beuve ne savait qualifier que de kiosque bizarre et artificiel « à la pointe extrême d'un Kamtchatka romantique.»

Sans nous appesantir sur ces distinctions avec une insistance oiseuse, contentons-nous de signaler comme l'un des caractères saillants du classicisme l'absence de ce relativisme qui sera peut-être la plus riche conquête du siècle de Hegel et de Renan. Les classiques n'ont pas nié la couleur locale ou négligé les particularités individuelles. Mais les traits par lesquels les hommes se ressemblent leur ont paru plus frappants et, à tout prendre, plus considérables et plus profonds que les traits par où ils diffèrent. Tandis qu'un écrivain du XIXe siècle, lecteur de Walter Scott ou des Goncourt, et féru de cette couleur dite locale, verra de préférence chez un Turc ou chez un Espagnol l'expression particulière qu'ont revêtue à un moment donné certains états d'âme, Corneille ou Racine recherchaient chez Rodrigue ou chez Roxane le fond éternel qui les rapprochait des Français de Louis XIV, et des hommes et des femmes de tous les temps et de tous les pays.

Un tel goût du permanent et de l'universel apparaissant derrière le momentané et le particulier nous est facile à partager aujourd'hui après les débauches de description laborieusement minutieuse et de couleur plaquée du siècle romantique. A mesure que la plus grande facilité des voyages tend à effacer bien des différences individuelles, provinciales ou nationales, nos contemporains semblent s'être dépris de Walter Scott, du Flaubert de *Salammbô,* du Japon de Loti pour s'émouvoir davantage à ce fond permanent de passions, de désirs, d'appétits, de remords, et de souffrances qu'ont sondé Shakespeare ou Racine, Balzac ou Proust, D. H. Lawrence, Dostoiewski ou Mauriac.

Cette recherche de l'universalité de nos classiques n'est point sans doute à louer aveuglément ou uniformément dans leurs œuvres. Elle ne va pas sans quelque froideur apparente et quelque excès d'abstraction. Elle a, il est vrai, placé les grands écrivains du règne de Louis XIV à ce rang de modèles universels, admirables pour tous les hommes cultivés sous tous les climats. Elle leur a permis de se faire comprendre et imiter en Italie comme en Allemagne, en Angleterre comme en Russie, de régner pendant un siècle dans ces pays à l'égal des vénérables modèles de l'antiquité, tandis que les œuvres littéraires de l'Espagne et de l'Angleterre, plus nationales, plus particulières, ne faisaient pas école hors de leur patrie. Mais le XIXe siècle, siècle du relativisme, de l'histoire, du nationalisme aussi, a fait payer chèrement à nos classiques cette suprématie naguère incontestée. Nos écrivains se sont vu préférer Ossian ou Walter Scott, peintres ou interprètes de l'Ecosse, Shakespeare ou Calderon, dramaturges géniaux bien que, ou parce que, de leur temps et de leur pays.[11]

Cela n'est même pas allé sans quelque injustice. Nous avons trop nettement détaché de leur milieu social, de la foule des auteurs secondaires, plus vivants en apparence, parce que moins universels et plus superficiels (mémorialistes, conteurs d'anecdotes, etc.) ces grands classiques. A force de voir en eux la largeur universelle et abstraite, nous les avons dépouillés d'une grande partie de leur vérité concrète et de leur intensité de vie. Il faut parfois oublier la façade trop noble et trop imposante et jeter un coup d'œil indiscret sur l'« envers du grand siècle » (dans le petit livre de F. Gaiffe qui porte ce titre, dans les récits biographiques très précis d'Emile Magne ou la vie peu édifiante de Lulli par H. Prunières, etc.) pour comprendre à nouveau quelle richesse d'expérience directe se dissimulait, avec une sobriété mesurée dont on avait cessé de percevoir le charme, derrière ces œuvres en apparence sèches et abstraites.[12]

11. Il convient d'ajouter que les Français eux-mêmes se lassèrent de cette universalité classique et qu'ils prirent les devants dans cette révolte contre les modèles du XVIIe siècle. Avec véhémence ils conseillèrent aux peuples étrangers de rompre avec ces modèles classiques importés de Paris pour retrouver leur propre originalité. Paul Hazard l'a marqué dans son bel ouvrage, la *Révolution française et les lettres italiennes* (Hachette, 1910) et cite tels jugements de Madame de Staël pp. 472-473 : « Ce n'est pas une imitation de Paris, c'est une manière d'être originale que j'aime à trouver hors de France » et « Les Russes ont, comme tant d'autres peuples du continent, le tort d'imiter la littérature française qui, par ses beautés mêmes, ne convient qu'aux Français. »

12. La critique la plus acharnée de ce caractère général et abstrait de nos classiques a été faite au milieu du XIXe siècle par deux Français, H. Taine et Emile Montégut. Le premier dans une page curieuse de sa *Correspondance* (No. 272, pp. 45-46, lettre à Hatzfeld du 12 mai 1854) où il oppose les personnages de Racine, abstractions personnifiées, aux héros complexes et vivants de Shakespeare

Il est aisé certes de critiquer cet idéal classique de l'universalité de l'œuvre d'art, dont les limitations nous sont cruellement apparues avec l'élargissement qu'ont apporté les romantiques à nos idées littéraires. Il est plus important de le comprendre. Cette universalité repose incontestablement sur un certain contentement de soi que nous avons déjà signalé comme un caractère distinctif du siècle classique. Un certain mépris du passé et de l'histoire fait qu'on imagine alors les anciens, les Turcs, ou les Espagnols comme ses contemporains français, et qu'on prend volontiers le courtisan de Louis XIV comme le type de l'homme en général. Mais nous oublions trop facilement les circonstances historiques qui avaient rendu cet idéal d'un art largement impersonnel, fort souhaitable et même indispensable pour une génération qui sentait derrière elle, tout près d'elle encore, les erreurs de Du Bartas et de Desportes ; qui percevait l'étroitesse et la petitesse de tant de libertins, de précieux et d'irréguliers, de Théophile et Hardy à Cyrano et Scarron.

Envisagée sous cet aspect, l'universalité des grands écrivains de 1660-1685 nous apparaît comme correspondant à une vue philosophique. Elle repose sur la conviction qu'il y a quelque chose de permanent et d'essentiel derrière le changement et l'accident ; que cette essence permanente, cette « substance » dans le sens étymologique du mot, a plus de prix pour l'artiste que le passager et le relatif. Puis à mesure que paraîtront les grandes

et de Balzac; dans son fameux essai sur Racine (*Nouveaux essais de critique et d'histoire,* No. 271), il refuse également à Racine, avec une incompréhension injuste qui nous étonne aujourd'hui, la vision pénétrante et absorbante qui, seule, crée un caractère vivant. La page de Montégut, plus fine et plus nuancée (*Types littéraires et fantaisies esthétiques,* No. 191, p. 99) oppose Macbeth, ambitieux certes et comme tel universel et « type, » mais individu néanmoins, chef de clan sauvage et cruel, aux hommes abstraits dépeints par Molière et Racine. Montégut proteste contre le goût universitaire et pédantesque de beaucoup de Français pour « un certain homme abstrait, enlevé aux conditions de temps et de lieu, privé pour ainsi dire d'atmosphère ambiante et se mouvant dans une espèce de vide métaphysique. »

œuvres classiques, et que se développera l'esthétique, dans les dernières années du XVIIe siècle, la théorie alors généralement admise de l'absolu en matière de goût semblera justifier et cette recherche de l'universalité, et l'admiration des Français et de l'Europe entière pour ces œuvres parfaites qui s'adressaient en effet à toute l'Europe. Car l'esthétique dogmatique alors en faveur affirmait l'existence d'un type absolu de beauté, que les anciens jadis avaient possédé ou réalisé, et que les Français venaient maintenant de retrouver. Il ne restait aux autres nations qu'à se mettre à l'école de la France, institutrice et modèle des peuples.

Derrière cet idéal classique de l'impersonnalité et de l'universalité, il se cache tout ensemble de la modestie et de l'orgueil. La réserve et la pudeur de l'écrivain, son sens des bienséances lui interdisent de raconter ses aventures ou d'utiliser directement ses expériences, le retiennent d'étaler avec fatuité sa personnalité et lui font accepter sans effort la subordination de son moi à l'œuvre, de son individu au public. Retz et Saint-Simon ont certes parlé d'eux-mêmes avec fierté, avec vanité et parfois avec naïveté. Mais même chez ces biographes d'eux-mêmes qui ne jugèrent pas leur moi haïssable, combien peu de cet étalage de la personnalité qui est devenu de rigueur chez les modernes ! Nous ne savons à peu près rien des opinions littéraires de Racine ou de Bossuet, des réflexions de La Fontaine sur la poésie, des amours, ou des tristesses de Molière. Et ce mystère désespère quelques historiens du XVIIe siècle, mais il ne laisse pas d'ajouter au charme énigmatique de leur vie et de leurs créations. Nos contemporains, qui aiment à se moquer des Childe Harold, des Rolla et des Stello de 1830, prodiguent au contraire leurs aimables ou atroces confidences à la postérité. Montherlant, par la voix de ce nouveau Panurge qu'il baptise Costals, ne nous laisse rien ignorer de ses hésitations devant le mariage. A trente ou trente-cinq ans, un auteur du XXe siècle se croirait indigne d'intérêt s'il n'avait déjà publié son *Journal* (Julien Green, Fabre-Luce, Guéhénno), ses *Aveux étudiés* (Lacretelle), le récit de son adolescence révoltée (Jean Prévost, *Dix-huitième année*) ou le détail minutieux de sa découverte de la poésie à six ou à douze ans (Roy Campbell, *The Broken Record* ; Louis MacNeice, *Modern Poetry, a Personal Essay,* Christopher Isherwood, *Lions and Shadows*).

Mais il y a aussi de l'orgueil, un noble et fécond orgueil, chez l'homme du XVIIe siècle : il veut durer, résister au temps et, comme le dit de lui pour l'en louer Paul Valéry (No. 292, p. 51) « léguer.» Le général et l'éternel le tentent. Mais pour retrouver en soi, analyser et dépeindre « l'éternel fond de l'homme,» il doit procéder avec un certain décorum, déployer une majesté et une ambition vers la grandeur qui distinguent en effet les meilleurs des artistes classiques. La recherche de l'universalité et le souci de l'impersonnalité ont développé en eux le goût de la grandeur. « Il ne faut jamais avoir en vue que des grandes choses,» déclare le Grand Roi dans ses *Mémoires,* « et quoiqu'il faille prendre garde exactement aux petites, il ne les faut considérer que dans la vue des plus grandes avec lesquelles elles ont relation.» «Tout tendait au vrai et au grand, » s'écrie Bossuet dans l'oraison funèbre du Prince de Condé, en des termes qui résument magnifiquement l'ambition de son époque ; et Boileau, traduisant Longin,[13] énumérait les « cinq sources du grand » et proclamait : « Nous devons nourrir notre esprit au grand, et le tenir toujours plein et enflé, pour ainsi dire, d'une certaine fierté noble et généreuse.»

Enfin, ce n'est pas seulement par l'effet d'une philosophie subconsciemment ou implicitement acceptée, par refus du momen-

13. La citation des *Mémoires* de Louis XIV est empruntée au livre de J. Fidao-Justiniani (No. 105, p. 13) ; celles de Boileau au *Traité du Sublime* qu'il traduisit en 1674 (chapitre VI et chapitre VII). Une édition commode des *Pages immortelles de Louis XIV,* choisies et expliquées par Gabriel Boissy, a paru chez Corrêa en 1940.

tané et du changement, en un mot par défiance de ce « devenir » si cher à d'autres époques et à d'autres peuples que le classique vise à l'universalité. C'est aussi en vertu d'une certaine conception artistique.

> On soutient que l'art n'a pas pour fin l'agrément de tel ou tel public, mais bien l'éducation morale de toute la postérité. On n'admet pas que le poète suive les inspirations diverses de son propre génie, mais on l'oblige à observer strictement un code de préceptes établis dès l'antiquité.

Ainsi parle René Bray (No. 35, p. 126) qui accorde une attention particulière aux théories et aux préceptes. Mais derrière ces règles se dissimule un besoin profond, un idéal, confusément perçu sans doute, mais que nous, modernes, avons le droit de dégager à la lumière de ce qui est survenu depuis le classicisme. Le désir d'universalité de la littérature classique s'explique par l'intellectualité qui ne perd jamais ses droits dans cette littérature ; et l'intellectualité recherche ou demande un public.[14] Il s'explique plus encore par le désir de durer et pour cela de parfaire. Cet idéal de grandeur n'est pas pompe guindée ; c'est également un idéal de beauté, et les plus « classiques » ou les plus artistes parmi nos contemporains en déplorent la disparition.

Paul Valéry écrivait naguère :

> L'excitation toute brute est la maîtresse souveraine des œuvres récentes ; et les œuvres ont pour fonction actuelle de nous arracher à l'état contemplatif, au *bonheur stationnaire* dont l'image était jadis plus intimement unie à l'idée générale du Beau .... L'ambition de parfaire se confond avec le projet de rendre un ouvrage indépendant de toute époque ; mais le souci d'être neuf veut en faire un événement remarquable par son contraste avec l'instant même. La première admet, et même exige l'*hérédité,*

14. Et plus encore l'intellectualité qui devient esprit (comédie, maxime de La Bruyère, écrit de Fontenelle, roman voltairien). Gœthe remarque dans ses entretiens avec Riemer, le 20 février 1809 : « Le mot d'esprit implique toujours un public, voilà pourquoi on ne peut pas le garder pour soi. On n'a pas d'esprit pour soi seul, tandis que l'on jouit tout seul de tous les autres sentiments : amour, espérance, etc. »

l'imitation ou la tradition, qui lui sont des degrés dans son ascension vers l'objet absolu qu'elle songe d'atteindre. Le second les repousse et les implique plus rigoureusement encore, — car son essence est de différer.[15]

Le classicisme s'adresse donc dans l'homme, non seulement à cette « faculté » dite universelle que l'on nomme la raison, mais aussi à nos états plus larges ou plus étroits d'émotion ou de sensibilité, et souvent à ces couches plus secrètes de notre être où reposent sensations, inconscient, et aveugles abîmes. Mais il se refuse à frapper par le contraste ou la surprise, par la seule nouveauté ou le plaisir d'un moment : il dégage l'universel que dissimule le particulier, le permanent que recouvre le transitoire. Les *Provinciales,* le *Tartuffe,* les *Oraisons funèbres* et *Athalie* sont à leur manière de ces œuvres de circonstance que sont toujours, disait Gœthe, les grandes œuvres. Mais elles ne se satisfont pas d'exiter nos émotions ou de frapper d'une brève touche sur nos nerfs. En cherchant à être vrais, comme l'avaient été et continuaient à l'être les anciens,[16] vrais pour tous les hommes civilisés et polis de l'Europe et de leur temps, les écrivains classiques ont gagné aussi d'être grands et larges. Ils ont rencontré cette « high seriousness » que posséderont aussi Milton, Wordsworth, Baudelaire, mais l'ont unie à plus de naturel et d'humour que bien des grands hommes du XIXe siècle. Ils ont visé enfin à la perfection, seule garantie de l'universalité dans ces hautes régions où vérité et beauté ne se distinguent plus.

15. Ce passage de Paul Valéry a été publié d'abord dans une préface admirable de pénétration lucide et railleuse pour le livre de Leo Ferrero, *Leonardo o dell'arte,* No. 288, pp. 19-20. Cette préface, « Léonard et les philosophes » (passage cité pp. 153-154) se retrouve dans *Variété III,* No. 292.

16. On se rappelle avec quelle satisfaction Racine, dans la préface d'*Iphigénie,* formule la constatation naïve et habile à la fois : « J'ai reconnu avec plaisir, par l'effet qu'a produit sur notre théâtre tout ce que j'ai imité ou d'Homère ou d'Euripide, que le bon sens et la raison étaient les mêmes dans tous les siècles. Le goût de Paris s'est trouvé conforme à celui d'Athènes. »

D. NATURE ET VÉRITÉ.

Le mot « nature,» on le sait, n'est pas susceptible de moins de sens divers que les mots « raison » ou « classicisme » : il en a même sans doute davantage. Pendant la plus grande partie du XIXᵉ siècle, après les nombreuses définitions du romantisme qui voyaient dans ce mouvement un « retour à la nature,» puis après le « naturalisme » de Zola et de ses disciples, il semblait que le classicisme du XVIIᵉ siècle dût rester, dans l'esprit des critiques, caractérisé par son hostilité et son dédain envers la nature extérieure et son éloignement du réalisme brutal et voulu de nos romanciers.[17] Lorsque Nisard décrétait magistralement que l'esprit français, tout entier discipline et mesure, « est la raison elle-même,» il ajoutait : « Tandis que dans les littératures du Nord, la nature est à peu près maîtresse,» et il pensait ainsi conférer à cet esprit français le plus enviable des satisfecits.

Survint Brunetière. Avec ce don rare qui lui fut départi de semer des idées frappantes et de les imposer à un grand nombre de disciples et de lecteurs comme des dogmes indiscutables, il suggéra aux professeurs et aux critiques un procédé original pour réhabiliter le classicisme, ou pour le moderniser aux yeux de contempteurs insolents : il démontra, à l'aide de quelques lambeaux de Molière et de La Fontaine, de quelques vers de Boileau communément cités,[18] que le classicisme français n'avait rien

17. Bien entendu nous ne nous proposons point dans ce chapitre d'examiner la question assez rebattue du sentiment de la nature au XVIIᵉ siècle. Il existe plusieurs travaux sur cette question : Hervé Broc dans *Propos littéraires* (Plon, 1895) et dans *Paysages poétiques et littéraires* (Plon, 1904) ; P. Viguier dans un article du *Mercure de France,* août 1920, pp. 577-596 ; et plus récemment Phyllis Crump, *Nature in the Age of Louis XIV,* No. 68.

18. Les vers de Boileau cités en pareil cas sont d'ordinaire puisés à l'épître IX au Marquis de Seignelay et au Chant III de l'*Art poétique* :

Que la nature donc soit votre étude unique . . .
Un esprit né chagrin plaît par son chagrin même . . .

tant chéri que la nature. Le classicisme devenait même, pour consoler les sages lecteurs de la *Revue des Deux Mondes* qu'effrayait alors le succès de Zola, le seul vrai « naturalisme.» Le seul vrai, parce que les classiques dépeignaient la vie réelle avec une objectivité que ne possédaient pas Maupassant ou Zola, avec une largeur qui, non contente de ne voir dans le réel que les éléments matériels et grossièrement palpables, embrassait la nature extérieure et l'homme intérieur, l'invisible et le visible tout à la fois.

Cette thèse n'est évidemment soutenable que si l'on élargit à l'infini le sens de termes généraux qui ne devraient s'employer qu'avec de prudentes nuances. Il est exact que la génération dite de 1660 a réagi contre l'extraordinaire et l'emphase, le burlesque et la caricature qui avaient régné dans les années précédentes. Mais René Bray (No. 35, pp. 145-146) et Daniel Mornet (Nos. 196, 199) ont montré qu'il convient de ne pas exagérer cette opposition entre les classiques et leurs prétendus adversaires : Chapelain, Desmarets et autres s'étaient déjà faits les laudateurs de la nature, et la préciosité, lutte contre l'instinct et la nature, n'a pas disparu sous les attaques de Molière. Les grands écrivains français contemporains de Louis XIV ont aimé le naturel, qui vaut mieux que la nature et qui est souvent précisément le contraire.[19]

En fait, il est bien connu que ce mot de nature, inscrit en

et : *Il n'est point de serpent . . .* La thèse de Brunetière est développée avec le plus d'éloquence et de vigueur dans une conférence, imprimée en appendice au volume I des *Etudes critiques sur la littérature française,* intitulée « Le Naturalisme au XVIIe siècle » (No. 39).

19. Dans une page curieuse des *Entretiens avec Eckermann* du 18 août 1827 (page citée et mise en valeur par Jacques Maritain dans la note 125 de son *Art et scolastique*), Gœthe commentait un tableau de Rubens où la lumière vient de deux côtés à la fois. Il concluait : « Si nous ne jetons sur ce tableau qu'un regard peu attentif, tout nous semble si naturel que nous le croyons copié simplement d'après nature. Mais il n'en est pas ainsi. Un si beau tableau n'a jamais été vu dans la nature, aussi peu qu'un paysage de Poussin ou de Claude Lorrain, qui nous paraît très naturel, mais que nous cherchons en vain dans la réalité. »

lettres ardentes sur l'étendard de toutes les équipes de novateurs littéraires jusque vers 1900, peut abriter toutes les excentricités et toutes les artificialités. Il serait banal de faire trop d'honneur aux vérités qu'enseignent, sur la nature au XIXe siècle, bien des manuels : cette nature n'entre dans l'œuvre d'art qu'après un processus d'imitation qui, aristotélicienne ou platonicienne, est toujours choix, épuration, idéalisation ; elle doit se soumettre aux règles de la vraisemblance et « plaire aux yeux.» Il arrive qu'on la conçoive assez largement pour n'en pas bannir les scènes de Le Nain, les ardeurs outrées des Bolonais, la truculence de Jordæns ; mais le plus souvent le champ de cette nature susceptible d'imitation est réduit à la cour et à la ville, et à un certain nombre de passions et de sentiments.

Nous préférons bannir ces discussions stériles et ces paradoxes assez vains.[20] L'art classique n'est pas un naturalisme. « Avec l'apparence du naturalisme, il est tout entier un pur idéalisme,» conclut avec plus juste raison R. Bray (No. 35, p. 158). Cet art n'est pas davantage réaliste : il est trop facile de faire état de quelques passages épars de Boileau, de quelques phrases hardies de Pascal sur les « trognes armées » ou de Bossuet sur le cadavre, du portrait de Gnathon chez La Bruyère, de quelques servantes et paysans de Molière s'exprimant en leur patois, pour présenter ces auteurs du XVIIe siècle comme des devanciers de *Madame Bovary,* de Maupassant, voire même de François Coppée ou de Champfleury. (Ce dernier fut mieux avisé en s'attribuant pour ancêtre un curieux romancier de la fin du règne de Louis XIV et de la Régence, Challes, dont il a longuement traité dans son

20. Dès l'époque de Brunetière, un critique, Georges Pellissier, prit le contrepied de sa thèse, dans le premier chapitre d'un livre sur le *Réalisme des romantiques,* No. 217, et prétendit que le romantisme seul était vraiment réaliste ou naturaliste. D'autres voient dans le mouvement dit « réaliste » l'aboutissement, magnifique ou au contraire dégénéré, du romantisme. Pour le critique américain Irving Babbitt, le réalisme français était « le romantisme allant à quatre pattes. » On peut jongler avec éclat et de plusieurs manières avec ces trois ou quatre termes.

livre sur le *Réalisme,* M. Lévy, 1857.) Réalisme suppose une réaction contre l'idéalisation et la sentimentalité, une défiance de la subjectivité et une technique appliquée et systématique que l'on ne rencontre point chez les écrivains classiques qui firent vrai. Si toutes les tentatives classiques ou néo-classiques pour refaire des tragédies à la Racine, des comédies à la Molière, ou des maximes et des pensées dignes du XVIIe siècle ont si clairement échoué chez les modernes, n'est-ce pas justement parce que nos œuvres d'aujourd'hui doivent baigner dans une atmosphère de réalité, et nous paraître « réalistes » pour être vraies. Elles doivent renoncer, sous peine de paraître affectées, à cet éloignement, à cette grandeur plus détachée et plus idéale qui nous séduisent chez Poussin ou chez Racine.

Le réalisme proprement dit a d'ailleurs cessé d'être en faveur auprès de nous comme il l'était au temps de nos grands-pères. « Nous avons changé de méthode.» Cézanne, en toute sincérité, s'écriait devant un tableau de Rosa Bonheur : « C'est horriblement ressemblant.» Il rompait par là avec l'«art photographique» comme Baudelaire appelait méprisamment le réalisme prosaïque du milieu du siècle dernier.[21] Si l'on voulait faire éclater aux yeux de nos contemporains la modernité du classicisme,[22] il convien-

21. C'est Baudelaire aussi qui, dans une phrase du Salon de 1846 § 12, a formulé le credo des artistes et des écrivains qu'il a si miraculeusement devancés : « La première affaire d'un artiste est de substituer l'homme à la nature et de protester contre elle. » La citation de Cézanne est rapportée par Ambroise Vollard, *Paul Cézanne* (Crès, 1919), p. 180.

22. Est-ce d'ailleurs souhaitable ou légitime ? C'est un des travers de nos contemporains que de louer surtout dans le passé ce qu'ils peuvent qualifier de « moderne » ou de « proche de nous. » D'où nos enthousiasmes pour la modernité de Maurice Scève, ou des poètes « métaphysiques » anglais, pour le style discontinu et rapide de Mme de Sévigné, les passions troubles de certains personnages raciniens, les traits prétendus proustiens chez Saint-Simon ou le caractère valéryen avant la lettre des odes de Malherbe ou de l'*Adonis* de La Fontaine. C'est là sans doute une marque de cette fatuité naïve et touchante qu'ont eue toutes les époques, et qui leur a fait proclamer beau, vivant et éternel ce qui se trouvait leur ressembler et leur renvoyer d'elles une image flattée.

drait plutôt, *cum grano salis,* de l'appeler « surréaliste.» Car ce n'est pas la réalité, avec les détails des costumes et des visages, le décor et l'ameublement à la Balzac, l'aspect d'une rue ou d'une ville que le classicisme a cherché à rendre : c'est la seule réalité qui compte, la « surréalité » plus intérieure et plus vraie de la conscience. Descartes dans ses *Méditations,* Pascal et La Rochefoucauld ne souhaitent autre chose que de surprendre les secrets de la vie de l'esprit. Les monologues parlés, mais intérieurs tout de même d'Hermione ou de Phèdre explorent dans ses replis cachés l'âme même des personnages. Mme de Sévigné remplissant ses feuilles blanches « la bride sur le cou » et Saint-Simon composant ses énormes *Mémoires* à coups d'images discontinues pratiquaient, à leur manière, l'écriture automatique. Seulement, et c'est l'un de ces secrets qui assurent au classicisme sa grandeur toujours jeune et toujours vraie, cet art est resté général et profond, vrai et universel. Il a atteint à une vérité moins surprenante, mais plus intérieure et plus large que celle de bien des romantiques épris d'étrangeté et de singularité, que celle des réalistes tendus dans leur effort pour décrire mille objets accumulés, au lieu d'en dégager l'essence épurée et la signification morale.[23]

Vaine est donc la question que Brunetière, Pellissier et d'autres critiques ou sophistes de la critique ont posée après eux : lequel des deux, du classicisme ou du romantisme, est le plus réaliste ? Ils le sont, ou peuvent l'être, l'un et l'autre. L'un parce que, respectueux de la raison, s'efforçant d'être impersonnel et, par

23. Nous renvoyons le lecteur à la critique véhémente et définitive que Marcel Proust a faite du réalisme étroitement compris dans le dernier volume du *Temps retrouvé,* II, 39-40 : « Une heure n'est pas qu'une heure : c'est un vase rempli de parfums, de sons, de projets et de climats. . . . La littérature qui se contente de 'décrire les choses,' de donner un misérable relevé de leurs lignes et de leur surface est, malgré sa prétention réaliste, la plus éloignée de la réalité. » Un critique, Charles Blondel, dans la *Psychographie de Marcel Proust,* Vrin, 1932, pense que le mot « heure » dans cette phrase célèbre est une mauvaise lecture, au lieu de « lueur. »

là, de réaliser cette soumission à l'objet qui est la véritable attitude du savant, il peut considérer avec une froideur relative les objets ou les états d'âme dont il traite. Molière, malheureux en ménage, découvre impitoyablement et ridiculise les infortunes des maris trompés ; Racine, amant de la du Parc et de la Champmeslé, analyse les inconséquences et les folies de l'amour avec une lucidité incomparable ; La Rochefoucauld, Pascal, Bossuet, Mme de La Fayette réussissent à merveille dans l'observation aiguë, dans la dissection minutieuse mais non point desséchée, des autres et d'eux-mêmes. Cette froideur apparente de nos grands classiques et la froideur plus réelle des talents secondaires (Boileau, Saint-Evremond, Lesage) explique donc le réalisme intérieur que nous apercevons et admirons souvent dans leur œuvre.[24]

Mais d'autre part Balzac et Hugo (le Hugo des *Misérables* et même de *Notre-Dame de Paris*), Wordsworth et Jane Austen, Shelley lui-même par endroits (*Letter to Maria Gisborne*) et Lamartine (*Jocelyn*) ne sont pas moins réalistes. Car l'imagination éperdue, la sensibilité ardente des romantiques leur assurent une pénétration intense dans la réalité et leur permettent de percevoir et de traduire, derrière les apparences, et par delà la minutie exacte du savant, l'âme profonde des choses. Aussi le mouvement réaliste du milieu du siècle, tant en France qu'en Angleterre, continue-t-il le romantisme plus qu'il ne s'oppose à lui. Mais son réalisme est à base d'intellectualité, d'observation attentive et

24. Il reste bien entendu qu'à côté de ce réalisme pour ainsi dire idéal des grands classiques, il y a eu tout un courant réaliste d'une autre sorte au XVIIe siècle, bourgeois, libertin, burlesque, et surtout une poésie réaliste que l'on a trop peu étudiée. Les deux types de réalisme ont d'ailleurs été, ou ont pu être, goûtés du même public. Il convient de renoncer à notre conception étroite et un peu sotte d'un public classique qui aurait admiré exclusivement Racine, La Fontaine, Bossuet et se serait interdit toute autre lecture. Les plus ardents admirateurs de Gide et de Valéry, de nos jours, ne s'interdisent point, à d'autres moments, de lire Pierre Benoît, Simenon ou Raoul Ponchon, de rire aux pièces de Courteline ou de Pagnol.

quasi scientifique, et non plus, comme chez les romantiques, à base de sensibilité frémissante et de passion.[25]

E. LES RÈGLES.

Il n'est guère d'aspect du classicisme français qui ait soulevé autant de discussions, qui ait été l'objet de plus d'incompréhension ou d'hostilité que l'acceptation, par ce classicisme, de certaines règles de l'art. Aujourd'hui encore — tout professeur en a pu faire l'expérience — si l'on demande à des étudiants étrangers novices de caractériser le classicisme français, on obtient neuf fois sur dix la réponse ridicule : c'est une littérature soumise à des règles et à des conventions, et notamment aux trois unités. En vain alléguera-t-on que ces trois unités gouvernaient la seule tragédie, et n'avaient ni signification ni existence pour La Fontaine, Pascal, Bossuet, La Bruyère, etc. Le préjugé est ancien ; il est vivace ; il est parmi ces morts qui se portent trop bien.

Est-il limité d'ailleurs aux seuls étrangers et aux seuls étudiants ? Cela n'est point certain. Car les étudiants à leur tour le reçoivent de leurs maîtres et de leurs livres. Ceux-ci leur présentaient jadis le grand Corneille comme peinant pour enclore son génie dans vingt-quatre heures et le fixer à un unique lieu, Racine comme le docile élève de Boileau. Ils continuent aujourd'hui à préférer étudier ce qu'un pédant du XVIIe siècle a pu dire sur Aristote et sur la théorie dramatique au lieu de saisir dans

25. Il conviendrait d'ajouter encore ceci : le réalisme du milieu du XIXe siècle et le réalisme des classiques du XVIIe recherchent plutôt la moyenne, la nature ordinaire ; les romantiques, ou les prédécesseurs du classicisme sous le règne de Louis XIII préfèrent l'extraordinaire et le bizarre. Mais, n'en déplaise au culte récent du « Français moyen » et de « l'homme de la rue, » la description vraie et fidèle des héros, des cas étranges et exceptionnels, cornéliens ou baudelairiens, ne comporte pas moins de réalisme que la peinture de la moyenne terne et incolore.

leurs secrets plus profonds (leur technique, leur entente de la scène, leur psychologie, leur art) les dramaturges classiques.

La faute en est en partie aux Allemands et aux Anglais de l'époque romantique. Lessing voulant fonder à Hambourg un théâtre national et en Allemagne la critique littéraire écrivit cette lourde machine de guerre, à partir de 1767, la *Dramaturgie de Hambourg* ; August-Wilhelm Schlegel, soutien du romantisme allemand, traducteur de Shakespeare, admirateur éperdu de Calderon, pensa écraser le théâtre français du XVIIe siècle par la comparaison avec les Anglais, les Espagnols, et les Grecs anciens. Dans ses conférences données à Vienne en 1808, il se moqua, sans trop les comprendre, des règles et des bienséances de la tragédie française, de cet art trop poli et trop châtié, de cette hâte impatiente des Français à précipiter une action où d'ailleurs rien n'arrive. Lessing et Schlegel étaient en l'occurrence des critiques de combat, qui rendirent sans doute service à leur littérature. Mais il y a longtemps que leurs successeurs, en Allemagne même, sont revenus à une appréciation autrement favorable de la tragédie française classique.[26]

La libre Angleterre du XVIIIe siècle, déjà avait aimé à sourire dédaigneusement de nos écrivains, dociles courtisans écoutant les ordres de leur monarque absolu. Pope qui, quoi qu'on en dise, est bien loin (et bien au-dessous) des classiques de la France et

26. L'une des pages les plus enthousiastes que l'on ait jamais écrites sur Racine se trouve dans H. Heine, *Die romantische Schule* (2e livre), justement pour attaquer l'incompréhension de Schlegel. Grillparzer, à propos d'*Andromaque* en 1840, appelle Racine « ein so grosser Dichter, als je einer gelebt hat » ; Gottfried Keller, dans une lettre du 16 septembre 1850 à Hermann Hettner, reproche à Lessing ses sottes attaques contre les dramaturges français ; Nietzsche, bien souvent et encore dans *Ecce Homo,* se déclare prêt à défendre contre Shakespeare, avec une fureur concentrée, « nicht ohne Ingrimm, » les tragiques du XVIIe siècle français. Voir d'autres références sur des éloges plus récents prodigués par les Allemands à la tragédie racinienne dans notre bibliographie. Le plus véhément des champions de Racine est d'ailleurs le moins racinien des Russes, Dostoiewski, dans une lettre à son frère Michel datée du 1er janvier 1840.

les a bien peu compris (voir E. Audra, No. 10), ne déclarait-il pas :

> The rules, a nation born to serve obeys,
> And Boileau still in right of Horace sways.
> But we, brave Britons, foreign laws despis'd,
> And kept unconquer'd and uncivilíz'd.
> (*Essay on Criticism,* vv, 713-716)

Les romantiques anglais furent plus méprisants encore pour Racine et sa servile régularité.[27] La critique britannique récente rougit aujourd'hui de leur incompréhension, et les défenseurs des règles les plus convaincus se trouvaient, dans ces dernières années, outre-Manche. Mais dans les milieux moins « avancés » ou plus insulaires, certains ont sans doute conservé cette conception étriquée des classiques français, qui fait de ceux-ci des courtisans en perruque, puérilement asservis à des règles mesquines.

Il serait aisé et divertissant de réunir quelque jour sur ce sujet des règles une anthologie de textes frappants. On y verrait que les éloges les plus intelligents des célèbres unités ont été tracés par des plumes que l'on soupçonnerait peu de servilité : Paul Valéry, André Gide, T. S. Eliot, Lytton Strachey, Nietzsche (dans *Humain trop humain,* No. 204) et un « romantique » tel qu'Alfred de Musset.[28]

Par contre, les attaques les plus vives seraient signées de classiques du XVIIe siècle. C'est un disciple de Malherbe, Racan, qui, le 17 octobre 1654, écrivait à Ménage :

27. Surtout De Quincey dans son essai sur Jean Paul Richter en 1821 et dans un article de 1851 sur « Lord Carlisle on Pope, » et Hazlitt, dans l'essai 29 du *Plain Speaker.* Voir en outre là-dessus, F.Y. Eccles, No. 85.

28. « Loin d'être des entraves, ce sont des armes, des recettes, des secrets, des leviers. Un architecte se sert de roues, de poulies, de charpentes ; un poète se sert de règles, et plus elles seront exactement observées, énergiquement employées, plus l'effet sera grand, le résultat solide. » Ce passage assez valéryen est de Musset, *De la tragédie. A propos des débuts de Mlle Rachel* (1838).

Cette trop grande rigueur que l'on y apporte [aux règles des unités] met les plus beaux sujets dans les gênes.... L'*Antigone,* la *Médée,* la *Sophonisbe* et la *Marianne*.... y souffrent de grandes contraintes inutilement. Quand elles se seraient un peu plus relâchées, elles n'en auraient pas été moins agréables aux auditeurs.

Un texte que l'on a quelques raisons d'attribuer à La Fontaine déclare en 1671 :

Il faut s'élever au-dessus des règles qui ont quelque chose de sombre et de mort. Il faut ne concevoir pas seulement par des raisonnements abstraits et métaphysiques la beauté des vers, il faut la sentir et la comprendre tout d'un coup, et en avoir l'idée si vive et si forte qu'elle nous fasse rejeter sans hésiter tout ce qui n'y répond pas. Cette idée et cette impression vive, qui s'appelle « sentiment » ou « goût » est tout autrement subtile que toutes les règles du monde. »[29]

Quant aux paroles prêtées par Molière à Dorante dans la *Critique de l'Ecole des femmes,* elles sont dans toutes les mémoires et bien des auteurs de thèses doctorales, de statistiques bibliographiques et aujourd'hui de discussions sémantiques sur la poésie pourraient se les répéter périodiquement :

Vous êtes de plaisantes gens avec vos règles, dont vous embarrassez les ignorants et nous étourdissez tous les jours.... Laissons-nous aller de bonne foi aux choses qui nous prennent par les entrailles, et ne cherchons pas de raisonnements pour nous empêcher d'avoir du plaisir. »

Ces règles de l'art classique sont donc bien loin d'avoir été quelque chose de monstrueux ou d'arriéré. Elles ne furent en rien chez nos ancêtres l'effet de cette servilité basse que, non sans injustice, nous attribuons aujourd'hui à tous les sujets et courtisans de Louis XIV. Elles furent adoptées par eux bien avant l'avènement du Grand Roi. Mairet, Chapelain, La Mesnardière étaient des sujets de Louis XIII, d'humeur assez indépendante en

29. Préface peut-être de La Fontaine, peut-être de Lancelot ou de Nicole, au *Recueil de poésies chrétiennes et diverses* paru en 1671 chez Pierre Le Petit (cité dans M. Hervier, No. 149, p. 522 note). Voir en outre la préface des *Fables,* 1668.

matière de doctrine littéraire.[30] Ce sont eux, et d'autres hardis « jeunes,» qui prônèrent alors les règles. Ces trop célèbres unités furent imposées, malgré leur nouveauté (ou peut-être grâce au prestige que leur valait cette nouveauté) entre 1630 (date de *Silvanire*), 1634 (date de la *Sophonisbe* de Mairet) et 1640, par la fougue d'une génération avide de changement et de « progrès.» En leur temps ces trois unités furent bel et bien (comme en notre siècle l'« art abstrait » ou le « purisme ») le moderne et le neuf, « ce qui donnait du plaisir à nos arrière-grands-pères » comme aurait dit Stendhal — c'est-à-dire selon sa définition, le romantisme même de nos classiques !

Loin d'être jaillies des cerveaux de courtisans serviles ou de talents académiques ces règles, et en général la codification des préceptes de l'art qui se produisit au XIXe siècle, étaient d'ailleurs venues de l'Italie, de cette péninsule toujours fertile en théoriciens et en critiques qui devait également donner plus tard à l'Europe les premiers prophètes des doctrines romantiques,[31] l'esthétique de Croce et jusqu'au bouillant théoricien du futurisme. Il est exact que nos classiques (ou plutôt les pédants qui étaient leurs contemporains, les sots qui ne savent juger d'un ouvrage que d'après quelque norme scolaire, et les envieux qui jalousaient leur indépendance novatrice) ont parfois souffert de ces règles que d'aucuns entouraient d'une superstition et d'une vénération

30. Ces théoriciens étaient en outre bien loin de constituer un groupe de conspirateurs complotant pour étrangler le génie. Ils ne s'entendaient pas toujours entre eux. Et Chapelain, par exemple, le mieux renté de tous les beaux esprits à l'époque dite classique, professait pour son prédécesseur Malherbe un mépris extrême. « Je vous dis qu'il ignorait la poésie, » écrit-il de Malherbe dans une lettre à Mlle de Gournay le 10 décembre 1632, et le 10 juin 1640 à Balzac : « C'était un borgne dans un royaume d'aveugles. . . . Je crois qu'un homme de lettres doit bien se garder de le prendre pour guide dans les opinions qu'il doit suivre, s'il ne veut broncher bien lourdement. »

31. Si l'on accepte les conclusions un peu aventurées de John G. Robertson, *Studies in the Genesis of Romantic Theory in the XVIIIth Century* (Cambridge University Press, 1923).

excessives. Mais il n'est pas moins vrai qu'en adoptant ces règles le XVIIe siècle témoigna d'un instinct assez sûr. La soumission aux règles est loin de paraître à nos contemporains aussi gratuite, aussi inexplicable et aussi odieuse qu'elle le sembla, il y a un peu plus d'un siècle, aux lecteurs de la *Préface de Cromwell.*

> Dans tous les arts dont la matière n'oppose point par elle-même de résistances positives, les véritables artistes ressentent le péril et l'ennui d'une facilité trop grande. . . . Ils s'inquiètent de la durée de ce qui leur coûte si peu et se développe si aisément. On les voit, dans les belles époques, se créer des difficultés imaginaires, inventer des conventions et des règles tout arbitraires, restreindre leurs libertés, qu'ils ont compris qu'il fallait craindre, et s'interdire de pouvoir faire sûrement et immédiatement tout ce qu'ils veulent.

Ainsi parle le plus pénétrant des esprits qui s'attachent aujourd'hui à analyser les secrets de l'art et des techniques, Paul Valéry.[32] Il est aisé en effet, chez les vrais classiques, de discerner quel besoin profond causa l'acceptation des règles et des bienséances. On sentait que pour l'artiste (les néo-classiques nationalistes ne manqueraient pas d'ajouter aujourd'hui : « et pour l'homme ») rien n'est plus périlleux et plus embarrassant que la liberté. Après les excès de la Renaissance et le désordre de la première moitié du siècle, on sentait la nécessité d'une discipline et d'un raffinement. Signe d'appauvrissement de l'inspiration ? Non pas. Signe plutôt d'une grande richesse intérieure que l'on souhaitait canaliser, filtrer, gouverner vers la direction la plus utile. L'auteur qui proclame bien haut son intention de briser toutes les chaînes, de franchir toutes les barrières, répond rarement à l'attente émerveillée qu'il a éveillée en nous. « Sus aux

32. Paul Valéry, *Pièces sur l'art,* No. 291, p. 8. A plusieurs reprises, et notamment dans une page déjà classique de « Au Sujet d'Adonis, » *Variété* (pp. 58-60), Paul Valéry a expliqué le fondement psychologique et esthétique des limites de l'art.

unités ! La liberté dans l'art ! » s'écrie la préface célèbre de Victor Hugo ; et les rares lecteurs qui, alléchés par ces cris de guerre, lisent le drame de *Cromwell,* de murmurer : « Etait-ce bien la peine ? »

La vraie puissance ne dédaigne pas les obstacles. Elle les recherche plutôt, car elle se sait capable de les franchir.

The wingèd courser, like a gen'rous horse,
Shows most true mettle when you check his course,

observait le sage Pope. André Gide n'a pas manqué de remarquer que ce sont les époques les plus gonflées de sève, celles qui ont le plus de choses originales à exprimer, qui s'imposent le plus volontiers des limites et des règles artistiques. Plus l'inspiration est riche et forte, plus il est en effet nécessaire de la renfermer dans des bornes sévères, et par là de l'approfondir et de la purifier. Les poètes de la Renaissance ne l'ignoraient pas, qui s'imposèrent le moule étroit du sonnet ; les romantiques l'ont également senti, en composant leurs « Odes,» « Méditations,» « Contemplations,» modèles d'ordre et d'harmonieuse organisation. Lorsqu'ils ont voulu nier ces règles et dépasser ces limitations, par exemple au théâtre, ils n'ont abouti qu'à l'art relâché, souvent informe et toujours excessif, des drames de Coleridge, de Shelley, au mélodrame lyrique de Victor Hugo. Règles et disciplines ne sauraient appauvrir le vrai classique : elles dénotent seulement chez lui la perception secrète de cette large vérité que Gœthe a formulée dans deux vers célèbres :

In der Beschraenkung zeigt sich erst der Meister,
Und das Gesetz nur kann uns Freiheit geben.

Certes il est permis de préférer une conception différente de l'art. Le besoin profond d'intellectualité qui caractérise le

XVIIe siècle, et peut-être tous les siècles français,[33] devait naturellement se traduire par le goût d'une forme gouvernée, éliminant, non point par le mystère, mais par le hasard. « Il n'y a pas de hasard dans l'œuvre d'art, » a écrit Baudelaire en plein XIXe siècle dans son *Salon de* 1846. A Poussin et à Racine, au *Misanthrope* ou à l'impeccable rigueur du morceau de Pascal sur « les trois ordres, » on peut préférer les arabesques de l'art baroque ou les débauches d'images luxuriantes de certains poèmes de la Renaissance. Mais on n'ose plus aujourd'hui condamner sans appel ces règles et limitations de l'art classique. Nos écrivains du XVIIe siècle, en effet, en s'imposant avec modestie certaines bornes ne se sont pas interdit de rendre l'infini et le mystère ; mais, semblables en cela, malgré tant de différences, aux créateurs médiévaux du vitrail, des cathédrales gothiques et surtout des plus belles églises romanes, ils ont voulu le rendre dans son intensité plus encore que dans son immensité. S'ils incarnaient sans le savoir certains de leurs prédécesseurs anonymes, ils devançaient aussi ce poète, cher entre tous à nos contemporains, Baudelaire, qui, avec la pénétration aiguë qu'il apportait dans ses méditations esthétiques, a noté dans l'une de ses lettres :

> Parce que la forme est contraignante, l'idée jaillit plus intense. . . . Avez-vous observé qu'un morceau de ciel aperçu par un soupirail, ou entre deux cheminées, deux rochers, ou par une arcade, donnait une idée plus profonde de l'infini que le grand panorama vu du haut d'une montagne ? »[34]

33. « Si le classique est un ordre que la raison impose au sentiment, un calcul que la pensée élabore pour conférer à la passion le divin privilège de la durée, Notre Dame [de Paris] est la plus classique des églises, » écrit André Suarès dans *Cité, nef de Paris* (Grasset, 1934) p. 133. Les vers de Gœthe cités plus haut sont les derniers de la scène 19 du petit drame *Was wir bringen* composé en 1802 (*Werke*, Jubilaeums-Ausgabe, Berlin et Stuttgart, IX, 235).

34. Baudelaire, *Lettres* 1841-1866 (*Mercure de France*, 1917) p. 238 (lettre du 19 février 1860 à Armand Fraisse). On pourrait citer également ces phrases

Ceux-là mêmes qui avaient le plus longtemps mécompris le rôle des règles dans le classicisme français et reprochaient à nos auteurs de manquer d'insondable et d'infini semblent revenus de nos jours à une appréciation autrement indulgente : les critiques de langue anglaise. Un philosophe de grand mérite, emporté trop jeune par la guerre, mais dont l'influence a été très forte sur les écrivains anglais d'aujourd'hui, T. E. Hulme, a loué hautement le classicisme de ce sens de la limitation, naguère encore peu goûté des compatriotes de Shakespeare.[35] Plus récemment encore, Humbert Wolfe notait avec satisfaction que les Britanniques semblaient en être venus à une plus juste appréciation de la poésie française à mesure qu'ils comprenaient mieux la légitimité profonde de certaines règles. « Les lois sont nécessaires, » disait-il. « Une alouette volerait-elle mieux si elle violait les lois de la gravitation ? » (No. 311) Enfin, le principe de la distinction des genres, qui paraissait aux romantiques le comble de l'illogisme absurde puisqu'il interdisait le drame, « genre bâtard » seul conforme à la vie (Vigny, *Journal d'un poète,* année 1836), a revêtu en notre siècle un attrait fort nouveau. Nos esthéticiens les plus en faveur n'ont que mépris pour la confusion des arts qui fut de rigueur au siècle des synesthésies, du drame wagnérien et du sonnet des voyelles. Ils reprendraient volontiers avec conviction la célèbre et impérieuse remarque faite à Gœthe par Napoléon 1er : « Je m'étonne, monsieur Gœthe, qu'un grand esprit comme vous n'aime pas les genres tranchés. » Un philosophe américain à idées nettes mais non toujours claires,

du peintre romantique que Baudelaire admirait si fort, Delacroix (*Journal,* No. 74, I, 284) : « L'art n'est pas . . . ce que le croit le vulgaire, c'est-à-dire une sorte d'inspiration qui vient de je ne sais où, qui marche au hasard et ne présente que l'extérieur pittoresque des choses. C'est la raison elle-même, ornée par le génie, mais suivant une marche nécessaire et contenue par des lois supérieures. »

35. « The classical poet never forgets the finiteness, this limit of men. » Et T. E. Hulme, admirateur de Bergson, de Georges Sorel, mais aussi des néo-classiques français, voit là un titre de gloire (No. 156, p. 120).

Irving Babbitt, a entrepris d'abattre ces préjugés romantiques sur la confusion des genres en reprenant le titre de Lessing (*The New Laocoon,* No. 13). Et les modernistes de 1940 s'appellent aussi « puristes » et se font les champions de l'art abstrait ou de la nécessité pour chaque art de se contenter d'être soi-même, d'accepter ses limitations, sa technique et sa matière propre au lieu de se faire peinture comme le voulait Théophile Gautier, sculpture comme le voulait Leconte de Lisle, musique comme le voulait Walter Pater ou même prière, comme l'insinuait le dernier venu des prêtres de la confusion, Henri Bremond.[36]

Cette meilleure compréhension des règles de l'art que plusieurs des classiques du XVIIe siècle s'étaient imposées a renouvelé, dans la critique moderne, notre appréciation du théâtre. Aidera-t-elle un jour prochain à la renaissance du genre dramatique, dont la décadence constitue peut-être la seule vraie lacune de la littérature au siècle dernier ? Les drames de T. S. Eliot, les romans de Mauriac, ceux mêmes d'Ernest Hemingway parfois, ont pu récemment tirer de l'observation libérale des « unités » une beauté concentrée à laquelle le public le moins encombré de superstitions néo-classiques n'a pas manqué d'être sensible.

Un écrivain fort personnel, moderne par sa sensibilité nerveuse, son style aigu et l'obsession lyrique de son moi, André Suarès (No. 264, pp. 212-213 ; voir également No. 267, p. 83), écrivait à propos de Shakespeare :

> Les unités sont admirables pourvu qu'elles soient dans le sujet. Ou du moins pourvu qu'on puisse n'y pas penser. Le drame alors se déroule comme les actions de la vie même, au point critique, à l'heure capitale. . . . Les unités sont de toutes les conventions la plus réelle. . . . . Les unités

36. Voir dans une revue « avancée » paraissant à New York, *The Partisan Review* (juillet-août 1940, pp. 296-310), l'article de Clément Greenberg, «Towards a Newer Laocoon. »

procurent cette harmonie parfaite et la beauté des lignes qui font l'œuvre d'art achevée.

Et le plus subtil des dramaturges français d'aujourd'hui, dans une étude originale sur Racine, Jean Giraudoux, a admirablement senti quel acharnement tragique gagne à l'observation des unités une tragédie comme *Andromaque*. Les personnages se haïssent à force d'aimer celui qui les rejette, et sur cette scène à trois portes, ils ne peuvent entrer et sortir sans rencontrer celui qu'ils fuient et qui les cherche, sans obséder, de leurs regards qui mendient la caresse, celle qui les dédaigne. Ils s'écoutent malgré eux pleurer, respirer, haleter, comme des tigres féroces emprisonnés pour quelques heures dans une cage et qui, avant le soir, savent que leur passion exaspérée doit dévorer celui qui en est l'objet, ou les consumer eux-mêmes.

Ces règles, dont nos contemporains se plaisent aujourd'hui à chanter les louanges, n'ont point évidemment à leurs yeux le même caractère de convention rationnelle ou d'obligation imposée que certaines attribuaient aux règles du XVIIe siècle. L'artiste moderne se les donne à lui-même par un décret librement consenti (D. Parodi a écrit sur ce point quelques pages fort justes, No. 212). Il se croit ainsi plus libre, alors même qu'il obéit à son insu aux préjugés courants, à une certaine stylisation, nécessaire dans tout art, et parfois à ces poncifs qui tyrannisent aujourd'hui l'art cinématographique par exemple. En fait, la différence qui les sépare des classiques n'est pas si tranchée.[37] Les règles diverses, autour desquelles les discussions pédantes du XVIIe et du XVIIIe siècle firent si grand bruit (vrai-

37. D'ailleurs il ne manquait pas de « genres » ou de provinces littéraires, au XVIIe siècle, que ne régentait nulle règle: le roman, le voyage extraordinaire, les mémoires, les recueils de mélanges ou d'« anas, » etc. Le public le plus sérieux les dévorait, comme bien des intellectuels aujourd'hui se repaissent de romans-détective. Seulement nos intellectuels d'aujourd'hui osent se vanter de cette faiblesse, sans doute pour faire croire à la lassitude de leur cerveau trop chargé.

semblance, bienséance, unités, merveilleux païen, distinction des genres) laissaient à l'artiste une liberté fort réelle et assez large. La grande règle des règles, pour eux tous, était de *plaire* ; nous dirions aujourd'hui d'*intéresser,* et le mot n'est pas plus beau, s'il a l'air plus grave. Corneille, Racine dans la préface de *Bérénice,* Molière, Boileau l'ont répété ; et La Fontaine déclarait en 1668 dans la préface de ses *Fables* : « On ne considère en France que ce qui plaît : c'est la grande règle, et pour ainsi dire la seule. » Seulement on plaisait davantage alors en s'accommodant au goût des honnêtes gens, en interprétant ou en adaptant avec agrément, pour un public poli et relativement cultivé, les sujets qu'on présentait à son divertissement.[38]

La littérature classique, considérée sous ce jour, est donc bien un « art d'agréer, » comme celui dont Pascal se traçait à lui-même le plan. Elle repose en effet sur des règles, c'est-à-dire qu'elle veut se soumettre aux conditions propres que chaque art semble comporter, et accepter ses limitations. Au premier rang de ces limitations, elle a placé la nécessité de *convenir,* et à l'objet de l'art, et à son public. La beauté consistait pour elle dans un équilibre rare, malaisé à maintenir longtemps. Les règles étaient un moyen de parvenir à cette fin de l'art et de s'approcher de cet idéal esthétique. Pascal, avec la netteté géométrique de son esprit, a fourni ça et là dans ses *Pensées* la clé d'une juste compréhension de l'esthétique classique.[39] Bien des traits du classicisme peuvent s'expliquer par la recherche de cette convenance parfaite, d'une part entre la matière de l'art et l'expression,

38. Nous renvoyons à une page très connue et très belle de G. Lanson (No. 167, pp. 149-150).

39. Voir surtout la section II de l'Esprit géométrique intitulée « De l'Art de persuader » et deux pensées, 15 et 32, de l'édition Brunschvicg : « Ce n'est pas assez qu'une chose soit belle ; il faut qu'elle soit propre au sujet, qu'il n'y ait rien de trop ni rien de manque. » (Pensée 15) « Il y a un certain modèle d'agrément et de beauté, qui consiste en un certain rapport entre notre nature, faible ou forte, telle qu'elle est, et la chose qui nous plaît. » (Pensée 32).

d'autre part entre l'objet de l'art et le public. C'est cet équilibre que des écrivains du XIXe siècle comme Stendhal devaient louer chez les plus grands de tous les artistes, les Grecs, en disant que, pour eux, le beau était « la saillie de l'utile. » Nos modernes esthéticiens se pâment devant cette même vertu, qu'ils qualifient de l'adjectif barbare : « fonctionnel. » Devant les tragédies de Racine, les *Fables* de La Fontaine, les pensées de Pascal, et la prose de Bossuet, on pourrait en effet placer en épigraphe cette définition d'un critique anglais contemporain qui fait de la beauté l'expression d'une convenance : « Beauty is fitness expressed. »[40]

F L'ART ET LA MORALE

Parmi ces règles ou ces bienséances auxquelles se soumettait la littérature classique, quel rôle convient-il d'accorder à la nécessité pour l'art d'enseigner, de servir une fin pratique et morale ?

Il ne nous est pas toujours facile de le savoir. Seul un effort quasi surhumain d'érudition objective pourrait nous permettre de voir les classiques, à cet égard, comme ils se sont vus, donc peut-être comme ils ont été. Les termes ont acquis un sens si divers, le contenu de ces concepts s'est à notre insu si profondément renouvelé, tout notre être psychologique a été modifié par tant de controverses sur l'Art pour l'Art, au XIXe et au XXe siècles, qu'il n'est plus guère possible, et peut-être à peine souhaitable, de nous abstraire totalement de notre époque. Sur ce point comme sur maint autre, force nous est d'envisager le classicisme à la lumière de ce qui l'a suivi.

40. Cette définition est de Sir Walter Armstrong. Elle est citée à la page 16 du livre de G. Ghyka, l'*Esthétique des proportions dans la nature et dans l'art* (Gallimard, 1927).

Certains de nos contemporains, prenant l'expression dans un sens très général, appellent aujourd'hui le classicisme « un ensemble de qualités morales. » André Gide qui (à tout le moins dans sa critique littéraire) a toujours prôné bien haut la modestie et la pudeur, n'a pas craint d'avancer que « les qualités que nous nous plaisons à appeler classiques sont surtout des qualités morales » et que le classicisme lui apparaissait « comme un harmonieux faisceau de vertus. » (No. 122, p. 217.) Jugement à la fois d'un protestant scrupuleux et d'un esthète raffiné, qui attribue une haute valeur morale à la réserve, à la sobriété et à la mesure, c'est-à-dire à un certain idéal artistique. En faudrait-il conclure que l'exubérance, la luxuriance et l'excès de certains romantiques sont, par eux-mêmes, des marques d'immoralité, que toute faute de goût est un péché contre la morale, et qu'il est non seulement peu artistique mais immoral d'accumuler trois épithètes là où une seule aurait suffi ? Nous n'oserions le faire dire à un critique aussi nuancé que Gide.

Evitons également de rechercher la valeur morale du classicisme dans un certain idéal qui, selon tel interprète moderne du XVIIe siècle, aurait constitué la source inspiratrice et féconde de toutes les grandes œuvres. Certes, la conception de l'honnête homme et de la politesse mondaine est indispensable à toute compréhension du grand siècle : M. Magendie l'a prouvé dans un gros ouvrage (No. 178). Les règles et les bienséances auxquelles s'est soumise la littérature classique avaient pour objet, en dernier ressort, de témoigner par la recherche de la clarté, de la précision, par la grâce et la politesse affinée du style, la déférence de l'auteur envers son public. Cette politesse excluait sans doute de la littérature classique la grossièreté choquante, la vulgarité, tout immoralisme bas. Mais littérature sociale n'est point forcément synonyme de littérature morale. [41]

Interrogeons les classiques eux-mêmes. Les préfaces, les manifestes, les écrits théoriques semblent unanimes sur ce point. L'art doit être autre chose qu'un jeu ; il doit servir et enseigner,

Lectorem delectando pariterque monendo.

Ainsi répètent les théoriciens qu'a étudiés René Bray (No. 35, deuxième partie, chap. I). Corneille admet que l'agrément, la nécessité de plaire, priment tout ; mais il ajoute que l'utilité découle de cet agrément même. Molière ne cesse d'affirmer qu'il cherche à corriger les hommes ; Racine, dans la préface de *Phèdre,* La Fontaine dans le *Pâtre et le lion* se proposent également, à les en croire, d'« instruire » ou « d'enseigner la vertu. »

Doit-on en conclure aussi formellement que le fait René Bray ? « L'art classique est un art utilitaire. Le poète vise à l'instruction morale. » Plus d'un critique l'a fait. Brunetière, acharné à flétrir la doctrine de l'Art pour l'Art, n'a cessé de proposer en exemple ces classiques, qui ne dédaignèrent point le didactisme et n'oublièrent jamais le devoir de l'écrivain. « Quiconque écrit prend charge d'âmes. »[42] *La Revue des Deux Mondes* est restée fidèle aux conceptions de son ancien directeur, si l'on en juge par l'article plus récent où Victor Giraud (No. 128) loue les classiques d'avoir été « des moralistes » et « d'excellents Français. » Daniel Mornet lui-même, plus soucieux de vérité objective que de prédication morale, range parmi

41. J. Fidao-Justiniani (Nos. 103, 104, et 105) a présenté avec conviction une autre thèse. Pour lui, l'héroïsme cornélien, l'ardeur épique et généreuse (survivance de l'esprit chevaleresque), le goût du sublime (qu'il décèle à chaque page dans Boileau) seraient les éléments essentiels du classicisme. Mais ce critique affirme plus qu'il ne prouve. Seule une subtilité qui toucherait dangereusement au sophisme pourrait nous faire célébrer chez Molière, La Rochefoucauld, La Fontaine des professeurs d'héroïsme et des maîtres du sublime.

42. F. Brunetière, *Manuel* (No. 45), p. 203. Cf. aussi « L'Art et la morale, » dans *Discours de combat,* I, 61-69.

les traits dominants du classicisme le souci de la morale (No. 193, p. 75).

L'amateur de paradoxes pourrait soutenir la thèse opposée. Nous nous garderons de le faire. Rien ne serait plus anti-historique que de voir dans nos classiques des précurseurs de l'Art pour l'Art à la Gautier ou à la Flaubert. Mais le seul souci de respecter la complexité du problème doit nous faire ajouter qu'il est par trop exclusif de ne citer en ces matières que les préfaces et les déclarations théoriques des écrivains. La mode, c'est-à-dire les notions couramment acceptées au XVIIe siècle, tendaient à placer dans l'utilité la justification de la poésie. Le goût de l'enseignement, des leçons morales, parfois naïvement didactiques, était, comme il est aujourd'hui, celui de la grande partie du public : les écrivains s'y pliaient ou feignaient de le faire, et proclamaient en chœur que leur art n'était point un luxe ni un jeu. Ils avaient d'ailleurs la mémoire encombrée de tous ces développements antiques où Orphée, Linus, Homère, Hésiode, Virgile étaient présentés comme les instituteurs du genre humain, les révélateurs des choses divines et les bienfaiteurs des peuples.

Est-il étonnant alors que chacun, dans ses préfaces, ait insinué avec modestie, ou affirmé avec indignation, ses intentions morales ? La précaution, on le sait, est toujours bonne à prendre. L'auteur des *Liaisons dangereuses* et celui d'*Aphrodite* auraient pu tout aussi bien protester de la pureté de leurs intentions morales et de l'utilité didactique de leur roman. Mais l'une des règles les plus élémentaires de la critique, n'est-elle pas justement de douter le plus fermement de ce que l'auteur avance avec le plus d'assurance dans sa préface, c'est-à-dire de nous méfier avant tout de ce qu'il souhaite que nous pensions de lui ? Une préface théorique est un bouclier que l'auteur brandit énergiquement et qui, en effet, réussit souvent à parer ou à détourner bien des coups. Prenons-nous à la lettre cette phrase que Victor

Hugo écrivait, en décembre 1822, en tête de ses *Odes* ? « Convaincu que tout écrivain, en quelque sphère que s'exerce son esprit, doit avoir pour but principal d'être utile... » Est-ce à leur degré d'utilité que nous apprécierons, comme il nous y convie, ces odes de sa jeunesse ? La préface de *Phèdre* (d'ailleurs postérieure à la tragédie) où Racine affirme si gravement ses intentions pieusement jansénistes, est surtout « un chef-d'œuvre diplomatique. »[43] Si Molière dans son *Placet de Tartuffe,* La Fontaine dans la préface de ses *Fables* protestent de la moralité de leurs œuvres et affirment la gravité de leurs intentions, c'est sans doute que cette moralité et ces intentions avaient quelque besoin d'être soulignées, donc n'éclataient pas dans l'œuvre elle-même avec toute l'évidence désirable.

Il serait certes ridicule de faire de nos grands écrivains classiques des immoralistes nietzschéens ou gidiens. Mais il ne l'est pas moins de saluer en eux à tout propos des professeurs de vertu. La seule question qu'il importe de poser, après tant de développements rebattus de nos manuels sur la morale de Corneille ou de Molière, serait la plus directe : Sommes-nous frappés, en lisant ces auteurs, par quelque leçon morale, par une volonté consciente de didactisme ?

La réponse à une telle question doit évidemment varier selon que l'on considère les ouvrages religieux et moraux, inséparables de leur intention didactique, et les œuvres d'art pur. Même dans les premiers (*Pensées* de Pascal, *Sermons* de Bossuet, etc.) on est frappé par le peu de place que tient le dessein d'enseigner à côté du souci d'art, de la largeur de vérité et du frémissement de beauté. L'effort pour prouver ou pour convaincre ne nous gêne nullement lorsque nous lisons le morceau sur les trois ordres (*Pensées,* 793) ou le *Sermon sur la mort.* Si nous sommes

43. L'expression est de J. Cousin, dans un article de la *Revue d'Histoire Littéraire* de juillet-septembre 1932, p. 396 : « Phèdre n'est point janséniste. »

convaincus, c'est parce que nous sommes émus par ce lyrisme.

La discrétion des intentions morales ou moralisatrices est tout aussi remarquable dans un genre qui aurait pu cependant se prêter à l'intrusion de la morale et perdre en vérité psychologique et en beauté : les *Maximes* de La Rochefoucauld, les *Caractères* de La Bruyère.[44] Ces auteurs visent-ils vraiment à rendre l'homme meilleur qu'il n'est, à le corriger ou à l'aider à se corriger ? Cela est douteux pour La Bruyère et plus que douteux pour La Rochefoucauld. Ni l'un ni l'autre ne semblent fermement assurés que l'homme profitera de leurs vues psychologiques ou de leurs railleries satiriques. Leur intention morale n'est guère plus marquée que chez Flaubert ou Marcel Proust ; elle l'est certainement moins que dans la *Comédie humaine* ou dans les *Misérables*.

Sur la morale de Molière ou de La Fontaine, tout a été dit et redit. Cette morale peut être plus ou moins sublime, plus ou moins éloignée du Christianisme. Elle est, en tous cas, très subordonnée à l'élément esthétique, c'est-à-dire au désir de « peindre d'après nature » en restant toujours soucieux du vrai et du beau plus que du bien. Chez Racine, on le sait, la morale reste aussi étrangère à ces tragédies de passion, de folie, de meurtre, et de suicide qu'elle l'est aux drames de Shakespeare, et sans doute davantage.[45] Reste Corneille. Les intentions morales ont été si souvent célébrées chez lui que nous pouvons en effet croire les lire dans ses tragédies. Il est pourtant certaine préface de *Médée*,

44. Ces ouvrages (de politesse, de pensées morales, de maximes) étaient légion au XVIIe siècle. Raymond Toinet, qui en a dressé la liste bibliographique (No. 281) en compte 405 entre 1648 et 1715. Quelqu'un devrait un jour en entreprendre l'étude approfondie, et confirmerait ou infirmerait ainsi ce que nous pouvons avancer d'après trois ou quatre chefs-d'œuvre.

45. La thèse de l'amoralité complète de la littérature française classique, et en particulier de Racine, a été soutenue par Jacques Rivière qui flétrit J. J. Rousseau pour avoir le premier « obnubilé le génie français » en jetant sur ces problèmes un regard impur, c'est-à-dire de moraliste (No. 244).

moins souvent citée que les discours théoriques du poète, mais fort révélatrice à cet égard. Le grand Corneille y proclame que son unique but est de plaire, et de plaire « comme dans la portraiture, » par la vérité seule :

Dans la poésie, il ne faut pas considérer si les mœurs sont vertueuses, mais si elles sont pareilles à celles de la personne qu'elle introduit. Aussi décrit-elle indifféremment les bonnes et les mauvaises actions, sans nous proposer les dernières pour exemple.

Les maîtres de la jeunesse s'exposeraient, on le sait, à de cruels mécomptes s'ils proposaient pour modèles à leurs élèves la conduite du jeune Horace, celle même du *Cid*, ou des deux héroïnes de Rodogune, ou de Polyeucte. L'homme qui a le plus éperdument admiré *Polyeucte*, Charles Péguy, ne s'y est pas trompé. Il écrivait justement, à la fin de sa vie :

En réalité le conflit dans Corneille n'est pas un conflit entre le devoir, qui serait une hauteur, et la passion, qui serait une bassesse. C'est un débat tragique entre une noblesse et une autre noblesse.... D'un côté ce n'est pas la morale, cette invention. C'est infiniment plus et infiniment autre : c'est l'honneur. Et de l'autre côté ce n'est pas la passion, cette faiblesse. C'est infiniment plus et infiniment autre : c'est l'amour.[46]

Boileau et Mme de Sévigné ont d'ailleurs prononcé le dernier mot en ces matières. « Tout est sain aux sains, » déclare avec sérénité la Marquise (en citant saint Paul) pour nier le mauvais effet de la lecture des romans, formule qui pourrait justifier bien des audaces et toutes les indulgences.[47] Boileau insiste non tant sur la moralité de l'art que sur celle de l'artiste.

Le vers se sent toujours des bassesses du coeur.

Si l'écrivain est lui-même un honnête homme, capable de s'éle-

46. Charles Péguy, *Note conjointe sur M. Descartes* (*Œuvres complètes*, Nouvelle Revue Française, IX, 172).

47. Mme de Sévigné, lettre du 16 novembre 1689, à Mme de Grignan. Cf. Saint Paul, *Ep. Titus*, I,15.

ver au-dessus des considérations sordides de gain et des petites jalousies de métier, la garantie est suffisante. Nulle intention morale ou didactique n'est requise. Flaubert ne parlera guère autrement.

Si le classicisme a échappé ainsi aux défauts de l'art moralisateur (ou, ce qui est pis encore, de la prédication immoraliste), aux maladresses de Richardson ou de George Eliot en Angleterre, des romans sociaux de George Sand, des livres de nos académiciens bien pensants d'aujourd'hui, il le doit à cette bienfaisante soumission à son public, à cette acceptation des règles et des hiérarchies d'alors qui bannissait de l'art les spéculations sur la politique et la société. Nos classiques sont des psychologues et des artistes avant tout, des moralistes parfois, mais seulement par surcroît. Ils n'eurent pas à aller jusqu'à l'amoralisme voulu, à l'impassibilité tendue, comme le fit au milieu du XIXe siècle la génération réaliste. La raison en est claire. On pouvait demander, au XVIIe siècle, que l'art servît en mêlant *utile dulci*. Mais on n'avait point cherché à embrigader les écrivains au service de la science, de la politique (saint-simonienne, fouriériste ou bourgeoise), de la morale, et de la religion, comme le voulurent après 1830 les successeurs du romantisme. Ni Boileau ni La Fontaine ne songeaient à s'ériger en mages ou en pilotes de l'humanité. Ils ambitionnaient peut-être de jouir de la faveur royale, mais non de devenir sénateurs, ministres, ou ambassadeurs comme tant de leurs successeurs vivant sous un gouvernement démocratique. L'Art pour l'Art de 1840-1870 sera la révolte des gens du métier, à la conscience professionnelle fort pointilleuse. L'auteur, homme de lettres, prétendra n'être que cela, et refusera de servir ou d'aduler un public de philistins, tout au plus bon à acheter ses livres. Un tel divorce entre les écrivains et leur public était inconcevable à l'époque classique où plaire à son auditoire, être, non pas auteur, mais homme et « honnête homme » était la règle des règles.

G. LE CLASSICISME FRANÇAIS ET L'ANTIQUITÉ

On ne saurait pénétrer bien avant dans l'étude du classicisme sans rencontrer bientôt une dernière question : la littérature classique française est-elle une littérature d'humanistes, imitant consciemment l'antiquité, cherchant à être pour les Français ce que Sophocle ou Aristote, Virgile, Horace, ou Cicéron avaient été pour les Grecs et les Latins ? Le classicisme n'est-il compréhensible ou explicable que pour ceux d'entre nous qui connaissent et apprécient déjà les anciens ? Et dans ce cas l'intérêt vivant de ce classicisme est-il condamné à s'atténuer ou à disparaître, à mesure que la civilisation moderne semble s'éloigner davantage de la pensée grecque ou romaine et que la culture par les humanités devient l'apanage d'une élite restreinte et de plus en plus assiégée par « le flot montant de la barbarie » ?

Dans ce domaine plus encore que dans les autres, il importe, croyons-nous, de réagir contre les préjugés ou les conceptions traditionnelles. Le XVIIe siècle est, de toutes nos périodes littéraires, celle où nous avons le plus longtemps et paresseusement vécu sur des idées toutes faites et des banalités répétées avec conviction.

Les critiques du siècle dernier, fortement influencés par le mouvement romantique, ne purent s'empêcher d'envisager le classicisme à la lumière de cette révolte littéraire dont ils étaient, de bon ou de mauvais gré, les héritiers. Entraînés par quelques remarques, souvent partielles et presque toujours superficielles, des critiques allemands et de Mme de Staël, ils se persuadèrent, et ils persuadèrent au public, que trois de nos siècles (le XVIe, le XVIIe, et le XVIIIe) constituaient à cet égard une unité. Tous les trois, de J. du Bellay jusqu'à Chénier, auraient en effet placé leur idéal esthétique dans l'imitation de l'antiquité. Dans le siècle de Chateaubriand, de V. Hugo et de Flaubert, ils voyaient au contraire l'aube d'une ère nouvelle (objet de leur réprobation, le plus souvent) où les modèles étaient venus, non plus de l'antiquité classique, mais du nord de l'Europe, de l'Ecosse, d'Allemagne, plus tard même de la Russie et de la Scandinavie.

L'erreur était double : elle exagérait fortement le rôle de l'inspiration ou des modèles antiques dans la littérature de nos XVIIe et XVIIIe siècles ; elle réduisait ou négligeait la part énorme que l'hellénisme redécouvert, la nostalgie du passé, le paganisme, l'archéologie, la vie nouvelle prêtée aux mythes antiques occupent dans la littérature romantique, parnassienne, symboliste, et contemporaine.[48] Les erreurs les plus fortes sont malheureusement les plus durables. La plupart des commentateurs étrangers du classicisme français la commettent encore. Ils ne distinguent guère entre le classicisme du XVIIe siècle et ce qu'ils appellent « le classicisme du XVIe, » c'est-à-dire l'humanisme ou l'imitation de l'antique par Du Bellay et Ronsard (C. H. Wright, No. 310 et F. Ernst, No. 91). Ou bien ils mettent au premier rang, parmi les caractères de notre classicisme, l'imitation des anciens et reprochent en même temps à Racine et La Fontaine d'avoir été « secondaires » par rapport aux anciens, et de ne l'avoir pas reconnu de bonne grâce.[49]

Nous sommes pourtant revenus aujourd'hui de cette conception étroite de la Renaissance qui attribuait tout le meilleur du

48. Nous avons développé ces points dans un ouvrage paru en 1941 : l'*Influence des littératures antiques sur la littérature française moderne*, No. 225.

49. Irving Babbitt, ennemi du romantisme, croit cependant que le classicisme français est « secondaire, » c'est-à-dire « ne repose pas sur une perception immédiate comme celle des Grecs, mais sur une autorité extérieure » (No. 14, p. 19). Oliver Elton permet à la rigueur au classicisme français de se comparer aux Latins, mais non aux Grecs. Il reproche durement à notre XVIIe siècle de n'avoir pas senti en quoi les anciens étaient inimitables (No. 90).

XVIe siècle à l'imitation de l'antiquité redécouverte. La tendance de toutes les études récentes faites sur cette période vise à accroître la part de la scolastique, de l'esprit gaulois, et de mille survivances médiévales dans le XVIe siècle ; et pour le reste, d'admirer les châteaux de la Loire, les *Sonnets pour Hélène,* la verve comique de Rabelais, l'humour de Montaigne pour ce qu'ils sont, des créations originales et françaises, devant assez peu aux anciens.

Le XVIIe siècle, nous croyons l'avoir marqué (No. 225), est de tous nos siècles littéraires le plus indépendant de l'antiquité. Trois grands éléments éloignent des anciens les contemporains de Descartes, de Pascal et de La Rochefoucauld : la Contre-réforme et le renouveau religieux anti-païen ; l'esprit scientifique méprisant pour le passé ; l'idéal de l'honnête homme et de politesse qui raille impitoyablement les pédants et les grammairiens humanistes. La dette de Pascal, de Descartes, des moralistes y compris La Bruyère, de Molière est presque nulle envers l'antiquité. Celle de Bossuet est limitée par son christianisme. La Fontaine a saisi quelque chose du parfum antique, mais il a assez dit que son imitation restait libre. Et, lorsqu'il cherche des ancêtres pour faire accepter la nouveauté de ses *Fables* (préface de 1668), il déclare cavalièrement : « Après tout, je n'ai entrepris la chose que sur l'exemple, je ne veux pas dire des anciens, qui ne tire point à conséquence pour moi, mais sur celui des modernes.» Enfin la tragédie française est bien loin de la tragédie grecque : elle ne comprend ni ne cherche à comprendre le caractère profondément religieux du théâtre d'Eschyle, le mélange du familier et du tragique, du lyrisme et du pathétique qui est la grâce de ce théâtre grec. Ou si, comme Racine, les dramaturges français le comprennent, ils n'en fondent pas moins leurs pièces sur l'intérêt de curiosité et sur la peinture de l'amour furieux et immodéré. Nous croyons qu'un Grec eût été au moins aussi déconcerté par *Bajazet* ou par *Phèdre* que par la représentation du *Temps est un songe* de Calderon ou de *King Lear.* A Hermione et à Roxane, il eût certainement préféré les héroïnes de Shakespeare, Desdémone, Ophélie, Imogène, Cordélie si patientes devant les brutales incompréhensions de l'homme, soumises, autant qu'un Grec (ou un Anglais) pouvait le désirer, aux injustes décrets de ce tyran qu'elles servent et aiment.

Une fois encore, nous nous sommes laissés prendre aux préfaces et à la modestie (fort habile) de nos classiques, qui plaçaient leurs créations les plus originales et les plus « modernes » sous l'égide d'Esope, d'Euripide, de Théophraste. La vérité est, nous semble-t-il, que deux forces opposées se sont rencontrées, et parfois combattues, sous Louis XIV comme à toutes les époques : les forces du passé et celles de l'avenir. Faire l'éloge des anciens, c'était, pour les grands esprits qui s'appelaient Racine, Boileau, La Bruyère, Poussin, s'accorder des titres de noblesse en se rattachant à d'illustres aïeux ; c'était respecter le passé, mais non point forcément le copier ou l'imiter.[50] Les partisans des anciens, dans la célèbre querelle de la fin du XVIIe siècle, sont pour nous aujourd'hui les vrais modernes, parce qu'ils ont créé une œuvre forte et fraîche comme pouvait l'être, au Ve ou au Ier siècle avant Jésus-Christ, celle des Grecs et des Romains.

D'autre part (et ceci continue la Renaissance, sinon l'Humanisme qui avait failli tuer la Renaissance) une espérance orgueilleuse et juvénile emporte dès ses débuts le XVIIe siècle : il bondit avec hardiesse vers la nouveauté et l'avenir. Il respire parfois le plus naïf, le plus « primaire » contentement de soi.

50. Seuls quelques pédants comme Scaliger osaient prescrire d'imiter, non la nature, mais « Virgile, cette seconde nature » qui dispense du recours à la nature (*Poétique,* III, chap. 4). Ajoutons que pour Racine, Boileau ou La Bruyère, louer les anciens, c'était faire preuve de bon goût et éviter de lire ou de flatter les productions de leurs contemporains (Quinault, Pradon, Charpentier, etc.), fussent-ils membres de l'Académie Française.

Ne pas louer son siècle est parler à des sourds,

note La Fontaine dans sa lettre en vers à Huet. Il raille le pédantisme attardé qui veut sans cesse le ramener à Quintilien et Aristote.

La sotte antiquité nous a laissé des fables
Qu'un homme de bon sens ne croit point recevables,

écrit sans rougir Théophile. Boursault, bel esprit à la mode, sous-précepteur du Dauphin, se vante d'ignorer le grec et le latin. Mais nous aurions mauvaise grâce à en vouloir à ce public mondain de sa naïve satisfaction de soi. La vanité de Méré est encore plus supportable que le pédantisme de Scaliger et de Ménage. Les modernes ont aidé les grands auteurs de leur époque, les classiques, à refaire ce qu'avaient fait les anciens, c'est-à-dire à écrire pour leurs contemporains et à saisir en eux et pour eux la vérité permanente et éternelle.

Nous renoncerons donc à la tradition qui a trop longtemps voulu définir le classicisme par son culte de l'antiquité. C'était voiler la vérité profonde, que le classicisme (par sa recherche de l'intellectualité et de la lucidité, par un certain contentement de soi et un esprit scientifique et moderne, par un souci constant du vrai, du naturel et même du positif) est beaucoup moins tourné vers le passé que le romantisme. Quelques cris de révolte, non pas même contre l'antiquité, mais contre une antiquité déformée et caricaturée par de faux classiques de dixième ordre, poussés par les manifestes romantiques nous ont égarés. La Fontaine, Racine, et Fénelon ont pu chérir les anciens ; aucun d'eux n'a songé une minute à voir la Grèce, ou la Sicile, ou Pœstum ;[51] aucun d'eux n'a été travaillé par la nostalgie du passé, comme

51. Nous possédons une curieuse lettre du comte de Guilleragues à Racine (du 9 juin 1684), où ce gentilhomme dit sa déception prosaïque devant la Grèce qu'il a visitée, la misérable pauvreté du pays et de ses îles. Chateaubriand, Nerval, Flaubert, Lamartine lui-même auront un bien autre ton (No. 168, p. 317) !

le seront Winckelmann, Chénier, Gœthe, Schiller, Hölderlin, Keats, Landor, Swinburne, Leconte de Lisle, Carducci, Henri de Régnier, Montherlant. Le « tourment du passé » (passé médiéval chez les uns, hellénique, bouddhique ou oriental chez les autres) est le mal du XIXe siècle, romantique et relativiste, et du XXe, mais non du XVIIe.

Les observateurs les plus perspicaces de notre classicisme ne s'y sont pas trompés. Ils ont bien vu que la valeur unique du classicisme français (et ce qui fait de lui, dans l'histoire littéraire de toute l'Europe une réalisation si originale), vient justement de ce que ce classicisme s'est assimilé (plus qu'il ne les a imitées) les valeurs profondes de l'antiquité et les résume en lui-même. Les Anglais, après y avoir mis quelque mauvaise grâce, le reconnaissent aujourd'hui. Les critiques allemands l'ont à plusieurs reprises remarqué : tandis, notait E. R. Curtius, que le recours à l'antiquité, et surtout à l'hellénisme, reste nécessaire pour l'Allemand (et sans doute pour l'Anglais, l'Italien ou l'Espagnol qui désire des modèles d'art littéraire mesuré et achevé), les Français trouvent chez eux, dans leur siècle classique, cet idéal d'harmonie, de lumière et de sagesse.[52] Le classicisme français ne dispense point, certes, de lire Platon ou Sophocle. Mais il a pu et il peut encore, aujourd'hui où décroît le nombre des gens qui lisent le grec et le latin, remplacer pour la France et pour l'Occident les valeurs antiques. Nietzsche le déclarait dans un de ses livres (No. 205, aphorisme 214) :

En lisant Montaigne, La Rochefoucauld, La Bruyère, Fontenelle, Vauvenargues, et Chamfort, on se sent plus proche de l'antiquité que dans n'importe quel groupe de six auteurs d'aucune autre nation. ... Je puis

52. E. R. Curtius, No. 70. Voir aussi le point de vue d'un autre critique étranger, L. Folkierski (No. 108) qui loue le classicisme français de fournir une interprétation rajeunie et personnelle de l'antiquité. Au contraire, selon lui, « les littératures anglaise et espagnole se trouvèrent d'emblée en opposition avec l'esprit antique : ce support leur manque. »

dire que s'ils avaient écrit en grec, ils auraient été compris des Grecs. On n'en saurait prétendre autant de Gœthe ou de Schopenhauer, par exemple.

On saisit du même coup la différence qui sépare le classicisme de l'humanisme. Un classique n'imitait point les anciens avec l'ivresse des hommes du siècle précédent. Il admirait, mais avec choix et discernement, les richesses de l'antiquité redécouvertes par ses devanciers. Tournés vers le présent, l'observation de l'homme et la compréhension du monde, Boileau, Racine, Molière n'ont point prononcé les vœux stériles, murmurés par les âmes plus nostalgiques de Ronsard, Chénier, Nerval, ou Musset regrettant l'époque

où le ciel sur la terre
Marchait et respirait dans un peuple de Dieux.

Ils ne vivaient point avec les Faunes, les Dryades et les Nymphes qui peuplent les forêts de Ronsard ou les bocages de Keats. Les hommes du dix-septième siècle n'avaient point, comme les humanistes, à réagir contre un désarroi envahissant, à se cramponner à quelque idéal à demi mystique pour résister à un écroulement de toutes les valeurs.[53] Ils ne cherchaient donc point dans l'antiquité un havre de sérénité.

Auprès de l'antiquité, les classiques français puisèrent surtout une leçon d'art et, si l'on peut dire, de généralité, de largeur et de grandeur. Leur souci natif de l'harmonie, de la modération ordonnée, de la noble simplicité, se trouva justifié et renforcé en eux par l'étude des modèles grecs et romains. Ces mêmes mo-

53. L'opposition entre l'Humanisme du XVIe siècle et le classicisme du XVIIe a été bien marquée dans les pages pleines de réflexions piquantes et vives de Jean Thomas (No. 276, chapitre V). Un érudit qui a exploré mieux qu'aucun certains aspects du XVIIe siècle, Ferdinand Brunot, a bien noté cette indépendance, et souvent cette suffisance satisfaite du public du XVIIe siècle, au fond peu préoccupé des anciens : « On sait ce que ce public aimait : comme tous les publics, il s'aimait avant tout lui-même. » *Histoire de la langue française* (No. 46, tome IV, 1re partie, p. 75).

dèles, qui leur apportaient la preuve tangible de l'identité de l'homme dans le temps et dans l'espace, les engagèrent à se faire les plus objectifs possible et le plus largement humains.

Le XVIIe siècle, en un mot, moins nostalgiquement humaniste que le XVIe, dépourvu du relativisme historique avec lequel le XIXe pourra contempler l'antiquité, a su remplacer pour la France cette antiquité, s'en assimiler la substance et la revêtir d'une beauté de la forme presque égale. C'est justement qu'Emile Faguet a pu écrire (No. 93) : « La littérature classique française a donné à l'antiquité des lettres de naturalisation sur notre sol.»

V

L'IDÉAL D'ART DU CLASSICISME

POUR s'être pendant de longues années obstiné à ne voir dans le classicisme qu'une littérature achevée et vénérable, dont les œuvres devaient être à jamais proposées à l'admiration des écoliers, notre enseignement s'est timidement limité à l'examen de certains lieux communs plus qu'usés. Pourquoi Boileau n'a-t-il point traité de la fable dans son *Art poétique ?* Est-il vrai que le Français n'ait pas la tête épique, que La Fontaine soit notre Homère, que *Britannicus* soit la pièce des connaisseurs et *Athalie* le chef-d'œuvre de l'esprit humain, ou le théâtre de Corneille une école de grandeur d'âme ? Tels étaient les sujets rebattus à propos desquels, naguère encore, nous nous efforcions de faire réfléchir les jeunes Français. Aussi nous apercevons-nous aujourd'hui que ce XVIIe siècle, que nous pensions connaître dans tous ses recoins sur la foi de nos souvenirs de collège, nous surprend et nous déconcerte par tout ce qu'il renferme d'inconnu et d'inexploré. Il n'est pas de province de notre histoire littéraire où il soit plus désirable de faire pénétrer quelques bouffées d'air frais.

C'est ainsi que l'étude approfondie de l'art des grands écrivains classiques serait presque entièrement à refaire, tout au moins à réviser, à la lumière d'une meilleure compréhension du XVIIe siècle et du regain de faveur dont jouissent auprès des artistes et écrivains contemporains les qualités architecturales, l'intellectualité, la pureté « dépouillée,» l'art abstrait et même le formalisme. Ferdinand Brunot a magnifiquement éclairci tout ce qui touche à la langue du XVIIe siècle ; Gustave Lanson, dans son *Art de la prose,* a traité avec sa pénétration inégalable de quelques-uns des problèmes de style qu'ont résolus J. L. Guez de Balzac, Pascal, Bossuet, La Bruyère. Daniel Mornet s'est attaché plus particulièrement à suivre la formation de l'idéal de clarté et de netteté que rhétoriciens, théoriciens, et grands écrivains proposèrent alors à la France. Mais il nous manque encore sur l'art des écrivains classiques (Retz, Mme de Sévigné, Fénelon) les ouvrages de détail et l'ouvrage d'ensemble que devrait écrire quelque esthéticien ami de la précision, à une époque comme la nôtre si vivement préoccupée de « techniques » dans toutes les acceptions du terme.

Puisque les représentants les plus illustres du classicisme français étaient de grands artistes et des maîtres souverains de la forme, le mot de classique en est venu à évoquer, chez bien des modernes, l'image d'un art irréprochable et d'une forme achevée, recouvrant un contenu (idéologique ou affectif) qui n'attire pas toujours au même degré notre admiration. *Souveraineté et même prédominance de la forme* : voilà, diraient certains, la marque du classique. Et les définitions, en effet, ne manquent point, qui dissimulent sous l'éloge du classicisme mal compris un dédain à peine discret : « Les idées de tout le monde dans le langage de quelques-uns » ou, selon le vers célèbre d'un grand maître de la banalité agréablement formulée, Pope :

What oft was said, but ne'er so well expressed.

Les critiques anglo-saxons ont particulièrement mis en relief, avec une obstination étrange chez ces compatriotes d'Addison, de Goldsmith, du Dr. Johnson, de Joshua Reynolds, de Burke, de Macaulay (tous diserts ou solennels énonciateurs de vérités premières) ce culte de la forme aux dépens de l'originalité du fond:

ils voient là le trait le plus marquant de la littérature française du XVIIe siècle. Ainsi font des professeurs aussi avertis qu'Oliver Elton et Herbert Grierson[1] ; ainsi fait un esthète aussi subtil et aussi personnel que Walter Pater qui, ayant donné du romantisme cette excellente définition, « the addition of strangeness to beauty,» aperçoit par contre dans le classicisme un fond d'idées presque banales et de sentiments usés ou trop généraux, revêtus d'une forme châtiée. Le charme de la littérature classique, selon lui, est justement dans ce sentiment de familiarité quelque peu indolente avec lequel nous l'abordons : « Le charme du conte bien connu, que nous nous plaisons toujours à entendre redire, tant il est dit avec art.» (No. 214).

Nous nous refusons, pour notre part, à faire de la perfection de la forme un trait exclusivement classique ; ou bien il faudrait appeler classiques tous les écrivains qui ont atteint à cette perfection, en négligeant de considérer un seul instant le contenu et le ton de leur œuvre. Le *Booz endormi* de Victor Hugo, l'*Après-midi d'un faune* de Mallarmé, le *Balcon* de Baudelaire, la *Prière sur l'Acropole* de Renan, et la *Légende de saint Julien l'Hospitalier* sont aussi parfaits que bien des œuvres du XVIIe siècle. L'*Ode au vent d'ouest* de Shelley, le dernier sonnet écrit par Keats *(Bright Star ! Would I were steadfast as thou art !)*, la *Ginestra* de Leopardi, l'*Elégie de 'Marienbad,* œuvre de Gœthe vieillard, ne sont pas moins achevés : appellerons-nous classiques ces magnifiques épanchements romantiques ? C'est jouer sur les mots, et se plaîre à accroître la quantité de confusion que renferme le

1. « Le plus grand titre de gloire de cette littérature est dans sa forme, » dit O. Elton (No. 90). Mais, ajoute-t-il, les Grecs et Dante « possédaient un style plus profond encore, et tout aussi infaillible ; ils avaient en outre une charge de pensée plus pesante » (on oublie volontiers Pascal en tout ceci). Herbert Grierson (No. 135) après avoir défini le classicisme par ce culte de la forme, tandis que dans l'art romantique « l'esprit compte plus que la forme, » aperçoit cependant l'exagération d'une telle formule et la corrige par quelques nuances plus fines.

monde nuageux de la critique littéraire. Suivons plutôt le conseil de Benedetto Croce (No. 64) et n'employons ces termes « classicisme,» « romantisme » qu'en les qualifiant par quelque adjectif. On peut être classique sur le plan artistique, comme Leopardi ou Keats, sans l'être sur le plan philosophique, moral ou sentimental.

Il serait ridicule aujourd'hui de vouloir, comme les professeurs anti-romantiques de 1830, faire de la beauté de la forme l'apanage du seul classicisme du XVIIe siècle. Il ne l'est pas moins de voir dans les œuvres de La Fontaine, Bossuet, Racine une littérature professant l'adoration exclusive de la forme. Ce n'est pas au classicisme, mais à l'alexandrinisme, à certains poètes et prosateurs de l'Art pour l'Art et du Parnasse, au décadentisme[2] de Théophile Gautier et des Goncourt, de George Moore et d'Oscar Wilde, que conviendrait une telle définition. Nous croyons avoir assez montré que, dans le classicisme, il faut chercher le milieu et le moment, le résultat de conditions historiques et sociales très particulières ; il faut chercher aussi et avant tout l'état d'esprit et l'état d'âme. On ne saurait donc devenir classique, à nos yeux, simplement en soignant son style ou en appliquant certaines recettes, si rigoureuses soient-elles, de l'art d'écrire. *Salammbô* est-elle en ce sens «classique,» ou la *Cathédrale* de Huysmans, ou la *Porte étroite* de Gide, ou même, et malgré qu'elle en ait, la prose de Paul Valéry ?

D'ailleurs le classicisme du XVIIe siècle ne saurait sans inexactitude être caractérisé par la prédominance de la forme. On sait que toutes les classifications littéraires s'accordent à ranger La Bruyère parmi les « auteurs de transition.» La raison en est précisément que chez lui le style et la facture l'emportent trop visiblement sur le fond. Le vrai classique, loin de donner la préémi-

2. Car c'est une coïncidence curieuse que celle qui, dans la plupart des littératures, unit presque toujours le culte excessif de la forme et le reniement de la morale ou l'adoration du corps. La préface de *Mademoiselle de Maupin* a eu, en plusieurs pays, une étrange fortune et a autorisé bien des libérations.

nence à la forme, s'applique à réaliser un équilibre difficile entre la pensée ou l'émotion (c'est-à-dire le contenu de l'œuvre) et la forme. Il établit entre la matière et la manière de son œuvre une « adéquation » aussi parfaite que possible. Il fait en sorte (dans *Bérénice,* dans le *Mystère de Jésus,* l'*Oraison d'Henriette Marie de France,* les *Deux Pigeons*) que les mots ne dépassent ni ne forcent la pensée ou le sentiment. Substantifs rares, épithètes, images, adverbes pittoresques, syntaxe tourmentée se gardent bien d'écrire. *Salammbô* est-elle en ce sens « classique,» ou la *Cathédrale* pensée sous leur poids. La remarque d'André Gide (No. 122, p. 41) va loin : « L'auteur romantique reste toujours en deçà de ses paroles ; il faut toujours chercher l'auteur classique par delà.»

L'attention qu'il accorde à la forme, pour la polir et souvent, comme souhaitait le faire Renan, pour « l'éteindre,» est, chez le classique, la traduction du désir qu'il éprouve de durer. L'exemple des anciens, honorés après vingt siècles de l'admiration universelle, l'incite à viser à l'éternel et à rechercher dans la perfection de l'œuvre d'art l'élément constant de la beauté, celui qui survivra le plus sûrement au naufrage des siècles. Cette forme n'est pas moins achevée parce que les artistes classiques ne la séparent pas du contenu de l'œuvre et ne la célèbrent pas comme l'unique objet de leur adoration. Bossuet et Racine, qui n'avaient pu lire Winckelmann et Hegel, n'allaient point répétant que « les dieux eux-mêmes meurent » et que le buste seul « survit à la cité.» Aussi rimes riches, vers ciselés en onyx et camées, termes rares et écriture artiste ne déparent point les œuvres classiques : le beau était pour ces naïfs et sincères écrivains « la splendeur du vrai,» la traduction exacte et cependant évocatrice d'idées et d'émotions qui sont bien loin d'être « celles de tout le monde.»[3]

3. « Celui qui sent véridiquement et mourrait plutôt que de ne pas dire vrai, voilà le classique-né, » écrit de nos jours un admirateur de ces vertus classiques de justesse et de vérité, Eugène Marsan (*Instances,* No. 181, p. 313).

La forme n'est donc point pour le classique étalage de virtuosité ou renforcement piquant et pimenté de ce qu'il a senti ou pensé. Mais elle est bien plutôt *frein, stylisation, et élimination par le choix et la composition.*

Un frein, car en elle le classique trouve cet élément de difficulté, de résistance des matériaux à la pioche ou au ciseau de l'artiste que Lamartine, Balzac, Zola, Victor Hugo lui-même n'ont que trop rarement rencontré ou recherché. Les formules d'André Gide seraient encore à citer : « L'œuvre est d'autant plus belle que la chose soumise était d'abord plus révoltée. Si la matière est soumise par avance, l'œuvre est froide et sans intérêt.» (No. 122, p. 217.) Dans le travail du style, un Pascal, un La Rochefoucauld, un Saint-Evremond lui-même trouve cette discipline stricte et salutaire dont son individualisme ressent le besoin.

Le classique, certes, était homme ; et il pouvait se complaire, dans des genres jugés par lui inférieurs et propres à l'amusement, à un réalisme tel que celui de Sorel ou de Furetière, aux grossièretés de la parodie burlesque ou de la poésie libertine, aux allusions piquantes de la gazette de Loret ou des chansonniers du temps. Il n'était point forcément choqué par l'étalage du moi, qui ne fait pas défaut aux mémoires d'alors ; il estimait Bussy-Rabutin à l'égal d'un grand auteur. Mais dans la littérature que son instinct et ses conseillers les plus sages mettaient au-dessus (tragédie, comédie, satire, fable, éloquence, etc.), il voulait trouver une stylisation de la vie, une sublimation pour ainsi dire de la matière même de l'œuvre d'art. Il se défiait de ce qui lui paraissait forcé, outré, touffu et même du « clinquant » du Tasse. Il se défiait même quelque peu de l'imagination qui peut dégénérer en fantaisie capricieuse et de l'invention qui s'égare parfois. Partir d'un texte déjà existant et d'un sujet déjà débrouillé, embellir, approfondir et transfigurer lui paraissait plus sûr. Freiner ainsi son inspiration et épurer ce que les passions qu'il dépeignait pouvaient avoir de trop hardi était donc pour lui une contrainte féconde, et l'hommage de sa déférence envers ce public auquel il souhaitait de plaire.

Dans cet art classique qui est donc, plus que tout autre, stylisation épurée de la vie ou parfois concentration et intensification de la vie, un rôle important revient à la raison qui élabore et organise la matière de l'œuvre d'art. Il ne saurait être question de reprendre aujourd'hui la tentative ancienne et malheureuse de Krantz (No. 163) et de dégager tant bien que mal du cartésianisme tout un corps de doctrine esthétique. Daniel Mornet a soutenu, non sans raison, que la rhétorique, l'enseignement des Jésuites et l'esprit mondain ont exercé, sur l'art et la « clarté » classiques, une tout autre influence que le cartésianisme (No. 195). Mais avec plus de nuances et de subtilité, il ne serait pas impossible de transposer les règles de la méthode cartésienne en termes artistiques. Jacques Rivière l'a tenté, en 1913, dans cette étude originale sur le roman d'aventures, où il appelait de ses vœux l'œuvre d'imagination qui, s'assimilant le meilleur du classicisme français, résumerait en elle les éléments les plus purs de la perfection classique, transposés sur le plan imaginatif.[4]

Certes, le désir de plaire, d'agréer, parfois de charmer et de briller (La Rochefoucauld, Mme de Sévigné, La Fontaine) n'est point tout uniment la grave méthode rationaliste de Descartes et son austère défiance des passions et de la volonté induisant l'entendement en erreur. Mais la raison que nous appelons « classique » plutôt que cartésienne joue son rôle. Elle s'applique à

4. Jacques Rivière (No. 242, pp. 918-919). Le premier principe de Descartes (« Ne recevoir jamais aucune chose pour vraie que je ne la connusse évidemment être telle ») est traduit par Rivière : « Ne pas permettre qu'une idée soit fixée avant qu'elle se soit complètement épanouie. » Faire des dénombrements entiers est pour lui, en art, « ne rien juger trop mince pour être accompli. » Enfin la règle d'analyse et de synthèse donne le double conseil de « dégrossir ce qui se présente à l'état brut et le contraindre au détail et « ne créer aucun ensemble dont on n'ait d'abord eu les éléments entre les mains. »

tirer de la réalité confuse la matière de l'œuvre d'art, donc à élaguer et à choisir. Avec un discernement sévère, elle examine le legs de ses prédécesseurs ; elle élimine le touffu, l'accessoire, le caduc qui encombraient encore les ouvrages de Ronsard, de Montaigne, d'Urfé, de Hardy ; elle procède avec goût, c'est-à-dire en comprenant que, selon le mot d'un moderne, « le goût est fait de mille dégoûts.» (Paul Valéry, No. 290, p. 20.) Dans la forme, le classicisme prônera de même en toutes choses un goût difficile, c'est-à-dire le choix de l'expression la plus concise, la plus sobre, la plus naturelle parce que justement la plus diligemment cherchée.

L'artiste entreprend ensuite d'organiser les matériaux qu'a retenus ce travail préliminaire d'élimination et de triage. Faut-il appeler cela l'art de la *composition ?* Nous honorons en France ce mot, et ce qu'il désigne, d'un respect quasi religieux, qui est rarement partagé hors de France. Gœthe a dit quelque part quelle colère indignée éveillait en lui cette expression.[5] Le mot et l'idée de composition ne semblent permis qu'en prose. Un grand poète, cependant, y salue « la plus poétique des idées,» et oppose justement la composition, non pas au désordre ou à la disproportion, mais à la décomposition qui saisit les œuvres où le fond et la forme sont mal soudés ensemble, le sensible et le significatif accouplés en un mariage contraint ou discordant. (Paul Valéry, No. 292, pp. 70-71.)

5. Gœthe, *Conversations avec Eckermann,* 20 juin 1831. « C'est avec autant d'impropriété dans les termes que les Français, en parlant des œuvres de la nature, emploient le mot de *composition.* . . . C'est un mot d'une bassesse extrême. . . . Comment peut-on dire que Mozart a composé Don Juan ? Composition ! Comme si c'était un gâteau ou un biscuit, que l'on fabrique avec des œufs, de la farine et du sucre. Une création intellectuelle, c'est ce qui, dans le détail comme dans l'ensemble, est pénétré d'un seul esprit, conçu d'un seul jet, animé d'un souffle de vie unique. » (Traduction Delecot, Charpentier, 1863, II, 302.) Le trop docile Eckermann aurait dû demander si *Faust* et le *Second Faust* étaient de ces œuvres conçues d'un seul jet.

Il serait regrettable de laisser subsister la moindre analogie entre la composition scolaire enseignée aux élèves de rhétorique (et dont quelques œuvres essoufflées de Boileau conservent des traces) et cette vertu architecturale que nous voulons désigner par là et qui resplendit dans *Andromaque* ou l'*Adonis* de La Fontaine comme chez Poussin, Le Nôtre ou Bossuet. Le mot *ordre* est peut-être plus juste. Pour la première fois, au XVIIe siècle, l'esprit français (qui avait créé déjà bien des œuvres magnifiquement ordonnées en architecture, en peinture, et en littérature chez Villon et chez Ronsard) comprit clairement la souveraine beauté de l'ordre. « La beauté de l'ordre est plus aimable que toutes les beautés sensibles,» écrira Malebranche.[6] Car il ne s'agit nullement d'une division analytique et logique en parties, comme celle à laquelle les pédagogues peuvent ramener les *Oraisons* de Bossuet. Bien peu parmi les grands classiques se sont souciés de cet ordre imposé après coup, factice et voulu parce qu'il est comme surajouté à l'œuvre, et ne semble qu'à demi lui appartenir. Il est peu de livres aussi mal composés, en ce sens, que les *Maximes,* les *Caractères* ou les *Fables.* La Fontaine aurait pu sans grand effort ranger côte à côte les pièces qui mettent en scène le lion, le renard, l'ours, l'alouette, les grands, les humbles, les végétaux, etc. Il savait trop bien que ses *Fables* n'y auraient gagné ni en force ni en beauté. Les *Maximes* ne nous convaincraient pas davantage si elles traitaient, selon un enchaînement rigoureux, des diverses passions soigneusement compartimentées (amitié, clémence, gratitude, pitié, etc.)

Un tel ordre de combinaison consciencieuse mériterait la raillerie de Claudel qui, au seuil de l'œuvre qu'il a volontairement

6. Cité par Arturo Farinelli, *il Romanticismo nel mondo latino* (Turin, Bocca, 1927) II, 228. Le chapitre auquel nous empruntons cette citation, intitulé « Tecnica romantica, » condense, avec beaucoup de science, en ce qui concerne le romantisme, cette étude de la technique et de l'idéal d'art que l'on devrait pareillement entreprendre pour le classicisme.

faite la plus touffue, bouscule les superstitions professorales : « L'ordre est le plaisir de la raison, mais le désordre est le délice de l'imagination.» (*Le Soulier de satin.*) La raison cartésienne, méthodique et classificatrice, n'est pas ce qui régit les classiques. Leur ordre est moins grossièrement marqué, mais autrement vivant. Un morceau achevé des *Pensées* (le *Mystère de Jésus*), une fable de La Fontaine prise isolément, un paysage de Claude Lorrain, une grande scène de Molière comme celles qui ouvrent le *Misanthrope* ou *Tartuffe* saisissent notre intelligence et notre imagination. Leur ordre n'est pas plus abstrait, il n'est guère moins frémissant et sensuel (dans sa pureté discrète) que celui dont rêvait Baudelaire et dont il a fait un des éléments de la beauté de ses poèmes, et le premier de ceux qu'énumère la célèbre *Invitation au voyage.*

Mais le souverain maître est, en ce domaine, Racine. Chacune des grandes tirades d'*Andromaque* et de *Phèdre* est un discours vivant et vécu, jaillissant sans nul artifice de la bouche du personnage inspiré. Rien de mécanique ou de factice dans les oscillations alternatives de passion et de haine, de remords et d'abandon, de lucidité et de folie. Les images les plus évocatrices, les vers les plus mélodieux sont fondus en une coulée ardente, et ne doivent rien aux effets faciles de contraste ou de surprise. Seuls Mallarmé et Valéry ont su retrouver, après deux siècles, quelque chose de cette ordonnance qui caresse l'oreille et adoucit la hardiesse des paroles ou des menaces furieuses que recouvrent les paroles et les silences.[7] Dans chacune des grandes tragédies, certains mots,

7. C'est Paul Valéry qui a d'ailleurs le plus finement senti ce charme racinien. « Dans Racine, l'ornement perpétuel semble tiré du discours et c'est là le moyen et le secret de sa prodigieuse continuité, tandis que chez les modernes l'ornement rompt le discours. » (*Littérature* [Le Divan, 1926] p. 117.) Nous nous contentons ici de redire que cette ordonnance subtile de la tirade et de la tragédie de Racine dissimule souvent le désorde terrible des âmes, le déséquilibre irrémédiable de ce théâtre où les héros cherchent, désirent, aspirent à la sérénité ou à la satisfaction, mais savent dès le lever du rideau que jamais ils ne trouveront. André Suarès et

certaines images reviennent, non point avec l'insistance souvent trop appuyée des leitmotifs en musique, mais subtilement et presque à notre insu pour enchaîner, plus sûrement que la division en actes et en scènes, dans une unité poétique les péripéties de l'action psychologique, ou pour ouvrir soudain sur quelque échappée de port, de départ, de mort ou d'« ailleurs » la prison où se débattent ces captifs de leur corps et de leur destin.[8]

La *simplicité* est, comme le choix et l'ordre, un autre de ces termes généraux d'éloge que nous réservons distraitement à toute œuvre qui nous paraît admirable. Mais c'est notre littérature classique qui, depuis les Grecs et moins qu'eux d'ailleurs, a le plus sûrement possédé ce don. Chateaubriand, Flaubert, Michelet, quelqu'ait été leur talent ou leur génie de prosateurs, ont dû mettre en œuvre infiniment plus de moyens que Bossuet ou que Racine. Stendhal, Gide, Valéry conservent dans leur simplicité quelque chose de forcé ou d'appliqué. Ils sont simples pour réagir contre tout ce qui, autour d'eux, ne sait plus l'être et savent trop bien qu'ils offrent la volupté suprême d'un verre d'eau pure aux lèvres qu'ont grisées et lassées trop de liqueurs. L'exubérance,

surtout Charles Péguy (tous deux si médiocrement ordonnés dans leurs écrits) en ont fait grief à Racine (Voir Nos. 264, 265 et 215.) Nous croyons qu'un critique américain, Waldo Frank, a vu plus juste en signalant que, par ce désaccord profond entre l'ordre de leurs discours et la quête désespérée et folle de leurs âmes, les personnages raciniens sont les prototypes des hommes modernes et Racine « le vrai père du théâtre moderne. » (No. 113, pp. 13-14.)

8. Il faudrait tenter une étude des mots-clés dans les tragédies raciniennes et de la composition poétique et musicale de ces pièces où reviennent si souvent les mêmes refrains ou les mêmes visions obstinées : dans *Andromaque,* amour, haine, Troie ; dans *Bérénice,* Rome et sa pompe grandiose (les flambeaux, la pourpre, les lauriers) et les pleurs de la malheureuse amante ; dans *Bajazet,* sultan, sultane, janissaires, sérail ; *Mithridate* est organisé autour des mots diadème, autel, hymen, et de la vision des vaisseaux prêts à lever la voile. La même suggestion d'hymen et de sacrifice, avec le même soupçon de résignation inhumaine de la victime du mariage ou de la mort, revient dans *Iphigénie.* La tragique angoisse de *Phèdre* est comme aérée par la double vision de la mer et de la forêt, et parallèlement accrue par les images de mort et de fatalité enveloppées de féerie mythologique. *Athalie,* enfin, est gouvernée par les mots et les images de Temple, d'arche et d'autel.

le décousu, et la surprise, le piquant et le pittoresque sont presque toujours bannis de l'art classique. Cet art y perd en variété ;[9] il n'a pu, jusqu'à La Bruyère et Saint-Simon, rivaliser avec la peinture ou la gravure, voie périlleuse où il n'est pas sûr que Théophile Gautier et les Goncourt ne se soient pas fourvoyés. Il a fui l'énergie tendue, le mouvement abrupt et haché qui valent à Tacite, à Michelet et à quelques modernes tant de vigueur nerveuse.

Mais on se lasse de ces prosateurs violents ou pittoresques, de ces stylistes toujours à la poursuite de la sensation. Nous avons aujourd'hui, de Bernardin de Saint-Pierre à Giraudoux et Paul Morand, tant goûté à ces excès et à ces maniérismes que nous sommes là-dessus blasés. La couleur locale, d'abord criarde et crue, s'est adoucie en « nuance grise,» estompée en demi-teinte, traduite en musique, en parfum ou même, dans le boudoir de Des Esseintes, en breuvage coloré et auditif. Une originalité voulue, un peu trop facile et, en vérité, superficielle, est ainsi à l'origine de beaucoup d'œuvres modernes. Nous lui avons souvent sacrifié la modération et, si l'on peut dire, la banalité. Or « L'expression d'un sentiment vrai est toujours banale. Plus on est vrai, plus on est banal. Car il faut chercher pour ne l'être pas.» (Paul Valéry, No. 290, p. 71.) C'est cette banalité voulue qui sépare le plus clairement l'idéal d'art classique de la technique des modernes, des romantiques, et déjà de Montesquieu et de Voltaire. Le classique se soumet aisément à son public ; il s'efface devant le personnage qu'il fait vivre ou le sujet qu'il traite ; il cherche en effet à devenir banal. Aussi son œuvre passe-t-elle d'abord

9. L'un des premiers à notre connaissance, Fontenelle (*Réflexions sur la poétique,* 1741, pensée XXVIII) s'est demandé si la simplicité est une vertu : « La simplicité ne plaît point par elle-même, elle ne fait qu'épargner de la peine à l'esprit. . . . Une chose ne plaît point précisément pour être simple, . . . mais elle plaît pour être diversifiée sans cesser d'être simple ; plus elle est diversifiée sans cesser d'être simple, plus elle plaît. »

inaperçue : elle ne vise point à différer en tranchant sur la production contemporaine. La nouveauté de *Phèdre,* du *Misanthrope,* de *Polyeucte,* des *Sermons* de Bossuet et même des *Pensées* n'a pas tout d'abord frappé les contemporains. Mais justement parce qu'elle n'est pas faite pour étonner ou séduire son époque, l'œuvre classique a des chances de rester plus longtemps vivante et jeune. Elle résiste au lecteur pressé et ne murmure son secret qu'à celui qui l'interroge avec piété. « Le meilleur ouvrage est celui qui garde son secret le plus longtemps. Pendant longtemps on ne se doute même pas qu'il a son secret.» (Paul Valéry, No. 289, p. 87.)[10]

On a également loué le classicisme d'être, dans la pensée comme dans la forme, un art de *clarté.* On l'a ainsi proposé en modèle aux apprentis-écrivains que leurs maîtres munissaient diligemment au collège du précieux viatique de Boileau :

Ce qui se conçoit bien s'énonce clairement.

Ces mêmes jeunes gens, d'ailleurs, n'avaient rien de plus pressé, en débarquant au quartier latin, que de se joindre aux équipes romantique, symboliste, surréaliste, et obscuriste et de renier bruyamment, jusqu'à l'âge où ils devenaient notaires ou gazettiers en province, la belle clarté classique.

Il y a clarté et clarté. Voltaire et Fontenelle, Mérimée et Stendhal, Flaubert et Anatole France ne sont pas moins clairs que nos classiques. Il ne manque pas d'auteurs, parmi nos prédécesseurs et nos contemporains (André Maurois, Georges Duhamel, Jules Romains, avant eux Banville ou Gautier) que nous relirions volontiers s'ils étaient moins désespérément clairs : un peu plus d'ombre et de mystère, des dessous mieux voilés ne leur messiéraient pas. Le symbolisme, qui confondit d'ailleurs la profondeur

10. Paul Valéry se rencontre ici une fois de plus avec André Gide qui a dit et répété : « Un grand artiste n'a qu'un souci : devenir le plus humain possible, — disons mieux : devenir *banal.* » (No. 122, p. 38.)

et la devinette allégorique, nous a du moins rendus difficiles pour toutes les œuvres qui ne savent point renfermer en elles plusieurs sens polyvalents ou dans lesquelles nous ne descendons pas, suivant notre humeur ou notre pénétration, dans une succession de plans ou de couches superposés. Celui qui est spontanément et trop aisément clair nous amuse un instant parce que nous le lisons sans effort. La chair de l'huitre gobée ou la perle extraite trop vite, que faire de l'écaille sinon la rejeter au loin ?

Mais la clarté classique n'exclut pas la profondeur, et elle fut, au XVIIe siècle, une qualité laborieusement et difficilement acquise, et non une grâce native accordée à tout homme écrivant sous le ciel de l'Ile de France, contemplant ses clairs ruisseaux et buvant le clair soleil des vins de la Champagne. Ni Pascal ni Racine, ni le créateur de *Don Juan* ou Descartes n'ont exclu de leur œuvre la profondeur pour y avoir mis la clarté. Platon et Virgile aussi sont clairs, et Bergson et Valéry. Le ciel bleu est profond comme l'est la nuit étoilée, et il est clair. Hölderlin et Rilke, Schelling, Swedenborg et James Joyce sont peut-être profonds sans être clairs. Il y a sans doute de tels écrivains en France, mais nous préférons ne pas nous enorgueillir d'eux. Cette antinomie entre la clarté et la profondeur est l'une des plus fausses qu'ait inventée la critique paresseuse, et grâces soient rendues à un homme (lui-même plus souvent profond que très clair ou du moins qu'ordonné) qui l'a vigoureusement dénoncée — Charles Péguy (No. 216, p. 17) : « Où a-t-on jamais vu que le clair exclût le profond ou que le profond exclût le clair ? Ils s'excluent dans les livres, dans les didactiques, dans les manuels. Ils ne s'excluent ni dans la nature ni dans cette autre nature qui est la grâce... Comme si les vers de Racine les plus pleins de lumière n'étaient pas aussi les plus mystérieux ! »

D'autre part, le XVIIe siècle est fort loin d'avoir été tout entier épris de clarté, de même qu'il a mis longtemps avant de blâmer le désordre et de voir dans l'ordre une vertu.[11] Daniel Mornet nous a rendu le service de replacer cette clarté classique dans l'histoire de notre rhétorique. Il a montré qu'il fallut de laborieuses tentatives, les efforts des mondains, la guerre des éducateurs (et surtout des Jésuites) contre leurs élèves, pour que le XVIIe siècle triomphât enfin du style confus, de la syntaxe embarrassée, de la phrase périodique des règnes de Henri IV et de Louis XIII, de l'« obscurisme » et des contorsions des précieux, enfin de « l'invraisemblance capricieuse » qui se donnait alors pour la règle du roman. Le premier roman clair (encore le style ne l'est-il guère), la *Princesse de Clèves,* date de 1678 ; et c'est en 1688 seulement que, cent ans avant Rivarol, le P. Lamy s'écrie enfin : « Le génie de notre langue est la netteté.» (Voir D. Mornet, No. 195, p. 316.)

Ce fut d'ailleurs une intuition perspicace et féconde du classicisme que de comprendre quel rôle pouvait appartenir au génie français pour filtrer et clarifier l'héritage de l'antiquité, les emprunts faits à l'Italie et à l'Espagne, le legs de son propre passé, et asseoir ainsi, sur une base élargie et sûre, un édifice intellectuel qui résisterait au temps. L'Italie jetait alors les derniers feux, bien pâlis, de sa splendeur alors sur le déclin : Le Tasse et le cavalier Marin, morts depuis 1595 et 1625, ont quelque peine à se maintenir à la mode. Le Guerchin disparaît en 1666, le trop fécond Bernini en 1680. Velasquez descend dans la tombe en 1660, cinq années avant Poussin. Calderon meurt en 1681, Murillo en 1682, ne laissant après eux dans leur patrie que déca-

11. C'est ainsi que Vigneul-Marville (lui-même le plus désordonné des polygraphes) cite, à la fin du siècle, la manière de Montaigne, fantaisiste et cavalière, comme celle qui plaît particulièrement aux Français : « On se jette sur toutes sortes de sujets, comme à la picorée ; et l'on dit au hasard tout ce qui vient à la pensée. » (*Mélanges d'histoire et de littérature,* Rotterdam, 1700, I, 132.) Nicéron, dans ses *Mémoires pour servir à l'histoire des hommes illustres de la République des lettres* (Briasson, 1731, XVI, 209) reproche enfin à Montaigne de manquer d'ordre.

dence et médiocrité. L'art flamand et hollandais perd lui-même successivement ses grands maîtres (Rembrandt en 1669, Ver Meer en 1675, Jordæns en 1678, Téniers douze ans plus tard). Purcell meurt en 1695, lorsque Couperin a 27 ans et Rameau douze. Au même moment, la France, venue la dernière de toutes aux qualités de composition architecturale, d'ordre lumineux, de clarté solide et profonde, de mesure, va occuper la place laissée vide en Europe et (Watteau succédant à Claude Lorrain, Montesquieu à Bossuet, Marivaux à Racine, l'abbé Prévost à Madame de La Fayette, Voltaire à Pascal) la conserver pour longtemps.

Cette clarté des classiques français est tout autre chose que la simple clarté du grammairien recommandée par Vaugelas et par Boileau, que la netteté du géomètre ou du logicien. C'est la traduction, dans la pensée comme dans la forme, d'un idéal qui dépasse infiniment les simples recettes de l'art d'écrire : un idéal de *sobriété,* de contrainte réservée ou, comme dit la langue anglaise d'un mot qui malheureusement nous manque, de *restraint.* Si, reprenant à nouveau l'assimilation gidienne entre les qualités classiques et les qualités morales (No. 122, p. 217), nous voulions rechercher derrière l'esthétique les préoccupations chères au peuple de France, nous pourrions nous risquer à voir, transfigurées en beauté, ces qualités (d'aucuns diraient - ces affreux défauts) du peuple français : l'économie, la tempérance, la peur de l'excès et la peur du risque.[12]

Mais les plus prodigues et les moins bourgeois des artistes, Chateaubriand, Baudelaire, Gauguin ont su mettre dans leur art l'économie qui a manqué à leur existence. Cette sobriété qui consiste à produire, avec les moyens les plus simples, les effets les plus puissants est, à partir de Pascal et de La Roche-

12. « Ce n'est pas assez d'avoir de grandes qualités, il faut en avoir l'économie, » dit une maxime de La Rochefoucauld, ce grand seigneur qui avait gâché ses plus beaux dons faute de cette vertu bourgeoise.

foucauld, le mérite le plus incomparable de la meilleure prose française. L'Allemagne, l'Italie, l'Espagne prodigueront longtemps encore les excès, la tension inutile, les ornements vains et les sonores « palabres. » L'Angleterre, pays de l' « understatement, » souffrira chez ses prosateurs d'un excès d'art et d'une luxuriance harmonieuse trop étalée (Jeremy Taylor, Sir Thomas Browne, Newman, Pater, George Moore). Le XVIIe siècle a appris définitivement à l'écrivain français à dissimuler son art, à fuir les effets de surprise, les redondances, les images fastueuses. En prose comme en vers, il élimine, ordonne, condense, et dissimule derrière les mots une puissance domptée, mais dont les suggestions et les résonances font vibrer plus longuement l'imagination du lecteur.

Sans doute est-ce là la qualité la plus rare et la plus émouvante de l'art classique. Avec une étonnante sobriété de moyens, le classicisme a réalisé ce prodige de toucher en nous ces forces d'émotion cachées que d'autres siècles en d'autres pays ne savent ébranler qu'à force d'insistance et d'accumulation de sons et d'images. Le XVIIe siècle n'a guère parlé de mystère et de frisson, comme nous le faisons à tout propos. Edgar Allan Poe, Carlyle, Hoffmann, Zola, Hugo, Balzac lui-même paraissent indiscrets et lourdauds auprès de lui. Mais il n'a pas ignoré que la force de tout art suprême est de recéler et de déchaîner le mystère que dissimule une apparente sérénité. Le démonisme, comme l'appelait Gœthe, n'est point absent de Racine, ou de Pascal, ou des tableaux de mythologie sensuelle de Poussin.[13] Mais ces honnêtes gens pré-

13. Le démonisme de la musique a manqué sans doute au XVIIe siècle, et peut-être à toute la musique française, plus classique encore (même lorsqu'elle passe pour symboliste, chez Debussy par exemple) que n'importe quel autre art en France. Mais l'humanité a mis longtemps à découvrir le démonisme de la musique. Monteverde, qui fonde l'harmonie moderne au début du siècle classique, et Purcell en sont dépourvus, à notre gré, autant que l'adorable Couperin. J. S. Bach, Handel et Scarlatti sont nés la même année, 1685, et composent donc au XVIIIe siècle.

fèrent suggérer le plus en disant le moins. Trop dissimuler eût été tomber dans la périphrase précieuse et la vanité cérébrale du poète « métaphysique.» Trop montrer eût été de plus mauvais goût encore. Tout dire est être à la fois obscène et ennuyeux, comme Joyce, Céline ou Louis Aragon (peut-être dans sa tombe Proust lui-même) doivent déjà s'en apercevoir. La Fontaine a formulé l'idéal de ses contemporains les plus clairvoyants dans ces jolis vers des *Lapins* :

Je tiens qu'il faut laisser
Dans les plus beaux sujets quelque chose à penser.

Et le P. Bouhours, bel esprit et parfois bon esprit, blâmait le cavalier Marin de sa folle prodigalité, « qui ne laisse rien à penser ni à dire sur les matières qu'il traite.» (*Entretiens d'Ariste et d'Eugène,* 1671.) Il voulait que l'écrivain ressemblât plutôt à la Sophronie du Tasse, laquelle « ne cachait point ses beautés, et point ne les exposait.» (*Entretiens sur le bel esprit.*)

Non copri sue bellezze, e non l'espose

Reconnaître et louer cette économe sobriété n'est point, comme le veulent d'immodérés néo-classiques aujourd'hui, renier la poésie du XIXe siècle qui nous a accoutumés à des évocations prestigieuses dont nous lui savons gré. La « sorcellerie évocatoire » de Baudelaire, les images violentes et métalliques de Rimbaud, les grandes comparaisons épiques de Hugo dépassent en puissance et en impétueuse prise de possession des choses et de nos cerveaux les vers fluides et discrets de La Fontaine et de Racine. Mais d'autres littératures, au XIXe siècle, ont possédé ces dons au même degré : Hugo et Rimbaud égalent Shelley, Keats, Carducci, ou Gœthe. Les dépassent-ils ou, puisque toute comparaison de mérite est déplacée en ces matières, sont-ils autres qu'eux ?

Au contraire, nos poètes du XVIIe siècle (Racine au sommet, mais La Fontaine, Racan, Maynard, plusieurs précieux ou élégiaques) ont tiré de la langue française, de la suavité douce de ses accents à peine frappés, de la liquide pureté de ses voyelles, une grâce fondue et une mélodie fluide et fraîche que bien peu d'autres poésies possèdent. Lorsque le siècle dernier s'est lassé des orgues retentissantes du lyrisme romantique, des éclats de tonnerre de ces crépuscules des dieux byronien, hugolien, parnassien, et wagnérien, c'est, sans le savoir tout d'abord, vers cette originalité discrète de la poésie du XVIIe siècle qu'il est retourné. Baudelaire aurait pu écrire tel vers racinien :

Ariane aux rochers contant ses injustices.

Racine aurait pu signer :

La Circé tyrannique aux dangereux parfums

ou :

Tout servait, tout parait sa fragile beauté.

Serions-nous tellement surpris de trouver parmi les œuvres d'un poète du XVIIe siècle ce « présent d'une nuit d'Idumée » qu'offre quelque part Mallarmé ? Le poète, enfin, qui a le plus subtilement marié dans ses *Charmes* l'intellect et la volupté a laissé quelques modèles de ces vers transparents et profonds tout à la fois :

L'eau tranquille est plus transparente
Que toute tempête parente
D'une confuse profondeur.[14]

Est-ce trop avancer que de dire qu'il est plus proche du XVIIe siècle poétique que du symbolisme dont s'est enivrée sa jeunesse ?

14. Ces vers de Paul Valéry sont tirés de la *Pythie* (*Charmes*). Le premier vers cité plus haut est bien entendu dans *Phèdre* (v. 89), le second dans le *Voyage* de Baudelaire et le troisième dans *Femmes damnées*.

Derrière l'idéal d'art du classicisme et au fond des réalisations esthétiques du XVIIe siècle, il y a un autre trait encore, plus diffus, plus mystérieux que la clarté et la sobre économie de moyens : *le goût du fini, l'inlassable effort vers la perfection.*

Les critiques d'aujourd'hui ne cessent d'accumuler volumes et articles pour se plaindre de la multiplication des livres. Il est certes pénible d'avoir à faire le tri de cette surproduction écrasante, et nous bénissons parfois cette déesse oublieuse dénommée la postérité, qui pour le XVIIe ou le XVIIIe siècle, a opéré pour nous le filtrage et nous dispense de lire Nicole et Quinault, La Harpe et Bernardin de Saint-Pierre. Car la surproduction ne date pas, hélas ! de la démocratisation du monde et du grand malfaiteur ou bouc émissaire de nos prophètes du passé, Jean-Jacques Rousseau. Peu de dramaturges, en dehors de quelques Espagnols (et ni Shakespeare, ni Corneille, ni Hugo) ont écrit le respectable nombre de cent drames, auquel s'élevait la production d'Eschyle ou celle du Sophocle. Peu de philosophes soutiennent (pour le simple labeur et le nombre de leurs opuscules) la comparaison avec Platon et Aristote. Il est fort probable que, toutes proportions gardées, le XVIIe siècle ne publiait guère moins qu'aujourd'hui. Les œuvres complètes de Corneille, de La Fontaine, de Bossuet, de Molière consituent un imposant monument. La fécondité des auteurs de poésies libertines ou satiriques, des auteurs de ballets comme Benserade, des faiseurs de mazarinades, des conteurs d'historiettes et de mémoires nous surprend encore, et avec raison.

Mais pensions et faveurs des grands, quelque humiliantes qu'elles aient dû être au XVIIe siècle, épargnaient du moins à l'écrivain cette incessante chasse aux droits d'auteur, cette dure nécessité d'accumuler, pour vivre, romans et nouvelles, articles et conférences, et par suite ces monotones redites de soi-même auxquelles ne surent échapper ni un Balzac ni un Sainte-Beuve, ni un Anatole France ni un Pierre Loti. Notre siècle est dévoré de ce mal. L'homme de lettres a conquis sa liberté — mais cette liberté le situe aux côtés de l'homme d'affaires et du journaliste. S'il ne produit incessamment, il s'appauvrit matériellement ou il craint de se faire oublier d'un public distrait et d'une critique pressée et superficielle. Un Poussin pouvait plus aisément qu'un peintre moderne gourmander la hâte de ses correspondants qui voulaient l'accabler de commandes. Une bonne partie de l'art du XIXe siècle est due à des créateurs (Baudelaire, Flaubert, Proust, Manet, Degas, Cézanne) qui, bourgeois ou fils de bourgeois, pouvaient refuser de prendre un métier ou de produire quantitativement et vivre du capital accumulé par des parents économes. L'avenir seul dira ce que le XXe siècle aura perdu, en ce domaine parmi tant d'autres, à ces inflations successives qui ont tué capitalisme et sécurité et ne permettent plus à des rejetons de longues lignées paysannes ou bourgeoises de changer en révolte artistique et en beauté les économies de leurs ancêtres.

A ces modernes que nous sommes, nulle vertu des classiques n'apparaît peut-être plus précieuse et plus impossible à reconquérir que celle-ci : la recherche de la perfection, la poursuite non de la surprise ou de l'étonnement, mais de cette valeur profonde et lentement mûrie qui fait qu'on relira l'œuvre du classique après l'avoir une fois lue.[15] Vertus scolaires, s'imaginent certains ; mérites de bon élève appliqué et patient, vingt fois sur le métier remettant son ouvrage. Non, car le don naturel reste à jamais nécessaire. « Le temps ne fait rien à l'affaire,» s'écrie Alceste,

15. Le moderne que travaille le plus cette nostalgie des temps passés où l'œuvre d'art se mûrissait avec voluptueuse lenteur est ce poète qui, après vingt ans de silence, a dû connaître lui aussi (en prose sinon en vers) les affres de la surproduction forcée, Paul Valéry. Il écrit notamment dans *Pièces sur l'art* (No. 291, p. 264) : « *Etonner* dure peu ; *choquer* n'est pas un but à longue portée. . . . Une œuvre qui rappelle les gens à elle est plus puissante que l'autre qui n'a fait que les provoquer. Cela est vrai en tout ; quant à moi, je classe les livres selon le besoin de les relire qu'ils m'ont plus ou moins inspiré. »

irrité par les mièvreries calculées d'Oronte. Certes, nul sortilège ne fera que le temps mis par Chapelain à composer — et par le lecteur à feuilleter — la *Pucelle* soit de ce temps perdu qui se retrouve à notre insu. Le passage des saisons ne saurait mûrir ou rendre succulents les fruits d'un arbre corrompu et privé de sève. Mais ceux des classiques « que leur astre en naissant avait formés poètes,» comme le dit, ou presque, et si gauchement, Boileau, ne négligèrent pas d'approfondir par la culture et le travail leur don naturel. « Je n'ai rien négligé,» déclarait dans sa fierté naïve Nicolas Poussin, pour expliquer la qualité de ses tableaux amoureusement travaillés et concertés. Et La Fontaine, ce rêveur avisé qui savait bien que son œuvre se formait en lui, sous l'effet de cette caresse intérieure dont la pétrissait l'esprit du poète, n'a-t-il pas déclaré :

> *Il faut du temps ; le temps a part*
> *A tous les chefs-d'oeuvre de l'art.*[16]

L'art classique, métal ardent coulé dans un moule qui l'enserre, matière polie avec un patient amour et rendue limpide comme le cristal, offre ainsi quelques-uns des rares exemples de beauté achevée et sereine qui se puissent mettre en regard des créations helléniques. Cela ne va pas sans une certaine dignité ou une stylisation qui risquent parfois de figer la vie. Ceux qui, depuis la Révolution Française, ont voulu refaire des œuvres classiques, ont presque toujours échoué. L'homme a depuis senti le frisson de l'inquiétude le traverser ; il ne peut plus consentir avec résignation, taire sa nostalgie ou ses aspirations sans se mutiler lui-même: Gœthe, dont la sagesse a parfois frisé dangereusement le plat contentement bourgeois, l'a compris dans ses meilleurs moments où il a accepté son *Schaudern* pour le sublimer et le dépasser.

16. La Fontaine, Lettre (en vers) à Simon de Troyes, février 1686 (édition des Grands Ecrivains, IX, 366).

Disons le mot : il nous arrive d'être rebutés, au contact des œuvres classiques, par quelque froideur apparente, surtout si nous n'avons pas su nous déprendre, avant de les relire, d'habitudes d'esprit scolaires. Il faut s'être lassé de bien des choses, et en particulier de l'excessif et du grossier, pour goûter pleinement le charme délicat, le style agile et un tantinet grêle des contes de Perrault, ou la narration si unie, si réservée et si sereine, de Mme de La Fayette. Pourquoi même ne pas convenir que les modernes ne peuvent guère apprécier cet art classique que contre quelque chose d'autre, par contraste et par repos après la hâte confuse et l'insistance à frapper fort si communes, et peut-être inévitables, en notre temps ?[17] Le classicisme reste, pour les Français, une époque vénérée entre toutes, de leur histoire littéraire, à laquelle ils reviennent toutes les fois qu'ils souhaitent retrouver des valeurs fixes, des « standards » indiscutés, un refuge de sérénité et de solidité contre l'écoulement universel et la hâte dévorante qui les obsède.[18]

Là gît le secret de la beauté originale du classicisme et de l'attrait qu'il exerce périodiquement sur des générations lasses de leur inquiétude et de leurs inspirations toujours insatisfaites, parce qu'impossibles à satisfaire. Le classicisme, disions-nous, est un art de limitation ; c'est aussi un art qui chérit le fini, l'épanoui, la maturité de l'homme fait, et non pas la trouble incertitude de l'adolescence. L'idée de développement, sous les mille formes

17. Léon Bloy, Bernanos, Céline, Léon Daudet, Audiberti, pour ne citer que quelques-uns des plus récents, ont évidemment vite appris à renier les leçons des classiques qu'on a dû leur proposer au collège et rappellent heureusement au monde que tous les Français ne sont pas forcément modérés et amis du discret sous-entendu. «You never know what is enough unless you know what is more than enough, » dit un des *Proverbes de l'Enfer* de William Blake.

18. Flaubert n'avait pas tort de noter, avec son habituelle verdeur, à la belle Louise Colet que ne contentait point la gloire d'avoir charmé et inspiré quelques grands hommes de lettres : « Ce vieux croûton de Boileau vivra autant que qui que ce soit, parce qu'il a su faire ce qu'il a fait. » (Lettre du 13 septembre 1852.)

protéennes qu'elle a revêtues (devenir hégélien, messianisme à la J. de Maistre ou à la Ballanche, transformisme, évolutionnisme, religion du progrès, histoire des origines du christianisme, de la France contemporaine, etc.) domine presque toutes les grandes tentatives du XIXe siècle. Savants, historiens, archéologues, romanciers, poètes, sociologues se sont alors penchés avec tendresse sur tout ce qui naît et ce qui croît. Ils ont contemplé le passé, pour en tirer leçons et prédictions sur l'avenir. Ils ont, en art, visé si haut que leurs embrassements n'ont parfois étreint que des nuées. Que d'Icares, d'Ixions et de Sisyphes parmi eux ! Aspirant vers un chimérique idéal ou amoureux d'une Béatrice impossible, ils sont souvent retombés, meurtris, pantelants, toujours nobles dans leur détresse, après avoir mesuré quel insurpassable abîme sépare le réel du rêve.

Le XVIIe siècle, plus satisfait du présent et de lui-même, moins curieux du passé et moins inquiet de l'avenir, a mis dans sa littérature et son art, non point l'expression de ses élans secrets ou de ses aspirations vers l'infini, mais la beauté tranquille et achevée. Il a regardé davantage vers le sol, ou vers la réalité de l'homme attaché au sol ; il a élargi, généralisé et légèrement stylisé cette réalité, pour la dépouiller de ces brutalités et de ces contrastes véhéments et grossiers qui semblent indignes du grand art et de la bonne société. Les romantiques ont poussé plus loin les frontières de la littérature, en s'efforçant de traduire ce que les sensations ont de plus fugace et ce que les rêves de l'homme ont de plus irréel. Il est des moments d'exaltation juvénile et de tension passionnée, où leur art semble murmurer pour nous une réponse plus vraie à ces questions anxieuses dont nous pressons la littérature. Il est d'autres instants où plus de pudeur, plus de sérénité, non tant l'émotion trop aiguë que le souvenir assagi et épuré de l'émotion nous touchent plus que les éclats de voix ou les gémissements amers. Une simple échappée sur l'infini, cinq mots dans une note de Pascal (« que de royaumes nous ignorent ! »), un hémistiche racinien, une petite phrase de Mme de La Fayette suffisent alors pour évoquer un monde de mystère et de rêve, telle cette fenêtre ouverte sur l'extérieur, sur l'infini peut-être, qui prête une beauté mystérieuse aux calmes intérieurs de Ver Meer. Nous nous disons alors que le tumulte n'est point toujours la profondeur, que la ferveur n'est pas forcément l'élan de la sève juvénile qui bouillonne. Nous reconnaissons, avec ce romantique anglais qui a trouvé souvent des accents classiques pour chanter l'apaisement et l'acceptation, que

> *The Gods approve*
> *The depth, and not the tumult, of the soul,*
> *A fervent, not ungovernable, love.*[19]

Un grand Allemand l'avait proclamé aussi, qui avait ressenti et traversé toutes les inquiétudes, gravi, à la suite de Rousseau, d'Ossian, de Shakespeare, bien des sommets, avant de comprendre tout le prix de la sérénité classique : *Ueber allen Gipfeln ist Ruh,* a écrit Gœthe.[20]

Recherche d'un *équilibre* intérieur et profond, sérénité de

19. Wordsworth, *Laodamia* (1814), strophe XIII.

20. Il est clair que nous n'entendons nullement refuser aux classiques toute inquiétude et toute aspiration. Les vrais « sereins » du XVIIe siècle, plus encore que les classiques, seraient ces libertins, satisfaits de leurs négations et jouissant de leur hédonisme, d'ailleurs charmant : un Saint-Evremond, savourant les mots les plus choisis et « ce bon vin de Florence, auquel je dois, disait-il, de passer mes dernières années avec assez de repos » ; une Ninon de Lenclos, octogénaire obstinément pécheresse, à propos de laquelle Chateaubriand septuagénaire écrit dans sa *Vie de Rancé* : « Les temps de Louis XIV ne rendent pas innocent ce qui sera éternellement coupable, mais ils agrandissent tout, » et parle de cette beauté déchue, « n'ayant plus que quelques os entrelacés, comme on en voit dans les cryptes de Rome. » Rancé lui-même fut un inquiet, avant de trouver la paix et le silence de la Trappe. Mais les inquiétudes incessantes de la vie de Molière, par exemple, se traduisent peu dans ses comédies. L'angoisse de Pascal lui-même est d'une autre sorte : il cherchait, mais en se sachant prédestiné à trouver, et sans goûter dans la recherche toujours vaine, dans l'aspiration toujours déçue, la même volupté secrète que nos modernes.

l'artiste patiemment appliqué à atteindre, dans le fini, le plus de perfection possible, tels sont les deux traits auxquels une tentative d'élucidation du classicisme nous contraint à revenir le plus fréquemment. Nous nous sommes gardé de poser incessamment devant nous la vaine antithèse classicisme-romantisme. S'il est vrai cependant qu'un concept ou qu'un terme ne prenne tout son sens que par opposition avec son contraire, on ne saurait entièrement bannir cette comparaison qu'un siècle de querelles littéraires partisanes a eu le tort de fausser.

L'équilibre profond qui nous repose et nous charme dans le classicisme s'oppose à certains traits romantiques. Non certes que le romantisme soit toujours ou souvent déséquilibre et maladie, mais parce qu'il a poursuivi une autre beauté, plus étrange, plus rêveuse, parfois faite de surprise ou de contraste, qui n'était plus et ne voulait plus être la beauté réfléchie et harmonieuse atteinte par les classiques. Ce n'est plus un équilibre entre l'homme et les choses, ou le maintien d'une sage proportion entre l'exploration de l'homme intérieur, du moi, et des objets extérieurs, sur lesquels le classique évitait de répandre les effusions de son âme ou de disperser les illusions de sa sensibilité.[21]

En un sens différent, quoique voisin encore, le classicisme est

21. Répétons que ceci est surtout vrai du classique français du XVIIe siècle, et du romantique français, consciemment ou inconsciemment rival des classiques ou désireux de se différencier d'eux en faisant tout autre chose. Un critique anglais, dont nous avons déjà cité l'ouvrage, parfois discutable, mais chargé de réflexion (Lascelles Abercrombie, No. 1) définit le classicisme comme une synthèse du monde intérieur et du monde extérieur (« world within » et « world without »). Le romantisme lui apparaît au contraire comme « une tendance à préférer, dans l'art et dans la vie, le monde intérieur au monde extérieur. » Mais on sent ce qu'une telle définition a d'incomplet, puisque le romantisme, vaste ébranlement de sensibilité, signifia aussi l'exploration de mondes nouveaux et *extérieurs* (Moyen Age, nature, couleur locale, pays du nord, chants populaires, âme primitive, cosmopolitisme voyageur). Le classicisme français semble avoir mieux sondé l'homme intérieur que les mondes extérieurs, mais il reste vrai que les romantiques imprimèrent sur toutes choses la coloration de leur paysage intérieur, tandis que l'attitude classique conserva, en général, plus de respect ou de froideur envers l'objet.

également équilibre, c'est-à-dire harmonieuse synthèse entre des qualités en apparence tout opposées et cependant complémentaires : logique, rigueur, netteté, virilité ferme d'une part ; et de l'autre charme qui fait appel aux « raisons du cœur,» délicatesse et subtilité, abandon retenu sans contrainte par une aimable pudeur, « et la grâce plus belle encore que la beauté,» selon ce vers de l'*Adonis* de La Fontaine, dont mille citations répétées n'ont pu faire évanouir le parfum.

Dans l'art enfin, cet équilibre se traduit par cette convenance exacte qui est le fait, non seulement d'un géomètre, mais d'un goût exercé et pur qui sait que la justesse, en littérature, en architecture, en musique, en couture ou dans l'art de la conversation, n'est qu'une forme du naturel. La réserve de l'expression, à une époque où d'autres pays chérissaient le baroque, le marinisme, le gongorisme, dans un pays où Cicéron, Lucain, Sénèque étaient fort admirés, n'est pas la qualité la moins étonnante de cet art qui refuse d'étonner. Avant Voltaire, Stendhal et Mérimée, les plus fins prosateurs du XVIIe siècle avaient déjà mis en pratique ce précepte de style qu'un spirituel moderne formule ainsi : « Entre deux mots, il faut choisir le moindre.» (Paul Valéry, No. 289, p. 53.) Cette discrétion pudique et presque chaste vise, comme l'a fait remarquer un autre admirateur contemporain du classicisme, à la litote.[22] Cette modestie morale et esthétique risque de faire paraître soudain creuses ou forcées tant de périodes magnifiquement drapées, somptueuses dans leur musique, élégantes dans leur apparat, violentes dans leur assaut sur la sensibilité ou les nerfs du lecteur, que, de Chateaubriand et de Lamennais à Barrès, nous a léguées le XIXe siècle.

22. A deux reprises, dans son *Journal des Faux-Monnayeurs* (*Œuvres complètes,* XII, 42 et 59), André Gide, sous le simple titre « Art classique, » cite ces vers de *Tartufe* et de *Bajazet* :

Vous vous aimez tous deux plus que vous ne pensez.

et : *Je me plains de mon sort moins que vous ne pensez.*

Le terme de sérénité ne doit point cependant prêter à méprise. L'incessante recherche de la solidité architecturale et de la perfection de la forme, qui distingue les œuvres classiques, est elle aussi aspiration : aspiration vers la beauté, poursuite d'un idéal de stabilité et de durée. Tout l'effort de l'écrivain classique est de se placer en dehors du temps, de survivre, *monumentum aere perennius,* à l'écroulement de toutes choses, comme avaient survécu à l'écroulement du monde antique ces quelques ouvrages admirés par Boileau et Racine ou ces fragments de sculpture que contemplait amoureusement à Rome Nicolas Poussin. Aspiration ambitieuse en même temps que leçon de modestie !

Mais par là même le classique ne doute pas que l'œuvre d'art mûrie et achevée ne doive dissimuler les ratures ou les ébauches de l'artiste, ses angoisses, ses lassitudes, et ses repentirs, pour ne présenter que le calme repos enfin conquis, et la paix sereine du triomphe sur la matière, sur le temps, sur soi-même. Le classicisme français, à cet égard, n'a donc point manqué d'idéal ou d'aspiration, pas plus que l'art hellénique : mais il a placé cet idéal là où il savait pouvoir l'atteindre. Plus d'une fois, il l'a atteint. D'autres seront tourmentés par ce même désir de créer un absolu de perfection : un Leopardi, un Gœthe, un Landor, un Keats en contemplation devant la sereine éternité de l'urne grecque. Leur succès, souvent magnifique, n'est point cependant aidé par cette heureuse convergence de circonstances favorables qui fut accordée à Racine, à La Fontaine, à Bossuet, à Poussin. La perfection du classique (comme celle de Raphaël ou de Mozart) semble nous faire oublier les obstacles qu'a dû surmonter l'artiste ; elle ne demande rien au contraste entre le sublime et le trivial, les crêtes et la brusque retombée dans l'abîme, qui font plus facilement — trop facilement peut-être — jaillir comme des pics orgueilleux les superbes éclats de génie de Shakespeare, de Victor Hugo, de Michel Ange ou de Wagner.[23]

S'il est par contre un état d'âme qui mérite plus que tout autre d'être appelé romantique, c'est bien l'aspiration inquiète et nostalgique que les Allemands appellent *Sehnsucht.* Même dans le romantisme français, le plus raisonnable et le plus sage de tous, le poète de la *Chute d'un ange,* Maurice de Guérin, Gérard de Nerval ont tenté de ressaisir quelques délices d'un Eden perdu ou d'habiter à nouveau la tour abolie d'un prince féerique. Chateaubriand lui-même, qui fait souvent figure de romantique malgré lui égaré parmi les ennemis des classiques, n'a cessé de poursuivre les incarnations (qui d'ailleurs se dérobaient assez mollement à ses prestiges) de sa Sylphide. Mais les romantiques étrangers, dont la révolte est plus sentimentale et nerveuse, et moins littéraire ou esthétique qu'elle ne fut chez les nôtres, ont accumulé les œuvres ardentes et grandioses, mais inachevées. (L'*Hyperion* de Keats, la *Christabel* de Coleridge, les *Flegeljahre* de Jean Paul, le *Sternbald* de Tieck, l'*Heinrich von Ofterdingen* de Novalis, la *Lucinde* de Frederic Schlegel, le *Don Juan* de Lenau.) Leurs œuvres les plus émouvantes ou les plus typiques, le *Faust* de Gœthe, le *Don Juan* de Lenau, l'*Alastor* et l'*Epipsychidion* de Shelley, l'*Endymion* de Keats, le *Childe Harold* de Byron sont autant de quêtes anxieuses, frémissantes, toujours déçues et parfois lassantes, poursuites d'un illusoire Saint Graal ou de cette « petite

23. C'est le romantique Delacroix qui a peut-être le plus envié cette perfection étale et uniforme des classiques. A plusieurs reprises, dans son *Journal* (No. 74, II, 25 et 103, 26 avril et 26 octobre 1853), il dit son admiration pour le génie achevé, dont les beautés ne sont point grossies par le contraste avec les défauts voisins, les traits de mauvais goût, les effets manqués, le familier ou le comique trop faciles. Chez Mozart, Racine, Virgile, dit-il « l'esprit ressent une joie continue, et tout en jouissant du spectacle de la passion de Phèdre ou de Didon, il ne peut s'empêcher de savoir gré de ce travail divin, qui a poli l'enveloppe que le poète a donnée à ses touchantes pensées. L'auteur a pris la peine qu'il devait pour écarter du chemin qu'il me fait parcourir ou de la perspective qu'il me montre tous les obstacles qui m'embarrassent ou qui m'offusquent. »

fleur bleue » qui symbolise pour Novalis le secret mystique et enivrant de la vie.[24]

Et que de destinées inachevées parmi eux, soulevées par un splendide sursaut d'Icares vers le secret de l'apaisement que la mort recèle ! Shelley et Keats périssent avant la trentième année, tandis que Manfred, après avoir gravi les pics alpestres, les yeux hagards et obsédés de son remords, connaît en Grèce une fin héroïque. Hölderlin, Lenau ne calment que dans la folie un tourment trop anxieux. Pouchkine, Lermontov, Bellini, Espronceda tombent dans la fleur de l'âge, trop chéris des dieux. Kleist préfère à la vie le suicide avec la bien-aimée. D'autres demandent à l'opium l'oubli de leur angoisse. Certes, un Pope ou un Dr. Johnson, un Gœthe assagi, un Boileau ou un Racine résignés à leur tâche d'historiographes royaux, un Shakespeare lui-même jouissant après sa *Tempête* du repos philosophique de Prospero, n'auraient vu que des malades dans ces enfants du siècle. Si le classicisme est l'équilibre atteint par la défaite d'un romantisme antérieur et latent, le romantisme est bien par contre le déchaînement furieux et l'apothéose de l'inquiétude, la nostalgie d'une âme de sensitive emprisonnée dans son cachot terrestre. Il n'est point question de préférer l'un à l'autre. Retrancher à l'art moderne et aux âmes des hommes qui vivent depuis Rousseau cette inquiétude douloureuse, ce serait les mutiler irréparablement et les dessécher sans leur redonner la paix à jamais perdue.[25] Comme

24. Aussi les critiques allemands s'acharnent-ils à faire de Platon, et plus encore de Plotin, l'apôtre et l'inspirateur secret de leur romantisme. Voir Oscar Walzel, No. 301, chap. I.

25. Les romantiques qui se sont assagis en reniant les orages de leurs années juvéniles (Wordsworth, Gœthe) sont devenus par là d'assez plats didactiques.

Immer verlangen,
Nimmer erlangen,
Fliehen und streben

Le tourment infernal du Juif Errant, dont l'Erwin de Gœthe souhaite en ces vers la fin, était de ces aspirations dévorantes que l'humanité aime à trouver en ses grands

l'a soutenu dans une synthèse puissante (encore que confuse et trop dogmatique) un historien de la littérature allemande, Fritz Strich, si le classicisme est le fini, la sérénité apaisée, et la stabilité (*Vollendung*), le romantisme est par-dessus tout l'inachevé, l'inquiétude, la tension sans fin (*Unendlichkeit*).[26]

Mais la stabilité classique n'était pas, en France au XVIIe siècle, régularité « statique » (selon l'affreuse terminologie aujourd'hui à la mode), pas plus qu'elle n'était égoïsme conservateur ou sécheresse routinière. Car n'est pas classique qui veut. On ne naît pas classique, et on ne l'est pas, à vingt ans, plus naturellement qu'on n'est alors conservateur en politique ou admirateur béat du monde organisé par nos parents et nos maîtres. Ce serait, chez les adolescents, reconnaître que leur venue au monde était inutile et se réfugier dans le pire des désespoirs, celui qui se résigne à toutes les laideurs du réel. On devient classique, comme Corneille, d'abord adaptateur des Espagnols, Pascal, Racine, La Fontaine le sont devenus après une jeunesse impatiente. Et on le devient, avec l'aide d'un rare concours de circonstances, à force d'avoir d'abord été autre chose.

Le classicisme français a donc été, et tout classicisme sans doute doit être, le résultat d'une lente et pénible conquête des inquié-

poètes. Tant d'autres atteignent le but qu'ils ont visé, parce qu'ils n'ont pas osé viser haut !

26. Fritz Strich, No. 263. Comme plusieurs de nos contemporains, ce critique élargit l'opposition idéale entre les deux termes, ou les deux concepts, classicisme-romantisme, et fait d'eux les pôles entre lesquels oscille périodiquement l'esprit humain. En France, Louis Cazamian (Nos. 51, 52) a présenté une thèse analogue, avec beaucoup plus de fines nuances et de précision historique dans ses exemples. Il ramène l'histoire de la littérature anglaise au balancement d'un rythme qui porte tantôt vers l'intellectualité et la lucidité des classiques, tantôt vers les puissances de passion enflammée, de déséquilibre intérieur et d'imagination émerveillée des romantiques. Ces retours presque réguliers (avec mille exceptions) se vérifient à la rigueur dans l'histoire des littératures modernes à la vie riche et complexe (l'anglaise et la française) ; mais bien peu ou point du tout pour les lettres grecques, latines, allemandes, espagnoles, ou italiennes. Voir notre avant-dernier chapitre.

tudes et des doutes de l'homme. Il est toujours exposé à se figer, et reste mouvant et vivant parce qu'il se retrempe sans cesse dans la flamme de son propre romantisme.[27] Aussi les vrais héritiers du classicisme de nos jours ne sont-ils point ces néo-classiques, tout pétris de haines, de négations et trop aisément victorieux d'une passion qui se laisse trop bien réprimer. Ce sont plutôt ceux qui, partis de la révolte romantique ou symboliste, révoltés contre leurs maîtres, leurs aînés et les recettes de l'art antérieur, se sont lentement mûris et comprennent le prix de la sobriété, de la contrainte et de la perfection équilibrée. « Seuls les romantiques,» a dit quelque part Marcel Proust, « savent lire les ouvrages classiques, parce qu'ils les lisent comme ils ont été écrits, romantiquement.»[28]

27. Nul n'a mieux exprimé cela que Bossuet dans son discours de réception à l'Académie, où il louait ses collègues de ce que l'on trouvait dans leurs ouvrages : « La hardiesse qui convient à la liberté, mêlée à la retenue qui est l'effet du jugement et du choix . . . . Vous prenez garde, » ajoutait-il, « qu'une trop scrupuleuse régularité, qu'une délicatesse trop molle n'éteigne le feu des esprits et n'affaiblisse la valeur du style. »

28. Marcel Proust, *Pastiches et mélanges* (Gallimard, 1919) p. 267, note.

VI

LE CLASSICISME ET LES BEAUX-ARTS

LE PLUS GRAND ESPRIT du XVIIe siècle, le même qui a si injustement dénoncé la « vanité de la peinture,» Pascal, a écrit dans ses *Pensées* (édition Brunschvicg, I, 32) :

Il y a un certain modèle d'agrément et de beauté qui consiste en un certain rapport entre notre nature.... et la chose qui nous plaît.

Tout ce qui est formé sur ce modèle nous agrée : soit maison, chanson, discours, vers, prose, femme, oiseaux, rivières, arbres, chansons, habits, etc. Tout ce qui n'est point fait sur ce modèle déplaît à ceux qui ont le goût bon.

Et comme il y a un rapport parfait entre une chanson et une maison qui sont faites sur le bon modèle, parce qu'elles ressemblent à ce modèle unique quoique chacune selon son genre, il y a de même un rapport parfait entre les choses faites sur le mauvais modèle....

Si, derrière les différentes manifestations intellectuelles et artistiques d'une même époque, il existe vraiment un ensemble de traits communs que nous appelons le goût de cette époque (gothique, Renaissance, classique, Régence, etc.), force nous est de demander à l'histoire des arts du XVIIe siècle quelque lumière sur le classicisme. Les ingénieuses théories des modernes sur la correspondance des arts, les ambitieuses tentatives du XIXe siècle, ère de libération et de rupture de toutes les digues ayant canalisé jusque là genres et arts, risqueraient de nous induire en erreur si nous les conservions trop présentes en notre esprit dans un examen objectif du siècle classique. Les emprunts mutuels entre les divers arts furent rares au XVIIe siècle. La néfaste formule

« Ut pictura poesis,» qui provoqua tant de médiocre poésie descriptive au siècle suivant et contre laquelle protestera Lessing, n'a guère de place dans la poésie de Malherbe, de La Fontaine, ou de Benserade. La prose française, notamment chez La Bruyère, s'efforcera bien de produire des effects plastiques ou picturaux (voir P. Dorbec, No. 81) ; mais nous ne savons à peu près rien sur les goûts de Corneille, de Racine, de Bossuet, de Mme de Sévigné et de leurs contemporains en matière d'art ou sur les jugements qu'ils portèrent, s'ils en portèrent, sur les artistes de leur temps.

De patientes enquêtes nous apprendraient sans doute davantage, sans satisfaire toute notre curiosité. L'étude des arts et littératures comparés est (surtout à partir de Diderot, de Delacroix, de Baudelaire, de Proust, mais aussi dans les époques antérieures) l'un des domaines les plus riches et des moins parcourus, où les érudits semblent hésiter à s'aventurer. Nulle généralisation sur le goût à l'époque de Louis XIV n'est cependant valable si elle néglige l'opéra et le ballet, l'architecture et l'ameublement, les peintres, enfin les théories d'art qu'énoncèrent gravement les académiciens régis par Colbert et Le Brun.[1]

Nous ne prétendons point ici tenter une analyse détaillée des principes qui inspirèrent les peintres, sculpteurs, architectes, « jardiniers,» ou musiciens du XVIIe siècle. La compétence nous ferait d'ailleurs défaut. Mais notre tentative de définition du classicisme resterait trop incomplète si nous négligions d'y inclure Poussin et le Château de Versailles. Elle serait trop étroite et trop systématique si, valable pour la seule littérature, elle ignorait délibérément les corrections et les contradictions que l'histoire de la peinture et de l'architecture impose à l'observateur objectif d'une période fort complexe.

1. Le petit livre de S. Rocheblave, sorti des chapitres consacrés par le même auteur à une histoire de la littérature française qui eut, en son temps, bien des mérites (celle que dirigea Petit de Julleville), a eu le courage d'ouvrir la voie et reste encore utile pour ce qui est du XVIIe et du XVIIIe siècles (No. 246).

La première leçon à retirer de toute considération de l'histoire des Beaux-Arts au XVIIe siècle est une leçon de prudence dans l'emploi des termes. L'adjectif « classique » est, en littérature, inséparable du XVIIe siècle, et un long usage a désigné parallèlement cette époque comme le « Grand Siècle.» Pour beaucoup de critiques ou d'amateurs d'art, cependant, David ou Ingres ne sont pas moins « classiques » que Poussin ; la Madeleine ou l'Opéra ne le sont pas moins que telles réussites architecturales du XVIIe siècle (le Palais du Luxembourg, le Val de Grâce, ou Versailles). Ceux, d'autre part, qui se plaisent à symboliser la marche de l'esprit français par une courbe, dont le sommet serait l'épanouissement classique, oublient que le grand siècle de la peinture française est, non le XVIIe, mais le XIXe ; le grand siècle de l'architecture et peut-être de la sculpture est celui (ou ils sont ceux) des cathédrales. Le grand siècle de la musique n'est pas en Europe celui de Monteverde ou de Purcell, ni en France celui de Lulli : cela est trop connu, et tient à des causes en partie fortuites, en partie techniques et historiques que nous ne rappellerons point.[2]

La seconde leçon que nous dispense implicitement une histoire des arts au XVIIe siècle est une invitation à la prudence en matière de chronologie. Nous avons précédemment refusé de limiter étroitement aux années 1660-1685 le « moment classique » de la France. Si ces années constituent pour la société et la littérature françaises, comme l'épanouissement du classicisme, elles furent précédées de plusieurs vagues ou générations de penseurs et d'artistes qui sont, non point des précurseurs, mais des classi-

2. C'est ainsi qu'un critique d'art étranger, Clive Bell, esprit léger mais, en qualité d'étranger, juge plus libre qu'un Français trop accoutumé aux catégories de sa critique nationale, intitule « The Great Age » le chapitre qu'il consacre au XIXe siècle dans son *History of French Painting* (No. 24). Ses chapitres sur le XVIe et le XVIIe siècles, par contre, portent respectivement les titres significatifs de « Italianate » et « Traditional. »

ques achevés eux-mêmes (voir ci-dessus chapitre III et appendice). En fait, la grande majorité des artistes importants qui s'échelonnent en France entre Germain Pilon et Watteau appartiennent, plus encore que la majorité des écrivains, au règne de Louis XIII. Ce sont : Simon Vouet (1590-1649), Jacques Callot (1592-1635), Dumesnil de la Tour (1590 ?-1652), Abraham Bosse (1602-1676), Philippe de Champaigne (1602-1674). Deux des Le Nain meurent en 1648 ; Poussin vit de 1594 à 1665 et Claude Lorrain de 1600 à 1682. Le Sueur, né en 1616, meurt dès 1655. P. Mignard lui-même a cinquante ans en 1660 ; Le Brun, enfin, né en 1619, a quarante et un ans lorsque Louis XIV prend en mains la direction de l'État et Le Nôtre en a quarante-sept.

Une même hardiesse créatrice (celle qui inspirait alors un Descartes, un Corneille, un Pascal, un Molière, un Condé, une Mme de Chevreuse ou Mme de Longueville) les caractérise ; et leurs œuvres (chez Jacques Callot, les Le Nain, Poussin, Lorrain lui-même) restent empreintes d'un parfum de providence et presque de paysannerie qui n'évoque certes point la Galerie des Glaces ou le Palais Mazarin. En architecture, pareillement, l'Oratoire (où l'on peut voir, il est vrai, un monument plus baroque que classique), le Palais du Luxembourg, le château de Maisons-Laffitte et le Val de Grâce, ces deux derniers exécutés ou conçus par François Mansart dès 1640-1650, précèdent de loin l'ère du gouvernement personnel de Louis XIV. Poussin, le plus grand artiste du siècle et le classique représentatif, comme aurait pu dire Emerson, meurt deux ans avant *Andromaque* et une année avant le *Misanthrope*. La doctrine classique en peinture est même formulée dès 1667-1668, six années avant la publication de l'*Art poétique* de Boileau. Les amateurs de généralisations pourraient en conclure que la peinture en France a presque toujours devancé la littérature dans ses innovations hardies et a livré, avant les écrivains et parfois pour eux, le combat du progrès artistique :

Poussin a été classique avant Racine et La Fontaine ; Géricault et Delacroix ont lutté pour la cause romantique avant la *Préface de Cromwell* ; Courbet avant Flaubert et Baudelaire ; les impressionnistes et Cézanne bien avant les symbolistes ; les cubistes et plus tard les peintres surréalistes ont été à l'avant-garde des révoltes littéraires qui précédèrent immédiatement et qui suivirent la guerre de 1914-18.

Il nous semble encore trouver, dans une considération même rapide accordée à l'histoire de l'art, une confirmation de quelques points que nous avons déjà indiqués dans notre effort pour éviter certaine étroitesse avec laquelle des critiques antérieurs avaient conçu et défini le classicisme français :

1. Le classicisme n'est pas aussi indépendant des influences étrangères qu'on l'a dit ; il l'est beaucoup moins en peinture qu'en littérature. Certains historiens de l'art sont allés jusqu'à voir dans le XVIIe siècle pictural le moins français de tous les siècles, une combinaison artificielle et étrangère. Un homme qui a laissé, sur d'autres périodes de l'histoire de l'art français, des suggestions profondes, Louis Courajod, s'est emporté avec colère contre cette soi-disant « école française » de Poussin, de Puget et autres. « En France, on était beaucoup plus français avant eux qu'on ne le fut après.... Cet art ne fait plus partie de l'âme des peuples. Il n'est plus une expression naturelle et spontanée, une fonction réflexe de leur génie.» (No. 62, pp. 42 et 47.)

Courajod, dans sa réaction contre les théories soutenues par certains de ses prédécesseurs (Quatremère de Quincy notamment), se refusait à voir combien, malgré leurs longs séjours en Italie et l'influence des peintres et sculpteurs d'au-delà des Alpes, Poussin, Lorrain, Puget étaient restés, ou devenus, français. L'influence de l'Italie, réelle et forte, a été par eux assimilée.[3] Leur

3. On a maintes fois remarqué que ceux des peintres français qui ont été les plus « classiques » (sauf David) ont été fortement marqués par des séjours prolongés

classicisme est loin des Bolonais comme il est loin de Bernini et du baroque italien. La grandeur de la peinture française du XVIIe siècle est justement d'avoir recueilli sur ses épaules le manteau que les peintres italiens, après le magnifique épanouissement de leur Renaissance, furent impuissants à conserver.[4] Nicolas Poussin succède aux Bolonais, mais aussi (et sans le savoir probablement) à Paolo Uccello, à Piero della Francesca et à ce Léonard mort en France qui définissait la peinture « cosa mentale.»

2. L'imitation de l'antique reste, chez les artistes du XVIIe siècle, relativement aussi peu importante qu'elle le fut, à nos yeux, chez les écrivains (voir notre chapitre IV, G). Ou plutôt elle fut bien moindre encore et ne doit rien à l'érudition des humanistes. Les deux peintres qui, alors, sentirent le mieux l'antiquité étaient des enfants du peuple, à peu près sans culture, et des hommes du nord : le Normand Poussin et le Lorrain Claude Gellée. Poussin avait trente ans lorsqu'il arriva à Rome en 1624 (voir le récit détaillé de sa jeunesse par L. Hourticq, No. 153). Il s'imprégnera alors du paysage italien, mais ne connaîtra guère de l'art antique que des fragments de ruines. Et pourtant il refit de l'antique à force de l'aimer, avec une pénétration originale que ne possédèrent pas, en Italie même, un Mantegna ou un

en Italie (ou dans le cas de Cézanne, d'origine italienne lui-même, en Provence) : Jean Fouquet au XVe siècle, Poussin et Claude Lorrain au XVIIe, Ingres, Corot, Cézanne au XIXe. Serait-ce que les Italiens sont, en dépit de certaines apparences, un peuple plus lucide et intellectuel que passionné, habile par dessus tout aux calculs mathématiques, à la spéculation esthétique, à la diplomatie subtile, et à la théorie politique, maître de soi et « classique » jusque dans ses éclats romantiques?

4. Le meilleur connaisseur et biographe de l'Italien francisé, Lulli, déclare de même : « L'opéra de Lulli qui doit tout à l'Italie, est purement français au point de vue mélodique . . . . L'esprit de la musique lulliste est aussi français que l'opéra est foncièrement italienne. » (Henri Prunières, *L'Opéra italien en France avant Lulli,* Champion, 1913, p. 368.)

Jules Romains.[5] Claude Lorrain, dont la culture était plus médiocre, et peut-être nulle, réalisa un miracle plus étonnant encore en ravissant et en déployant dans ses paysages toutes les qualités « antiques » d'harmonie, d'équilibre, de proportions ordonnées et voluptueuses.[6] Par une recréation géniale et par une noble émulation, ces peintres voulurent (et ils y réussirent) rivaliser avec l'antiquité en s'appuyant sur ce qu'ils devinaient ou sentaient d'elle. Loin de mépriser leurs prédécesseurs, ils utilisèrent le peu qu'ils apprirent d'eux, pour les égaler ou les surpasser.

3. Enfin s'il n'y eut point en littérature d'école ou de cénacle classique, il y en eut moins encore en peinture ou en sculpture. Ces artistes sont des isolés : les Le Nain sont originaires de la Picardie (Laon) ; Philippe de Champaigne est un Flamand ; Dumesnil de La Tour, un Lorrain ; Puget, un méridional. Ces peintres travaillent en pleine indépendance, chacun avec ses traditions locales. Leur « classicisme,» si ce mot peut leur être appliqué, fut dans chaque cas une réussite individuelle. L'Académie, fondée théoriquement le 20 janvier 1648, ne commença à exister vraiment qu'après 1661. C'est vers 1664 que s'ouvre le règne de Le Brun ; ce règne d'ailleurs fut loin d'être indiscuté. Paris devint dès lors le centre de ralliement des arts comme il l'était des lettres. Les arts, d'ailleurs, y perdirent.[7] Aussitôt qu'un groupement offi-

5. Cf. L. Hourticq, *France* (*Ars Una,* Hachette, pp. 178-179) : « Le classicisme ne fut jamais, chez nous, isolé par son caractère aristocratique. Nos plus sincères poètes de l'art antique Poussin, Lorrain, David, Prudhon, Ingres n'ont point été des humanistes fort avertis. L'érudition n'est pour rien dans le charme païen de leurs chefs-d'œuvre : mais une prédilection instinctive, profonde, révèle parfois comme une parenté intime du génie français avec les manières intimes de penser et de sentir. »

6. C'est Maurice Barrès, ce Lorrain si souvent déraciné, amoureux de Tolède, de Sparte, de l'Oronte, et de la Provence, qui a peut-être le mieux parlé d'El Greco, cet autre déraciné, et de son compatriote Claude Gellée, qui abandonna la Lorraine pour vivre en Italie. Voir son essai « L'Automne à Charmes avec Claude Gellée, » dans le *Mystère en pleine lumière* (Plon, 1926, pp. 205-268).

7. Un critique d'art moderne, peut-être dangereusement entraîné par des affinités de tempérament, Louis Hourticq a, timidement d'ailleurs, essayé de défendre

ciel veut régir les talents, non seulement dans un sens corporatif et strictement professionnel comme les guildes médiévales, mais dans leur manière de sentir et de s'exprimer, l'originalité individuelle court de graves périls. Ni Claude Lorrain, ni Puget, ni Le Nôtre, ni plus tard Watteau ou Fragonard ne furent, heureusement, des académiques.

Mais nous aurions grand tort de croire que les critiques ou les amateurs du XVIIe siècle (ou d'ailleurs ceux de tous les siècles et ceux d'aujourd'hui) ne goûtèrent que quelques artistes (les « classiques » par exemple) à l'exclusion des baroques ou des réalistes, des Flamands ou des Italiens. Un même amateur (comme Michel de Marolles, cité par André Fontaine, No. 109) est l'ami de Le Brun et de Pierre Mignard et achète des œuvres des Flamands, de Dürer et de divers petits-maîtres. G. de Scudéry, qui dans une pièce en vers, appelée aujourd'hui le *Cabinet de Scudéry*, a décrit les tableaux de sa collection, goûtait à la fois Le Brun, Poussin, Dürer, Van Dyck, Titien, Tintoret, Rubens, et Rembrandt. En 1670, apogée de Louis XIV et de Le Brun, divers critiques influents opposaient Rubens à Nicolas Poussin que célébrait alors l'Académie (Dufresnoy par exemple), et d'autres (comme Roger de Piles) Titien à Le Brun. N'est-il point curieux d'ailleurs que l'homme qui « découvrit » Poussin et s'enthousiasma le premier pour lui ait été le Cavalier Marino et que Poussin ait illustré de ses dessins, en 1623, l'*Adone,* poème que les historiens des lettres flétrissent comme l'extrême de la perversion du goût ? Il n'est point en vérité de conception plus primaire de l'histoire que celle qui coupe en tranches successives, dénommées commodément baroque, classique, précieuse, romantique, l'évolution par brusques à-coups de l'art ou de la mode.

l'art académique du XVIIe siècle (Nos. 152 et 164). Voir sur le sujet général des académies et de l'académisme en art un ouvrage récent de Nicolaus Pevsner, *Academies of Art, Past and Present,* No. 218.

Le baroque comme le précieux ou la fantaisie légère plus tard appelée « rococo » sont comme des stries géologiques qui tantôt affleurent, tantôt disparaissent, s'abaissent et montent, se croisent l'une l'autre au cours du XVIIe siècle. Jamais elles n'ont complètement disparu derrière la façade classique.[8]

Ce n'est donc pas à l'art de la seconde moitié du siècle qu'il faut demander le secret du classicisme pictural, mais au plus classique et au plus grand des peintres du siècle, à Poussin. Les idées théoriques de Poussin ne sont ni très claires ni certes systématiques ; mais, comme telle boutade de Cézanne ou telle formule elliptique de Picasso, elles sont plus précieuses pour la postérité que tant de doctrines échafaudées après coup par les théoriciens et les pédants.[9] Elles sont empreintes de cette gaucherie touchante qui marque les réflexions d'un artisan supérieur, dont le pinceau, et non la plume, est l'instrument : il sent que ce qu'il fait le révèle plus sûrement que ce qu'il dit, à l'encontre du doctrinaire d'académie qui ne fait que pour dire, et imposer son dire à d'autres.[10]

8. Le buste de Louis XIV par le Bernin (1665) peut être qualifié de baroque, ainsi que le Milon de Crotone de Puget (1682) et au gré de certains la sculpture de Simon Guillain et la peinture religieuse de Lesueur. Il est par contre exact de dire que ni Poussin ni le château de Versailles ne sont baroques mais avant tout classiques. On sait peut-être que l'un des hommes qui ont le plus loué Lesueur et Poussin est le « romantique » Delacroix. Voir dans son *Journal* (No. 74, Index) les nombreuses mentions de ces deux peintres et l'essai sur Poussin qu'il écrivit dans le *Moniteur* des 26, 29 juin et 1er juillet 1853. Il loue en Poussin « l'un des novateurs les plus hardis de l'histoire de la peinture. »

9. Les Conférences de l'Académie royale nous renseignent amplement sur les débats esthétiques qui se livrèrent autour de 1670. Voir le livre ancien de L. Vitet (No. 299) et surtout les trois ouvrages d'André Fontaine (Nos. 109, 110, 111). Hubert Gillot (No. 126) a accordé aussi quelque attention aux théories d'art du XVIIe siècle. Le curieux poème latin de Dufresnoy, *De arte graphica,* publié après la mort de l'auteur par un ami de Dufresnoy, Mignard, eut le double honneur d'inspirer le poème de Molière, la *Gloire du Val de Grâce,* et d'être traduit en anglais par le célèbre Dryden. Il est encore, dans sa vivacité concise, d'une agréable lecture, quoique médiocrement original.

10. On a beaucoup écrit dans ces dernières années sur Poussin, pour le réinterpréter à la lumière de ce que l'on a appelé la « renaissance du sentiment classique

Un coup d'œil jeté aux préceptes, ou plutôt aux remarques formulées d'après sa propre expérience et pour sa propre gouverne par le peintre des *Bergers d'Arcadie,* aperçoit vite la parenté entre son idéal d'art et l'idéal d'art de ces classiques, Descartes, son compatriote normand Corneille, et plus encore Racine, La Fontaine, Boileau dont (et pour cause) Poussin n'a jamais lu un seul vers.

La raison doit être juge en peinture, comme d'autres veulent alors qu'elle gouverne la vie ou la pensée. Mais Poussin n'est ni philosophe ni rationaliste ; et par ce terme de raison, qu'il emploie sans le définir, il semble bien vouloir désigner ce que nous avons appelé plus haut une prédominance de l'intellectualité et un effort pour traduire les sensations et les émotions de manière intelligible et aisément communicable aux autres esprits : « Le bien juger est très difficile, si l'on n'a, en cet art, grande théorie et pratique jointes ensemble ; nos appétits ne doivent point juger seulement, mais aussi la raison.» (Lettre du 24 novembre, 1647.)[11]

L'artiste cherche donc, non seulement comme le moderne, à

dans la peinture française à la fin du XIXe siècle. » (Robert Rey, No. 238.) Le mot célèbre de Cézanne (« On se fout dedans avec les impressionnistes ; ce qu'il faut, c'est refaire le Poussin sur nature. Tout est là ») rapporté par Ambroise Vollard (*Paul Cézanne,* Crès, 1919, p. 103) a été cité et admiré, non sans excès. Voir les ouvrages, plus agréables que profonds, de Gilles de La Tourette, chez Rieder, 1929, et de Marthe de Fels, No. 99, les histoires de l'art au XVIIe siècle de Lemonnier (No. 173, 174) et de Louis Gillet (No. 125). Les plus importantes sont celles de l'Allemand Werner Weisnach (No. 303) et du Français René Schneider (No. 253). Sur les idées théoriques ou l'esthétique de Poussin, les ouvrages déjà anciens d'André Fontaine (No. 109, début) et de Paul Desjardins (Nos. 78 et 79) restent les plus solides. Les sources de toute connaissance de Poussin sont : le récit de l'Italien Pellori, la somme consacrée à son maître par Félibien (en cinq volumes parus de 1666-1668) et surtout les lettres du peintre. Pierre du Colombier en a donné récemment une édition commode à « La Cité des Livres, » 1929 ; mais l'édition de la *Correspondance* publiée par Charles Jouanny en 1911 continue à faire autorité (No. 227).

11. Ailleurs, dans une lettre du 7 mars 1665 à M. de Chambray, Poussin appelle le jugement « le rameau d'or de Virgile, que nul ne peut trouver ni cueillir s'il n'est conduit par la Fatalité. »

se libérer de quelque inspiration violente en laissant au public le soin de le deviner ou de le comprendre, mais à élargir son émotion avant de l'exprimer. Son idéal est, comme nous le disions de l'écrivain classique, un idéal d'universalité et d'impersonnalité: il souhaite être compris autant qu'émouvoir ; il traduit dans son art, non seulement ce qui l'a touché, mais ce qui peut toucher le fond de l'homme et tous les hommes ; il refuse de se perdre dans l'objet et veut dominer le modèle, le paysage, le réel. Les admirateurs les plus absolus de l'esthétique « scolastique » et du Moyen Age chrétien ont pu reprocher au XVIe siècle d'avoir « installé en maître dans la peinture le mensonge » et d'avoir voulu « nous faire croire que devant un tableau nous sommes devant la scène ou le sujet peints, non devant un tableau.» Mais le même docteur angélique qui accable de cette accusation l'art de la Renaissance ajoute : « Les grands classiques ont réussi à purifier l'art de ce mensonge.»[12] Poussin, qui est d'ailleurs fort loin d'être un grand peintre religieux et même un artiste profondément chrétien, traite la réalité comme un dictionnaire (selon l'expression que Baudelaire empruntera à Delacroix) ou comme une série de données premières, à organiser et à interpréter. Pas plus que les écrivains de son siècle (ou que les anciens), il n'est en quête de l'originalité dans le sujet ; comme eux, il atteint sans effort à cet éloignement du réel et conserve envers son public ce sens des distances où les romantiques verront de la froideur, et les modernes, lassés des excès contraires, de la noblesse et de la gravité.

L'ordre et la clarté sont, à l'époque pourtant bien peu ordonnée où vit ce peintre (1594-1665), les vertus qu'il veut représenter dans ses tableaux. Il insiste dans ses lettres sur ce besoin de la composition qui n'est pas combinaison adroite de parties mais

12. Il s'agit de Jacques Maritain, dans *Art et scolastique* (Librairie de l'art catholique, 1920, p. 75).

conception lumineuse de l'œuvre : « Mon naturel me contraint à chercher et aimer les choses bien ordonnées, fuyant la confusion qui m'est aussi contraire et ennemie comme est la lumière des obscures ténèbres.» (Lettre à M. de Chantelou du 7 avril 1642.)[13] Et bien des années plus tard il déclare avec cette fierté naïve et raide à la fois qu'il met dans ses lettres : « Mes ouvrages ont eu cette bonne fortune d'être trouvés clairs par ceux qui les savent goûter comme il faut.» (A. M. de Chantelou, 23 décembre 1655.)

N'est-ce point là, pour nos yeux de modernes qui avons chéri El Greco, Rembrandt, Michel Ange, un art qui manque d'abîmes? Comme les écrivains du classicisme, Poussin, dans ses toiles, ne se révèle pas du premier coup au questionneur impatient. L'arrangement architectural de ses tableaux et leur équilibre, longuement calculé ne vont pas sans quelque froideur. La frise des Panathénées et telle Victoire antique à la robe toute frémissante de vent, la peinture de Rubens, celle de Tintoret, celle même du plus impersonnel et, pourrait-on presque dire, du plus « classique » des Espagnols, Velasquez, ont sans doute mieux saisi et rendu l'ordre qui n'est pas équilibre, mais animation de la vie et suggestion de mouvement. D'autre part le moderne accoutumé à entrevoir partout des gouffres mystérieux ou de troublants problèmes, l'esprit métaphysique qui frémit devant la hantise goyesque de la mort et du néant, la grande toile tahitienne de Gauguin intitulée, « D'où venons-nous ? que sommes-nous ? où allons-nous ? », et même le lecteur de ces *Pensées* pascaliennes rédigées en ces années 1655-1662 pendant lesquelles Poussin vieilli ne se plaignait que des rigueurs de l'été romain et de ses maux physiques, peuvent juger que cette œuvre est par trop

13. Bellori qui a résumé en italien, avec plus ou moins de fidélité, les *Observations de M. Poussin sur la peinture,* rapporte également cette remarque du peintre : « Que la structure ou composition ne soit point recherchée ni pénible, mais semblable au naturel. » (No. 227, p. 495.)

dépourvue d'étrangeté et d'inquiétude. Ce paysan normand expatrié ne goûtait, sans doute, ni le baroque et ses élans de fantaisie, ni les cathédrales gothiques, l'envolée hardie de leurs flèches, le réalisme de leurs statues et de leurs gargouilles, tout ce

fade goût des ornements gothiques,
Ces monstres odieux des siècles ignorants
Que de la barbarie ont produit les torrents,

comme dira Molière dans son poème à la gloire du Val de Grâce.[14]

Nous ne sommes plus aujourd'hui aussi sûrs que l'équilibre soit forcément « statique » et que l'absence apparente de « problèmes » veuille dire superficialité ou froideur. Plusieurs tableaux de Poussin (les *Bacchanales* par exemple, composées vers 1638) sont des merveilles de fougue et de rythme. Ces paysages à l'antique sont aussi des débauches de caresses et d'embrassements de nymphes, et peut-être, a-t-on insinué récemment, en pleine ère classique le plus sensuel des « rêves primitivistes » (No. 125, p. 77). Il ne serait pas plus faux de parler du « romantisme » de Poussin que de celui de Racine. Ou plutôt conviendrait-il de dire que ce classicisme est union harmonieuse d'intellectualité et de sensualité, de dyonisisme et de lucidité apollinienne. « Sa fin est la délectation,» déclare Poussin en traitant de l'art, dans sa lettre du 7 mars 1655, délectation de l'âme et délectation des sens. S'il a fui l'attitude mélodramatique et la plongée dans ces abîmes d'où tant d'artistes n'ont rapporté que boue ou scories, Poussin, comme Claude Lorrain, comme Corneille, Racine et Pascal, comme tous les génies que nous qualifions de classiques, a connu et senti

14. Ce poème, écrit par Molière à la gloire de son ami Mignard, et grandement inspiré par le traité latin de Dufresnoy, formule, en vers d'ailleurs assez médiocres, les préceptes de l'art pictural classique et condamne les étrangetés auxquelles cubistes et surréalistes nous ont depuis accoutumés

ces galimatias
Où la tête n'est pas de la jambe, ou du bras.

le mystère des choses et de l'homme ; mais il l'a dépeint « en pleine lumière.»[15]

On trouve encore et enfin chez Poussin cet autre trait qui nous a paru fondamental dans l'idéal d'art des écrivains classiques : la quête patiente et obstinée de la perfection. Cet humble fils de paysans normands (le même jeune homme que Balzac a mis en scène dans le *Chef-d'œuvre inconnu*), à dix-huit ans déjà estimé à Paris, fixé à Rome à trente ans (en 1624), contemporain des brillants succès remportés alors par Marino, par Voiture et d'autres badins, par Corneille lui-même, ne se laissa jamais griser par le faux éclat. Il échappa à la légèreté des faiseurs de madrigaux et aux ruelles des précieuses, aux querelles brouillonnes de la Fronde, et ne dissimula pas son mépris pour les parodies burlesques de Scarron. Les amateurs et grands seigneurs pouvaient le presser d'aller vite et l'allécher de fructueuses commandes. Un même refrain revient dans les réponses du Normand : travailler sans hâte et mûrir avec lenteur.

« Ce ne sont pas des choses que l'on puisse faire en sifflant, comme vos peintres de Paris.... Je vous supplie de mettre l'impatience française à part ; car si j'avais autant de hâte que ceux qui me pressent, je ne ferais rien de bien.»[16]

Avec la même noblesse, il refuse de tenter ce pour quoi il ne se juge point doué et de forcer son talent :

« Je vous prie devant toutes choses de considérer que tout n'est pas donné à un homme seul, et qu'il ne faut point chercher en mes ouvrages ce qui n'était point de mon talent.» (Lettre du 27 juin 1655, à M. de Chantelou.)

15. Cette belle expression, le *Mystère en pleine lumière*, qui sert de titre à un livre posthume de Maurice Barrès, a été employée par lui dans un autre ouvrage pour caractériser la manière de Claude Lorrain (Maurice Barrès, *Les Maîtres*, No. 22, p. 258).

16. Lettre du 20 août 1645 à M. de Chantelou (No. 227, p. 317). Cézanne récrira pareillement : « Nul emportement du pinceau. »

Et, à l'avocat Vigneul-Marville qui lui demandait le secret de sa grandeur d'artiste, il répondit avec simplicité : « Je n'ai rien négligé.»

Mieux peut-être qu'aucun des écrivains classiques, presque tous issus de la bourgeoisie, Poussin nous fait comprendre tout ce qui, dans la grandeur originale et dans la solidité et le sérieux du classicisme, revient aux vertus du paysan et de l'artisan de France. Chardin, Courbet, Renoir, Degas,[17] Cézanne éprouveront le même amour passionné et comme perçant (d'autres races diraient : la ferveur de communion panthéiste) de l'objet pour lui-même.[18] Ce poète des formes et des mouvements ne copie pas le réel ; il le pénètre avec une intensité passionnée. Derrière et dans ce concret que filtre et sublime l'intelligence, il reconnaît et atteint l'essence (le mot se rencontre dans la lettre célèbre, et obscure, de Poussin sur « les modes » en peinture, 24 novembre 1647), il élève ainsi cette beauté concrète vers le modèle idéal.

Ce classicisme de Poussin, à base d'émotion contenue, de sensualité gouvernée et de simplicité paysanne, est abstrait sans être froid, intellectuel sans être pédant ou académique, épris de sérieux et de grandeur sans être guindé ou pompeux. Comme le classicisme de La Fontaine ou celui de Racine, c'est une réussite difficile et frêle. De la pratique de Poussin, ses successeurs ont voulu tirer des règles que l'Académie des Beaux-Arts commentera longuement. Ils n'ont saisi de ce classicisme que l'enveloppe extérieure, mais non la poésie, la force et la chaleur. Comme de coutume, ces préceptes, recettes et conventions ont été plus fu-

17. Une remarque incidente de Marcel Proust, dans *Sodome et Gomorrhe* (NRF, 1922), II, 2, p. 32, fait allusion à l'estime en laquelle Degas tenait Poussin.

18. « Il rapportait dans son mouchoir des cailloux, de la mousse, des fleurs et d'autres choses semblables qu'il voulait peindre exactement d'après nature, » a dit de Poussin un de ses contemporains, Vigneul-Marville, dans ses *Mélanges d'histoire et de littérature* (Rotterdam, Elie Yvans, 1700), II, 140-141. Même référence pour la phrase de Poussin citée quelques lignes plus haut.

nestes dans le domaine des Beaux-Arts que dans la littérature ; l'Académisme pictural soumis à Colbert et à Le Brun a fait plus de ravages que l'Académie fondée par Richelieu et régie pour un temps par les Chapelain et les Charpentier.

Cela n'est point à dire que tout soit médiocre dans l'art de la seconde moitié du siècle (Claude Lorrain bien entendu étant excepté). Le jour n'est peut-être pas loin où les historiens de l'art réhabiliteront des peintres comme Sébastien Bourdon et Valentin, les statues de Coysevox et de Pierre Puget, Le Brun lui-même.[19] Versailles mérite mieux que certains dédains faciles. Le parc est une réussite incontestable, et l'une des expressions les plus pures et les plus achevées de l'âge de Louis XIV et de la France. La palais est sans doute plus majestueux que simplement grand ;[20] la discipline ordonnée a trop étouffé la fantaisie et le naturel. Mais les Français continuent à reconnaître l'une des incarnations de leur âme nationale dans cette création monumentale, intellectuelle et harmonieuse.

19. On oublie souvent que le grand inspirateur de l'esthétique moderne, Baudelaire, a accordé une place dans ses *Phares* à P. Puget,

Grand coeur gonflé d'orgueil, homme débile et jaune,
Puget, mélancolique empereur des forçats.

Baudelaire a aussi, croyons-nous, senti dans Le Brun un ancêtre de Delacroix. Dans son *Salon de* 1859, regrettant que tout chez les modernes ne soit que petitesse et puérilité, il trace ces lignes : « Le Brun, érudition, imagination, connaissance du passé, amour du grand » ; et dans *l'Œuvre et la vie d'Eugène Delacroix,* en 1863, il va même jusqu'à écrire : « La Flandre a Rubens, l'Italie a Raphaël et Veronèse, la France a Le Brun, David et Delacroix. » Il est vrai qu'il définit plus bas le peintre du XVIIe siècle par ces mots : « La faconde dramatique et quasi littéraire de Le Brun. »

20. Un moderne qui ne craint pas à l'occasion d'afficher son irrespect pour les idées reçues et les goûts traditionnels, Henry de Montherlant, refuse à Versailles la vraie grandeur, car, d'après lui, « dans la grandeur il y a la pompe, et il y a la sévérité. A Versailles il y a la pompe ; il n'y a pas la sévérité. Il n'y a même pas le sérieux. » Mais dans la même page il ne peut s'empêcher d'avouer son respect de Français pour cet ensemble architectural que la France n'a plus égalé depuis. « En regard de ce qui nous entoure, il faut mettre Versailles très haut. Il faut le défendre contre qui l'attaque. Nous sommes *avec* Versailles ; que dis-je, nous *en sommes.* » (*Service inutile,* Grasset, 1935, p. 57.)

Certes Versailles n'est pas toute la France, pas plus que ne l'est le gothique ou l'art du XVIIIe siècle. Notre goût de modernes, même chez ceux d'entre les modernes qui se disent classiques, nous éloigne souvent des portraits du Grand Siècle, de la Galerie des Glaces, et des tapisseries gigantesques de Le Brun. Mais rien ne saurait arracher ce XVIIe siècle artistique de notre tradition implicitement acceptée ou perçue par ceux-là mêmes qui la combattent. Les grands artistes français ont, presque toujours et plus que jamais depuis un siècle, été des individus et des révoltés. Mais la supériorité que ces isolés ont conquise dans les Beaux-Arts et peut-être dans les lettres, sinon dans la musique, vient aussi de ce que ces artistes ne restent pas des individus soucieux de leur œuvre seule. Même et surtout lorsqu'ils sont le moins académiques, ils « font école » dans le beau sens de l'expression ; ils ont ressaisi dans le passé des traditions, ils s'appuient sur elles, ils les transmettent et se soutiennent les uns les autres par de difficiles critiques. Leurs créations les plus spontanées reposent sur une base intellectuelle, et leur liberté ne méconnaît pas les disciplines nécessaires. C'est un art individualiste, révolté, novateur et fécond plus qu'aucun autre au monde qu'ont donné, de Delacroix à Cézanne et à Derain, de Carpeaux à Maillol, les artistes français modernes ; et cela a été un bienfait salutaire pour eux que de sentir dans le passé de leur pays les créations classiques du XVIIe siècle et en eux quelque classicisme « essentiel.» Périodiquemment, les artistes et le public reviennent en France et reviendront à l'art classique : cela n'est point là manie de pédants ou obsession stérilisante du passé. Un historien de l'art en a dit avec justesse la raison évidente et profonde :

C'est parce que dans notre individualisme artistique qui tire à hue et à dia pour amener le magnifique avenir, nous aimons à nous retourner vers cette discipline grandiose qui s'appelle Poussin et Versailles. Même le peuple s'y complaît. Il faut le voir, le dimanche, regarder les *Bergers d'Arcadie* ou s'ébattre dans les avenues rectilignes pour comprendre que notre vieux pays, héritier de Rome autant que du Nord et de l'Orient, garde beaucoup de classicisme « dans le sang. »[21]

21. René Schneider, No. 253, p. 212.

VII

LE CLASSICISME FRANÇAIS ET L'ÉTRANGER

L'UN DES OBJETS que nous nous sommes proposé dans cette étude était de diriger le plus souvent possible notre attention vers les jugements qu'a portés l'étranger sur notre littérature du XVIIe siècle et d'expliquer (parfois en les justifiant, le plus souvent en les réfutant, mais toujours en essayant de les comprendre) les critiques diverses qui, depuis un siècle et demi, ont assailli le classicisme français.[1]

L'admiration traditionnelle des Français pour leur époque classique s'est peut-être, à cet égard, rendue coupable de quelque paresse. Il ne suffisait pas en effet de répéter avec conviction que le classicisme est la plus belle époque de notre littérature et de la culture de l'Europe, pour le faire admettre d'emblée à l'univers. Si Racine et La Fontaine sont restés longtemps peu goûtés des Allemands ou des Anglo-Saxons, cela n'était point sans doute la faute de Racine et de La Fontaine, mais c'était peut-être celle de leurs compatriotes. Trop longtemps nous nous sommes bornés à répéter, avec un sourire aimablement satisfait, que les articles

1. Il ne s'agira donc point, dans ce chapitre, des relations littéraires entre le XVIIe siècle français et l'étranger. Ce siècle n'a pas ignoré les langues étrangères autant qu'on l'a parfois affirmé, mais il a donné ou rendu à l'Europe beaucoup plus qu'il n'avait reçu ou emprunté. Voir sur ce sujet assez spécial l'article savamment ingénieux de F. Baldensperger (No. 18) et les gros et patients volumes de G. Ascoli (No. 9).

d'exportation sont rarement les plus précieux joyaux ; que Rousseau ou Zola, écrivains sans délicatesse et à peine « français,» Baudelaire, décadent maladif, Mallarmé ou Claudel, barbares obscurs que la traduction en langue étrangère seule pouvait sans doute éclaircir, méritaient de plaire par delà nos frontières ; mais que les artistes « plus français » que sont Racine, La Bruyère,[2] Corot, Debussy doivent rester inaccessibles à qui est né loin de l'Ile-de-France. Et nous avons chéri d'une tendresse plus exclusive, comme font les Anglais pour Wordsworth ou Jane Austen, ceux de nos auteurs qui semblaient inaccessibles aux étrangers.

Nous commettions là une erreur de fait. Les écrivains de chez nous que l'étranger a goûtés le plus vivement sont presque toujours ceux que des difficultés de langue (Mallarmé, Proust, Balzac, Rabelais, Rostand) sembleraient devoir leur rendre malaisés, ou ceux que nous désignerions comme les plus nuancés, les plus discrets dans leurs effets, les plus finement ironiques, les plus « parisiens » : Villon, Racine, Stendhal, Verlaine, Anatole France, Gide, Valéry. Un pays qui se souvient que Diderot lui a été révélé en grande partie par Gœthe, Musset dramaturge par la Russie, Gobineau par l'Allemagne, que Claudel dramaturge a été joué dans cinq ou six pays avant de l'être à Paris, que Mallarmé a prononcé à Oxford des conférences que nul n'eût écoutées alors à la Sorbonne, que Cézanne et Gauguin ont été achetés par vingt musées étrangers avant de l'être par les nôtres, se doit d'être modeste dans ses prétentions au nationalisme littéraire. D'ailleurs, lorsque nous rencontrons de la part de l'étranger résistance ou incompréhension, il est d'une pédagogie plus subtile, en notre siècle de littérature comparée, de comprendre cette incompréhension et — non point de la partager, car le recul de l'étranger n'est

2. André Gide, à plusieurs reprises et notamment dans *Incidences* (No. 122, p. 19) désigne les *Caractères* de La Bruyère comme le livre le plus typiquement français. Ce n'est, quoiqu'il en dise, ni nous flatter ni nous rendre pleine justice.

pas plus infaillible que le recul de la postérité — mais de la dissiper si possible. Répéter que Racine est divin le fera moins adorer que si nous expliquons patiemment en quoi et pourquoi il lui arrive en effet de l'être.

Comprendre, c'est malheureusement pour celui qui ne sait point en même temps sentir, assimiler l'inconnu au connu, « intégrer, » comme disent nos contemporains, le nouveau au déjà vu. C'est donc procéder par analogie et, en matière de livres, faire de la « littérature comparée » dans le mauvais sens de l'expression (qui est le sens de l'adjectif, celui de comparaison). Aussi, à plusieurs reprises, avons-nous insisté sur le concours unique de circonstances qui rendit possible le classicisme français et sur la réussite exceptionnelle, fortunée mais fragile, que fut cette littérature sous le règne de Louis XIV. L'unicité de ce phénomène semble toute naturelle à un Français, parce qu'il étudie sa littérature avant toute autre, et ramène ensuite les autres à la sienne. Elle est moins nettement perceptible à un étranger qui n'aborde le classicisme de la France qu'après avoir admiré sa littérature à lui, et souvent aussi les littératures antiques. Des étiquettes trompeuses lui ont déjà désigné, en Espagne, en Angleterre, en Italie, ou en Allemagne, des œuvres appelées « classiques. » Il adopte ces catégories aisées. Mais les différences de degré, en ces matières soumises au seul esprit de finesse, équivalent à des différences de nature.

Procéder par analogie ou par comparaison en ces matières, en franchissant trop agilement les frontières nationales, c'est souvent négliger les différences très profondes pour ne s'arrêter qu'aux ressemblances superficielles et aux coïncidences fortuites. Les théoriciens à idées générales et les esthéticiens à idées dogmatiquement vagues sont, pour les études littéraires, les pires des faux amis. Les uns et les autres semblent croire que l'objet suprême de toute discipline — fût-elle par nature aussi peu scientifique que l'histoire littéraire ou l'économie politique — est d'enfermer les vicissitudes humaines les plus capricieuses en des cycles : primitif, classique, baroque, romantique, décadent. On impose ensuite à plusieurs littératures cette prétendue évolution, et tout le mystère des individualités artistiques nationales semble s'évanouir à l'instant.

Ah ! mon Dieu ! Laissons là vos comparaisons fades,

pourrions-nous nous écrier avec Alceste, si la vraie littérature comparée n'était, heureusement, toute autre chose que ces comparaisons et ces jeux de formules.

A. LA GRÈCE ET ROME

Dans quelle mesure peut-on délimiter, dans d'autres pays et en d'autres temps, une époque classique comparable à celle de la France ? La question doit cependant se poser — non pas pour affirmer avec une vanité chauvine déplacée que le classicisme français est supérieur à tous les autres ou, seul, est le pur et le vrai — mais parce que mille confusions règnent en ces matières. Il est d'ailleurs indéniable que le souvenir du « siècle de Périclès » et du « siècle d'Auguste » a souvent, parfois à leur insu, hanté les historiens qui, depuis Voltaire, ont glorifié ce qu'ils ont, par analogie, appelé le « siècle de Louis XIV.»

Certaines ressemblances, en effet, sont frappantes. La deuxième moitié du Ve siècle à Athènes, le demi-siècle qui correspond aux dates de la vie de Virgile et l'espace de temps plus court encore et non moins brillant qui va de 1660 à 1685 environ, comptent parmi ces époques fortunées où une convergence de causes favorables et de hasards heureux suscite, dans les divers champs de l'activité littéraire et artistique, une dizaine de talents de premier ordre, dont on cherche en vain l'équivalent en d'autres contrées ou à d'autres moments de l'histoire.

En Grèce, Eschyle meurt en 456, Pindare en 438, Phidias peu après, Hérodote en 425 — ils forment comme une génération de grands précurseurs. Aussitôt après eux, dans la seconde moitié du Ve siècle, viennent Sophocle et Euripide (morts tous deux en 405), Thucydide (465-400), Socrate (469-399), Aristophane (450-385), Lysias (458-378), et Isocrate (436-338). Xénophon et Platon ont respectivement trente et un et vingt-huit ans lorsque meurt leur maître Socrate. Aristote et Demosthène, qui disparaîtront tous deux en 322, sont déjà les épigones de la grande génération attique.

A Rome, comme à Athènes et en France, deux vagues successives font apparaître les écrivains dont on fait honneur à Auguste. Le théâtre comique, chose rare, a précédé la première génération de classiques, qui ne doivent rien à Auguste. Térence, en effet, a vécu au début du IIe siècle avant Jésus-Christ. Cent ans après, entre 55 et 43, meurent successivement Lucrèce, Catulle, César, et Cicéron. Un second groupe de six écrivains suivra : Virgile, né en 70 meurt en 19 avant Jésus-Christ, Tibulle également en 19, Properce en 15 ; Horace, de cinq ans le cadet de Virgile, le suit en l'an 8 dans la tombe. Tite-Live meurt en l'an 17 ; seul Ovide, exilé chez les Parthes, disparaît après le début de l'ère chrétienne (en l'an 17 après Jésus-Christ), et Auguste meurt trois ans plus tard. Sénèque est alors un adolescent qui, dans ses tragédies comme dans ses opuscules philosophiques, s'écartera de la mesure, de la simplicité, de la perfection égale et sereine des classiques.

Le nombre des grands écrivains que compta la France, entre 1637 et 1688, est peut-être plus frappant encore. Voltaire s'en étonnait à bon droit, et nous nous en émerveillons encore aujourd'hui, après les deux ou trois autres grandes époques de fécondité qu'a connues la France (de 1820 à 1845, de 1852 à 1875, et peut-être encore de 1910 à 1930). Sous Périclès comme sous Auguste ou sous Louis XIV, trois pays venaient à peine de traverser une ère de désordres et de guerres ; de nouveaux troubles surgissent (la guerre du Peloponnèse, les dissensions et les luttes qui vont de la mort de César, en 44 à Actium, en 31 avant Jésus-Christ ; la Fronde et les premières campagnes de Louis XIV), car ces époques qui nous paraissent stables vécurent dangereusement. Mais une certaine entente avec l'élite du public, le progrès parallèle des arts, de la politesse des mœurs et de la prospérité matérielle, l'ambition de faire grand et de construire pour l'éternité, l'attention toute particulière apportée à la forme semblent rapprocher l'un de l'autre ces trois grands moments de l'histoire.

Mais ce sont là des caractères extérieurs et fragmentaires. L'essence plus intime du classicisme français, que nous avons tenté d'atteindre dans cette étude, ne saurait longtemps soutenir la comparaison avec la littérature athénienne de 450 à 328 ou la littérature latine de 70 à 20 avant Jésus-Christ. Le classicisme du siècle de Louis XIV est français par toutes ses fibres. Rapprocher Racine tantôt de Sophocle et tantôt d'Euripide, Molière d'Aristophane ou de Plaute, Bossuet de Demosthène, c'est se livrer à un jeu de parallèles futile. Rapprocher le classicisme français du siècle d'Auguste est plus faux encore : ni les Beaux-Arts, ni la philosophie, ni la tragédie n'eurent de place dans la floraison de la littérature latine du premier siècle avant Jésus-Christ. Les Romains d'alors imitaient consciemment les modèles de leurs prédécesseurs attiques — leur classicisme était beaucoup moins autochtone et beaucoup moins innovateur que ne fut celui du XVIIe siècle. Ses réussites sont moins variées, puisqu'il ne compte ni un Poussin, ni un Descartes, ni un Pascal, ni un Racine. Son œuvre semble tout entière reposer sur une base fragile et vacillante :

son point de départ est voulu et artificiel, comme l'étaient les efforts contemporains d'Auguste pour restaurer la morale sévère des vieux Romains ou les exhortations poétiques de Virgile pour ramener à la terre les paysans d'Italie.[3]

Il est sans doute plus sage d'oublier momentanément notre littérature lorsque nous étudions les littératures anciennes. Rien n'a nui davantage à une juste compréhension du classicisme français que ces perpétuelles comparaisons avec Athènes ou Rome. Rien n'irrite davantage certains dévots exclusifs et jaloux de l'hellénisme que la prétention des Français d'égaler Racine à Sophocle et leurs prosateurs aux chefs-d'œuvre attiques. Rien enfin, chez les Français eux-mêmes, n'a tant contribué à inculquer une conception artificielle, trop stylisée et trop étriquée, de l'antiquité grecque ou latine, que cette éternelle comparaison (souvent implicite seulement, et par là plus malaisée à dépister) avec le siècle de Louis XIV.[4] La littérature française du XVIIe siècle, florissant sous une monarchie, succédant à une longue histoire

3. L'embarras même qu'éprouvent les historiens de la littérature latine à préciser ce qui serait l'âge d'or de cette littérature, indique assez la fragilité de leurs tentatives. Auguste Dupouy, par exemple, dans un petit livre vif et clair, *Rome et les lettres latines* (No. 82) intitule son chapitre VI (sur Virgile, Horace, Tite-Live, et Ovide), « Une Période de maturité et d'équilibre » et voit dans ces quatre auteurs les classiques latins. Miss Edith Hamilton, dans un ouvrage non moins spirituel, *The Roman Way* (New York, Norton, 1932) intitule son chapitre sur ces mêmes écrivains « Enter the Romantic Roman » et s'efforce de prouver que Virgile, Tite-Live, épris du passé, vivant dans un rêve nostalgique et rétrospectif, sont de purs romantiques.

4. Il est d'ailleurs curieux de remarquer que cette pensée de comparer l'évolution (pour employer un terme tout moderne) des littératures antiques à l'évolution de la nôtre, ne vient guère à l'esprit d'un Allemand ou d'un Anglais qui retrace l'histoire de la littérature grecque ou romaine. Une telle comparaison ne peut avoir de sens que pour un Français. Encore ne se rencontre-t-elle pas dans les ouvrages les plus avertis. Les spécialistes, attachés à saisir la nuance et l'unicité, la fuient naturellement. A. et M. Croiset, par exemple, dans leur grande *Histoire de la littérature grecque* n'ont nulle part songé à délimiter une époque classique grecque ou à définir le « classicisme » attique. Clovis Lamarre, écrivant en quatre volumes une *Histoire de la littérature au temps d'Auguste,* en 1907, n'a pas davantage recours à la notion de classicisme.

littéraire (Moyen Age et Renaissance) qu'elle ignore ou qu'elle dédaigne (à la différence des Grecs du IVe siècle formés par la lecture d'Homère et des Homérides), impuissante à recouvrer la fraîcheur et la naïveté possédées tout naturellement par les Hellènes, diffère par trop d'autres faces des magnifiques réalisations athéniennes. Les historiens récents des choses antiques nous ont d'ailleurs enseigné (ce qu'ignora le XVIIe siècle) que la civilisation, la littérature, et l'art de la Grèce furent tout entiers « conditionnés » ou fortement colorés par la religion des Grecs et leur conception de l'État. Enfin et surtout, ces grands siècles d'or, à Athènes comme à Rome, apparaissent (même à ceux d'entre nous aujourd'hui qui ne méprisent nullement l'époque hellénistique ou la prose de Tacite et de Pétrone) comme des sommets, après lesquels une lente et belle, mais sûre décadence a tari les forces de renouvellement. Thucydide, le plus original et le plus « scientifique » des historiens, n'a point de descendance. Lucrèce, le plus grand des poètes philosophes, reste sans postérité. Au contraire, le classicisme français n'est point l'aboutissement et le couronnement d'une évolution littéraire qui aurait commencé au XIe siècle ; il n'a pas été suivi d'un épuisement artistique, mais de trois autres siècles aussi riches et aussi féconds en des domaines différents.

Quelles que puissent être les analogies superficielles dans l'évolution littéraire des deux peuples anciens et des Français du XVIIe siècle, l'originalité de chacun reste trop colorée par les circonstances locales, le caractère national et les génies individuels, pour que toute comparaison trop poussée avec la Grèce ou Rome puisse faire autre chose que nous induire en erreur. Mieux vaut renoncer à chercher au Ve ou au I[r] siècle avant notre ère une époque classique et un esprit classique exactement comparables aux nôtres.

B. ITALIE ET ESPAGNE

Il n'est guère moins avantureux de vouloir trouver, dans d'autres littératures de langue « romane, » le pendant du classicisme français. Pour un Italien ou un Espagnol, par exemple, aborder Racine, Boileau et La Fontaine, c'est considérer un ensemble littéraire qui n'a rien d'analogue dans son pays, ou — qui pis est — dont la seule contre-partie serait dans ces pâles et exsangues imitations tentées par un pseudo-classicisme de décadence. Le mot même de classicisme éveille inévitablement chez un Italien des images de médiocrité et d'artificialité. Le même terme qui désigne pour les Français la période de leur littérature la plus nationale, la plus indépendante de l'étranger et la plus admirée en Europe, évoque pour l'Italien deux siècles d'imitation servile, d'originalité défunte et de soumission aux modes et aux lois des maîtres d'au-delà des monts. Que l'on ouvre une histoire de la littérature italienne, celle même qu'a écrite un Français comme Henri Hauvette (A. Colin, 1906). On y rencontre bien le terme « classicisme. » Mais il n'implique jamais éloge ou mérite : « Par l'abandon systématique de toutes les traditions médiévales, la Renaissance proprement dite sombrait dans le classicisme stérile » (p. 248), ou « l'influence classique étouffe la libre expression des sentiments » (p. 259).

S'il y a des classiques en Italie, ce n'est pas aux siècles qui ont vu naître Le Tasse, Galilée, Métastase, et Alfieri qu'il faudrait les chercher, mais plutôt parmi les écrivains d'une Italie plus indépendante et puisant dans ses souvenirs antiques la promesse d'une renaissance nationale en même temps que des leçons d'art : Foscolo, Leopardi, Carducci, D'Annunzio. On discutera longtemps pour savoir si les plus grands de ces poètes sont classiques ou romantiques. Les deux termes sont également impropres et trompeurs, appliqués aux écrivains de l'Italie. Ces auteurs du XIXe siècle sont des révoltés et des isolés : ils protestent avec ardeur contre leur public et leur milieu, et même contre l'univers et l'« infélicité » humaine. Ils sont tendus dans une fière aspiration vers le sublime ou l'héroïsme, et chargés de la nostalgie du passé. Ils sont des classiques pour l'Italie, c'est-à-dire de grands écrivains nationaux ; pour le reste de l'Europe, ils sont des romantiques ayant poussé plus loin que les romantiques anglais ou français le byronisme ou le hugolisme, c'est à dire le culte du verbe et de l'attitude souvent mélodramatique. Mais ils n'aideront guère leurs compatriotes (et Alfieri n'y aidera pas davantage) à comprendre Racine ou Bossuet.

Nous nous bornons en ces quelques lignes à souligner, à la source de bien des incompréhensions du dix-septième siècle français en pays latins, le mensonge trompeur des analogies verbales et des catégories critiques qui ne s'exportent guère sans confusion d'un pays à un autre. Le préjugé qui a longtemps présenté la littérature française classique comme la continuation des littératures de la Grèce et de Rome a nui également à la compréhension libre du classicisme français en Italie : il est naturel et légitime qu'un Italien vivant aux abords de la baie de Baïes, de Tivoli, ou du Clitumne, sente plus vivement la poésie des *Géorgiques* ou des *Odes* d'Horace, que celle de Racine ou de La Fontaine. Il en voudra aisément aux critiques maladroits qui louent le dix-septième siècle français, non point d'être français comme il l'est essentiellement, mais d'être latin ou grec. A mesure que nous nous sommes éloignés des pseudo-classiques et des La Harpe ou même des Voltaire qui prétendaient proposer à toute l'Europe les règles de leur goût, l'écrivain italien a cessé d'avoir des raisons d'être « misogallo. » Dès l'époque romantique, Manzoni, tout rebelle qu'il fût contre les lois des unités, a su parler de Racine avec une compréhension pénétrante et sympathique.[5] De Sanctis, Croce, Lugli ont loué l'auteur de *Phèdre,* et le meilleur livre que nous possédions à ce jour sur l'histoire de la critique racinienne est dû à la plume d'un érudit italien, Fubini. (Nos. 251, 66, 176, 177, 116, 117.) La jeune Italie, dans un groupe tel que la *Ronda,* en 1919-1922, ou avec un poète tel que Giuseppe Ungaretti, n'a pas dédaigné de prôner, à la suite de bien des Français de ce siècle, un classicisme rajeuni et largement conçu. La discipline librement consentie, la fougue contenue, l'immolation des excentricités individuelles à une entité supérieure et abstraite : de telles qualités ne sont sans doute point pour déplaire aux générations transalpines qui renient volontiers le flamboyant D'Annunzio. Il semble malheureusement difficile à ce pays plus qu'à aucun autre de réaliser cette séparation entre la littérature et la politique qui caractérisa le classicisme du XVIIe siècle aussi bien que les réussites les plus rares de Keats, de Flaubert, ou de Paul Valéry, et de saisir l'attention de l'étranger par de pures créations esthétiques, et non seulement par des revendications chagrines et les bouderies d'une fierté susceptible.[6]

Le réveil intellectuel qui a secoué l'Espagne depuis les dernières années du dix-neuvième siècle, en posant avec acuité le double problème de l'originalité de l'Espagne et des rapports

5. Manzoni dans sa *Lettre à M. Chauvet sur les unités de temps et de lieu,* proteste contre l'étroite compréhension de Racine qui était alors celle des admirateurs néo-classiques de ce dramaturge ; il se refuse à voir dans l'application de certaines recettes l'essentiel de l'art racinien : « Oh ! le grand art de Racine ne tient pas à si peu de chose ! » (No. 179).

6. C'est l'un des plus cosmopolites et des plus ingénieux des critiques italiens qui remarquait, en 1931, que la littérature italienne par son tourment intérieur, son aspiration inquiète vers le sublime, parfois vers l'enflé et l'ampoulé, sa nostalgie de la grandeur dantesque qui pèse depuis le début sur tous ses efforts créateurs, est bien peu classique et plus proche de l'esprit byzantin que de l'antiquité (G. Borgese, *Il Senso della letteratura italiana,* No. 32, 1931). — Signalons en outre ici que la nouvelle *Enciclopedia italiana* renferme, dans son volume X un bon article sur le Classicisme, dû au professeur Alfredo Galletti.

entre la péninsule ibérique et l'Europe moderne, n'a pas manqué de considérer avec une curiosité nouvelle le rationalisme ou le classicisme de la France. Plusieurs des prosateurs et des penseurs de l'Espagne actuelle comptent parmi les deux douzaines d'esprits les plus subtils, les plus experts au jeu des idées, les plus originaux dans leurs paradoxes de toute l'Europe moderne.[7] Il faut bien confesser néanmoins que, malgré tous les efforts de quelques intellectuels, un mur continue à séparer les pays qui n'ont jamais réussi à abolir entre eux les Pyrénées. Aux yeux des Français, la grandeur comme le malheur de l'Espagne vient de ne pas avoir connu ou adopté le XVIIe et le XVIIIe siècles : Descartes, Racine lui-même, Montesquieu et Voltaire. L'Espagnol répond qu'il se soucie peu de produire des constitutions, des livres universels et des systèmes scientifiques, et préfère donner au monde des âmes. Transporter au-delà des Pyrénées le rationalisme cartésien et la géométrie psychologique de Corneille ou de Racine paraissent à l'Espagnol un attentat à son originalité nationale. Nul ne l'a proclamé plus ouvertement que le brillant apologiste du sentiment tragique de la vie, pour qui Pascal seul semble trouver grâce parmi nos écrivains classiques, Miguel de Unamuno.[8]

7. Nous pensons, dans des domaines divers, à Unamuno parmi les morts et, parmi les vivants, à Ortega y Gasset, Madariaga, Eugenio d'Ors, Americo Castro, etc. La *Revista de Occidente* a été, pendant quelques années de l'entre deux guerres, l'une des plus belles de l'Europe et, en un sens, l'une des plus accueillantes à un classicisme supérieur. Voir Nos. 69 et 2.

8. M. de Unamuno, dans une vive attaque contre le classicisme à fleur de peau que certains Espagnols européanisés puisent chez les Français : *Ensayos* (Madrid, Fortanet, vol. VII), « Arbitrariedades. Sobre la europeizacion. » Un autre écrivain de langue espagnole, dans un essai plein d'humour et de finesse consacré à Montherlant, Ventura Garcia Calderon (*Explication de Montherlant,* Bruxelles, Cahiers du Journal des poètes, 1937, p. 39), regrette, ô sacrilège, que Racine n'ait pas « eu la chance d'être né ailleurs qu'en France . . . . Il est à son Zoo dont il ne doit pas dépasser l'enclos ; . . . . étonnant ingénieur royal avec des torrents à son service qu'il doit canaliser par un jeu frivole et subtil de fontaines mythologiques . . . . Je vous fiche mon billet qu'il eût aimé voir, comme l'Anglais, applaudir ses débordements par une salle de matelots ivres. » On ne saurait plus déformer le poète d'*Andromaque.*

Quelques esthéticiens contemporains de l'Espagne et de l'Italie se sont pris d'une tendresse soudaine pour le baroque, et croient faire honneur au classicisme français en déclarant ce classicisme moins ennuyeux et moins lourdement conventionnel qu'on n'avait cru, car il renferme plusieurs éléments de cette nouvelle catégorie du beau : le baroquisme. Voici qu'à l'antithèse usée « classicisme-romantisme » se substitue chez ces novateurs l'opposition, à leurs yeux autrement fondamentale, « classique-baroque. » Et les incompréhensions de se multiplier entre les critiques de divers pays. Les Français, pour qui le terme évoque des idées de bizarrerie outrée et maladive, de cocasserie de mauvais goût, ont résisté obstinément à la déification du baroque. Peut-être un jour réhabilitera-t-on le mot chez eux, comme les romantiques ont réhabilité le gothique ? Souhaitons que ce soit avec un effort de clarté et de précision sémantique dans la définition du mot et de la notion, que l'on ne trouve guère pour le moment chez les apologistes du baroque.[9] En attendant, ce n'est pas éclarcir beaucoup notre connaissance du XVIIe siècle européen que de voir en lui, non le siècle de la raison classique, mais du baroque représenté par El Greco, Rubens, Rembrandt, les frères Le Nain. L'académie de libres esprits qui se rassemblèrent à Pontigny pour la première « décade » de la vingt-et-unième année écouta les communications les plus ébouriffantes, tendant par exemple à qualifier de

9. Benedetto Croce a adopté le terme pour désigner la littérature et l'art italiens dans les deux siècles qui vont de la mort du Tasse aux tragédies d'Alfieri : *Storia della età barocca in Italia,* No. 67. Cette dénomination chronologique, préférable à « classique » ou « pseudo-classique, » est fort acceptable si elle devient en effet largement acceptée, et peut réussir à revaloriser les architectes, les peintres et, dans une moindre mesure, les écrivains de ces deux siècles, et à faire mieux apercevoir les liens entre le romantisme et cet art des années 1600-1800. D'autres esthéticiens vont beaucoup plus loin, et saluent dans le baroque une « constante historique, » dont la réhabilitation doit bouleverser tous nos canons de beauté : ce sont des Allemands, d'ailleurs érudits et ingénieux, Weisnach, Worringer, et un Catalan, Eugenio d'Ors, dont les paradoxes dégénèrent vite en cabrioles déconcertantes de sophiste : *Du Baroque* (No. 211).

« baroques » le goût du pittoresque, le goût de la caricature (Hogarth, J. Callot), la curiosité pour le folk-lore, l'amour du paysage, enfin le sens du mouvement. Baalbec serait déjà, chez les anciens, le triomphe du baroque, et baroque également la découverte de la circulation du sang, puisqu'elle substitue un symbole dynamique à un symbole statique, et que le baroque est la forme qui s'envole, tandis que le classique est la forme qui pèse.[10]

Nous ne nous attarderions point à contester la légitimité de cette nouvelle catégorie esthétique si les admirateurs de l'Espagne de Churriguera et de Gongora, du Portugal « manuelin, » de l'Italie, de l'Autriche, et de l'Europe centrale du XVIIe et au XVIIIe siècles la jugent utile et féconde pour la compréhension de leur pays.[11] Mais il nous semble peu profitable de l'importer dans l'histoire — non pas de l'architecture ou de l'art — mais de la littérature de la France. Les grands-prêtres de cette nouvelle constance esthétique n'ont de cesse, en effet, qu'ils ne démontrent sa souveraineté universelle en décelant des éléments baroques chez « Poussin, Racine, Molière, Montesquieu, ou Voltaire et, il n'y a pas à dire, Corneille et Pascal. » (Eugenio d'Ors, No. 211, p. 120.) Nous repoussons la forme systématique de leurs affirmations et les dangers de cette analogie qui veut trouver de force

10. Un universitaire français, André Moret, a écrit une thèse sur le *Lyrisme baroque en Allemagne* (Lille, Bibliothèque universitaire, 1936). Il définit le baroque assez contradictoirement comme un phénomène historique qui se situe entre le déclin de la Renaissance et le début de la période classique. Mais pour prendre le contre-pied de ces règles, il faudrait que le baroque les eût au moins connues.

11. Cette théorie du baroquisme de la découverte de la circulation du sang est d'un professeur d'histoire de la médecine à Leipzig, Sigerist. Voici quelques-unes des formules proposées par Eugénio d'Ors dans sa tentative d'élucidation (No. 211, p. 131) : « Tout classicisme étant, par la loi, intellectualiste, est, par définition, normal, autoritaire. Tout baroquisme, étant vitaliste, est libertin, et traduit un état d'abandon et de vénération devant la force . . . . Le baroque a un sens cosmique bien nettement révélé par le fait de son éternelle prédilection pour le paysage. . . . . Le baroque contient toujours, dans son essence, quelque chose de rural, de paysan. » Dieu ! comme les idées claires et distinctes et comme les prudentes et empiriques méthodes universitaires ont parfois du bon !

autour de Descartes et de Bossuet les mêmes traits qui marquent alors l'histoire de l'Italie, de l'Allemagne, ou de l'Espagne, comme nous repoussons l'erreur inverse qui voudrait trouver en Espagne ou en Italie un classicisme analogue à celui de la France, mais inférieur en qualité. Nul historien de la littérature du XVIIe siècle ne méconnaît plus aujourd'hui la grande place qu'occupèrent la Contre-réforme, la préciosité, le « marinisme, » la Calprenède, Quinault, l'enflure à l'espagnole entre 1600 et 1660. Il n'y a cependant point là de quoi faire de ces soixante années une ère de baroque succédant à la Renaissance, suivie à partir de 1666 d'une ère classique, elle-même suivie d'une période nouvelle de baroque gracieux appelé le rococo (Marivaux, Watteau, etc.). Nous croyons plus sage d'affirmer à nouveau l'autonomie persistante, par derrière de superficielles influences, de chaque littérature importante de l'Europe, et de répéter que le classicisme français est classique justement parce qu'il domina, intégra et épura le baroque antérieur comme le romantisme latent qu'il sentait et nourrissait en lui.[12]

C. ALLEMAGNE

« Y a-t-il des classiques allemands ? » demandait Nietzsche (No. 205, aphorisme 125).[13] Et il s'empressait de répondre à sa question par la négative, écartant Gœthe lui-même de la phalange des classiques, de ces « trente livres achevés » qui seraient

12. Le critique danois Valdemar Vedel nous paraît des plus sages quand il soutient (No. 295, Introduction) qu'il est bon de partir de la Renaissance et du baroque pour comprendre le classicisme, mais qu'on le comprendra justement mieux si on l'*oppose* au baroque.

13. Sainte-Beuve avait noté dans ses *Cahiers* : « Je ne me figure pas qu'on dise : les classiques allemands. » (No. 250.) La question n'a pas cessé d'être actuelle, et d'être posée. Voir un article de Josef Hofmiller paru en 1938, « Gibt es Klassiker ? » (No. 150).

la seule nourriture intellectuelle de l'Europe, dans l'ère de barbarie entrevue par le prophète du retour éternel.

La question du classicisme allemand, et de l'attitude allemande envers le classicisme français, est une des plus embrouillées qui soient. Seule entre les grands pays de l'Europe occidentale, l'Allemagne moderne a en effet ouvert sa littérature par une ère « classique, » ou plutôt par l'imitation d'un classicisme étranger, sans qu'une fougue débordante eût, au XVIe siècle, justifié ces règles et ces conventions. Opitz (1597-1639), réformateur de la versification allemande et surtout Gottsched (1700-1766), législateur du Parnasse allemand et auteur d'un « art poétique » soixante ans après Boileau, avaient demandé à la France un classicisme d'emprunt. Wieland, sans génie mais avec du charme, fut encore un admirateur des classiques. Mais, dès la seconde moitié du XVIIIe siècle, il est difficile à l'Allemagne de distinguer entre le classicisme du règne de Louis XIV et l'*Aufklärung,* entre les tragédies de Racine et celles de Voltaire, entre Molière et Diderot ou le drame bourgeois. Lessing qui est en un sens le critique de l'*Aufklärung* en Allemagne, se dresse, souvent avec étroitesse, en adversaire littéraire du XVIIe siècle français comme ne l'avaient jamais fait Voltaire ou Diderot.[14]

Il est donc arrivé que l'influence du classicisme français s'est exercée en Allemagne trop tard pour qu'elle ait pu être féconde, et qu'elle n'a rien produit de vivant ni rien de national. C'est par réaction contre l'influence de ce classicisme, et de la critique française qui le vénérait, que la littérature allemande moderne s'est trouvée elle-même. Gœthe dans son autobiographie, Herder

14. Au moins dans ses théories littéraires ; car, en pratique, les drames de Lessing sont bien plus proches du théâtre français que de Shakespeare. En France, les plus audacieux ou les plus avancés en politique (depuis Voltaire jusqu'à ces amis momentanés du communisme que furent Anatole France et André Gide) ont toujours été, par contrepoids sans doute, les plus traditionnalistes et les plus attachés à certain classicisme en matières de langue, de style et d'art.

lorsque Gœthe le rencontra à Strasbourg, jugeaient le classicisme et l'intellectualisme français stériles et dépassés. Contre Racine et Boileau, ils en appelaient à Shakespeare ou au folklore et aux littératures que l'on croyait alors spontanées et primitives. Winckelmann, de son côté, demandait le retour aux vrais classiques, à ceux de la Grèce (ou parfois de l'Italie hellénisée) ; et Schlegel, peu après, préconisait le culte de Calderon.

L'Allemagne eut donc, au dire de ceux qui se plaisent à ces catégories, d'abord son âge baroque, puis son romantisme, et en troisième lieu son classicisme, en l'espace d'un siècle (1700-1800). (Voir F. J. Schneider, No. 252.) Ce romantisme de 1767-1787, juvénile, turbulent, excessif, des révolutionnaires du *Sturm und Drang* n'avait donc point, derrière lui, d'héritage classique national, comme en avaient les Français et les Anglais du dix-neuvième siècle se soulevant contre Boileau et Racine, Pope et Dryden. Mais presque au même moment (les *Brigands* de Schiller sont de 1781 et le *Don Carlos* de 1787), et aussitôt après s'être délivré du plus romantique des romans, *Werther,* Gœthe se rend à Weimar, connaît l'influence apaisante de Mme de Stein, entreprend son voyage en Italie (1786-88). Il fait figure, aux yeux de ses compatriotes, de classique, et se complaira quelque temps dans ce rôle d'oracle et d'olympien. Entre temps, une nouvelle génération, née entre 1767 et 1777 (les deux Schlegels, Hölderlin, Novalis, Tieck, Wackenroder, Schelling, Kleist) parfois désignée comme le groupe d'Iéna, proteste contre le classicisme de Weimar et reprend, avec plus de mysticisme et de philosophie rêveuse ou nuageuse, la tentative romantique du « Sturm und Drang. » Le mouvement de la Jeune Allemagne, qui succédera vers 1830 à la grande époque de la littérature et de la philosophie allemandes ne saurait être, sous prétexte qu'il a combattu le romantisme, qualifié de classique. Ni la sérénité, ni la perfection artistique, ni la discipline, ni l'acceptation de leur milieu et de leur public ne les caractérisent, ni même l'excellence tout court, malgré tout le charme et de la prose et des vers de Heine.

La vérité est que la littérature allemande se prête, moins que toute autre en Europe, à ces classifications en écoles et en groupes. Pour elle surtout est vrai le mot de Rémy de Gourmont : « Tout a toujours coexisté. » Ce désordre, qui a été souvent source de richesse et d'originalité créatrice, pourrait tout au plus être ramené à une succession de générations diverses, les unes plus intellectuelles et plus avides d'équilibre, les autres enivrées de leur conviction que « Gefühl ist alles. » Les malentendus qui ont nui en Allemagne, jusqu'à ces dernières dizaines d'années, à une meilleure interprétation et une sage utilisation du classicisme français tiennent donc à des raisons historiques, et notamment à l'absence totale de parallélisme ou de synchronisme entre l'évolution littéraire de l'Allemagne et celle de la France, et à la confusion que firent les critiques allemands entre le XVIIe siècle français et le XVIIIe, entre le classicisme vivant de Pascal, de Racine et même de Boileau et le pseudo-classicisme mort de leurs imitateurs. Le classicisme allemand (même chez Gœthe, et certainement dans *Die Braut von Messina* et *Die Jungfrau von Orleans* de Schiller) se voulut classique avec une conscience de soi et un excès de spéculations académiques qui attristent plus d'une fois le lecteur de la correspondance entre Gœthe et Schiller. Contrairement au préjugé courant, c'est dans la littérature de l'Allemagne et non dans celle de la France que la critique a toujours pesé le plus lourdement sur la création.

Un observateur français de cette littérature peut, sans chauvinisme et sans présomption, se permettre de trouver que cette médiocre utilisation par les Allemands des enseignements du classicisme français fut regrettable pour eux et pour l'Europe. Le sens de la mesure (conçue non comme une règle scolaire ou une sagesse restrictive, mais comme un moyen d'exploration en profondeur et un accroissement de la puissance par la sobriété et la discrétion) est sans doute ce que Poussin ou Racine eussent pu les inciter à unir à leur affection pour le vertige et l'« hubris. » Leur roman, leur théâtre, leur esthétique et leur peinture, si volontiers haussée vers le symbole et la philosophie, y auraient peut-être gagné en pureté et en durée.[15] Un grand écrivain français d'aujourd'hui, qui n'est suspect ni de nationalisme étroit ni d'être fermé à la musique, André Gide, et qui d'ailleurs n'a cessé de goûter les poètes de l'Allemagne depuis le Gœthe du *Second Faust* jusqu'à Rilke, a formulé ainsi le plus constant échec des écrivains allemands : leur impuissance à créer des figures. « Ils ne savent pas se dessiner eux-mêmes ; et plus absolument ils ne savent pas dessiner. C'est là que faillit leur culture. Le grand instrument de culture, c'est le dessin, non la musique. Celle-ci déséprend chacun de soi-même ; elle l'épanouit vaguement. Le dessin, au contraire, exalte le particulier, il précise ; par lui triomphe la critique. » (No. 122, p. 13.)

Il n'y a donc pas, dans l'histoire littéraire de l'Allemagne, de classicisme, c'est à dire d'ensemble d'écrivains ayant poussé très avant l'étude de l'homme intérieur ou celle de l'homme en société, et ayant créé, grâce à un accord avec leur public et leur temps, un théâtre allemand, une prose allemande, un art d'une beauté indiscutée et susceptible de servir de modèle aux générations à venir. Cela ne signifie nullement que l'Allemagne n'ait

15. Les Allemands ont quelque peine à se défaire du préjugé (malheureusement justifié en apparence par quelques néo-classiques français) qui ne voit dans la « mesure, » chère aux Français, que pauvreté et méconnaissance des abîmes. L'un des plus européens et des plus « dynamiques » des Français d'aujourd'hui, Henri Focillon, le faisait remarquer très justement, lors des entretiens gœthéens de 1932 : « Une définition de la France par la mesure est une définition précaire et incertaine, si l'on entend par là nous refuser le sens de la richesse humaine et le don de collaborer à la féconde illusion d'une surhumanité ; . . . en ce qui nous concerne, la mesure doit être considérée non comme un équilibre mais comme une limite. » *Entretiens sur Goethe* (Institut de Coopération intellectuelle, 1932), p. 89.

atteint ailleurs aux plus glorieux sommets (dans la philosophie, dans le lyrisme, dans la musique) et n'implique nul jugement de valeur défavorable : mais que le point de comparaison et le point de départ normal pour l'Allemand qui veut comprendre le classicisme de la France est le seul classique de l'Allemagne, Gœthe.

Un professeur allemand de littérature française, E. R. Curtius, écrivant pour le public français un article à l'occasion du centenaire de la mort de Gœthe l'intitulait : « Gœthe ou le classique allemand. » (No. 71.) Empruntant sa définition du classique à l'un des plus superficiels et des plus contestables articles de Sainte-Beuve, E. R. Curtius faisait une place à l'auteur de *Faust* parmi les divinités d'un temple du goût élargi. « Avec lui (Gœthe), l'Allemagne entre dans le temple classique. » L'originalité du grand écrivain allemand est, selon son panégyriste, triple : il est (avec Mozart) le seul vrai classique du XVIIIe siècle ; il est le premier génie qui soit classique par sa vie autant que par son œuvre, et dont la vie, racontée par lui-même et par maint commentateur, soit même plus classique et plus exemplaire que l'œuvre ; il est enfin (et l'assertion paraîtra contestable aux admirateurs des deux œuvres les plus païennes et peut-être les plus classiques de Gœthe, les *Elégies romaines* et le *Divan*), le premier et le seul classique protestant.

Les Français et les autres peuples qui ne sont point allemands, ne se refuseront pas, comme l'a fait Nietzsche, à saluer dans Gœthe un classique, et un génie en effet assez grand pour constituer à lui seul tout le classicisme allemand. Mais ils restent frappés par tout ce qui, chez Gœthe, déborde le classicisme, et par tout ce qui le sépare, et du classicisme français, et des anciens. N'insistons point sur les côtés bourgeois de ce génie qui admira jusqu'à la fin un Béranger, et sur une peur égoïste du désordre, du risque et de l'héroïsme qui rendent parfois étriquée la sagesse de Gœthe. Racine, Molière, peut-être Sophocle et Aristophane furent aussi bourgeois à leur manière, mais, pour leur bonheur posthume, nul « famulus » n'a transcrit pour les siècles à venir leurs solennelles conversations. Il est plus déroutant de sentir perpétuellement, derrière les efforts classiques de Gœthe, une tension (le *Streben*), une raideur appliquée qui l'éloignent de cette souveraine aisance possédée par les plus grands des Hellènes ou les meilleurs des Français du XVIIe siècle. Il persiste, entre lui et eux, toute la différence qui sépare une réalisation volontaire, patiemment accomplie en dépit d'un milieu et d'un moment défavorables, de l'harmonieuse création jaillie d'une âme sereine et d'une collaboration implicite avec le public et l'époque.

Sans doute est-ce là la raison pour laquelle l'*Iphigénie auf Tauris,* en dépit de ses grandes beautés, n'a jamais conquis un auditoire étranger, ou même des lecteurs enthousiastes hors d'Allemagne. Le drame conserve toujours quelque chose d'un pastiche de l'antique. Son hellénisme est trop spiritualisé ou trop christianisé. La nostalgie dont souffre l'héroïne, regrettant dans l'exil sa lointaine patrie,

Das Land der Griechen mit der Seele suchend,

est la plainte romantique qui perce, malgré toute l'apparente sérénité, dans cette tragédie classique de forme. Un romantique de cœur, comme Taine, le Français du XIXe siècle qui a le mieux goûté Gœthe, a pu saluer dans l'*Iphigénie* allemande « le plus pur chef-d'œuvre de l'art moderne » (No. 270) ; Barrès, autre fils de l'est priant à Sainte-Odile, préfère invoquer les héroïnes de Corneille et de Racine « plutôt que la noble jeune dame un peu lourde de la cour de Weimar » (*Voyage de Sparte,* chapitre XII). Les érudits modernes les plus impartiaux qui ont posé l'insoluble question, « Laquelle est la plus grecque, de l'*Iphigénie* de Racine ou de celle de Gœthe ? » l'ont résolue en faveur du dramaturge français.[16]

La sérénité ! Gœthe en a souvent parlé ; mais il l'a trop célébrée et désirée, pour l'avoir vraiment possédée comme l'un de ces dons naturels, dont on ne fait qu'un cas médiocre parce qu'il vous a été conféré dès le berceau. Les hommes du XVIIe siècle français méprisaient le Moyen Age, mais sans le redouter et sans même soupçonner que quelqu'un fût assez fou pour trouver de la beauté à ces barbares créations des Goths. Mais l'Olympien de Weimar se refusant à contempler les fresques de Giotto, évitant, à Assise, d'accorder un seul regard à la double basilique franciscaine pour n'adorer que le grêle temple de Minerve qui subsiste dans la même ville, était-il un classique sûr de lui, impassiblement confiant dans sa sagesse ? N'est-il pas bien plutôt un romantique impénitent, réprimant en lui, à force de discipline et d'autosuggestion, les impulsions du romantisme ? C'est le même Gœthe qui laissera quelques-unes des remarques les plus romantiques (ne pourrait-on dire, les plus surréalistes) sur le rôle de l'inconscient et du démonisme dans toute création artistique. En 1827, il donnera le titre significatif de *Fantasmagorie classico-romantique d'Hélène* à l'acte III du *Second Faust,* la moins classique des grandes œuvres de la littérature moderne. En 1828-29, à la veille de sa mort, il répudie enfin le vain débat entre classique et romantique, comme « le fatras de règles d'une époque vieillie et guin-

16. Voir G. Dalmeyda, dans son étude consciencieuse et mesurée sur *Goethe et le drame antique* (Hachette, 1908). George Brandes, Danois plus proche de la culture allemande que du classicisme français, se prononce également en faveur de Racine et soutient que les Français sont en général moins loin des Grecs que les Allemands des XVIIIe et XIXe siècles (*Die Hauptstroemungen der Literatur des neunzehneten Jahrhunderts,* traduction allemande, Berlin, Duncker, 1872, vol. 1, chap. XII). H. J. C. Grierson (No. 135, pp. 52-53) déclare de même : « Racine's dramas are more truly classical than Gœthe's or Arnold's just because they express so entirely the spirit of the Frenchman of that age ; and because their form is no mere imitation of the antique, but a living form. »

dée. »[17] Il célèbre les livres des jeunes romantiques français, et prédit à leur littérature, enfin dégagée des étroites servitudes pseudo-classiques, le rôle principal dans l'Europe nouvelle et dans la « littérature universelle » dont il entrevoit la formation prochaine.[18]

D. ANGLETERRE

La littérature de l'Angleterre est, avec la nôtre, la seule parmi les littératures de l'Europe moderne dont le développement ait été continu depuis le Moyen Age. Elle est donc celle dont l'évolution peut sembler le plus exactement parallèle et comparable à celle de la France. Mais de telles comparaisons risquent d'être le plus déroutantes alors même qu'elles paraissent le plus légitimes. S'il n'y a pas en effet deux littératures plus proches l'une de l'autre que l'anglaise et la française, il n'en est pas aussi qui se soient plus souvent mécomprises et mésestimées l'une l'autre. Leurs enthousiasmes eux-mêmes (pour un Ossian, un Walter Scott, un Byron, un Aldous Huxley, ou à l'inverse pour un Du Bartas, un Alexandre Dumas, un André Maurois) n'ont fait souvent qu'accentuer l'incompréhension profonde des deux nations l'une envers l'autre.

La période dite classique que distinguent les Anglais dans leur littérature est, sans nul doute, dans toute l'Europe littéraire la plus proche du classicisme français ; mais justement parce qu'elle

17. Gœthe, *Conversations avec Eckermann*, 17 Octobre 1828 et, sur le même sujet, 6 décembre 1829 (No. 131).

18. Gœthe, lettre du 18 juin 1829 au comte Reinhard, ambassadeur à Francfort : « Il est vraiment merveilleux de voir quel essor a pris le Français depuis qu'il n'est plus enfermé dans des idées étroites et exclusives . . . . Les Français ont déjà le pressentiment que leur littérature exercera sur l'Europe l'influence qu'elle avait déjà conquise au milieu du XVIIIe siècle, et cette fois l'influence sera exercée par des idées plus hautes. »

s'assimila les influences françaises et les transforma en une matière originale, elle créa un classicisme particulier, d'une coloration générale très différente du nôtre, souvent d'ailleurs fondé sur une interprétation partielle ou erronée du nôtre.

Si bien que la ressemblance même entre ces deux classicismes de France et d'Angleterre, et par voie de conséquence, le discrédit où tomba plus tard ce classicisme anglais dans l'estime d'une génération de romantiques novateurs, ont grandement nui dans l'esprit de nos voisins au classicisme français. Parallèlement aux efforts des comparatistes, qui s'attachent aux analogies entre les diverses littératures et aux courants d'influences qui ont imposé aux étrangers le prestige de notre grand siècle (voir les livres de D. C. Fisher, A. F. Clark, A. H. Upham, R. Wollstein, Nos. 106, 54, 285, 309), il est bon d'insister également sur l'originalité foncière d'une période de la littérature anglaise qui n'est francisée qu'en apparence et en surface. L'appréciation du classicisme français en Angleterre a longtemps souffert d'une comparaison implicite avec le prétendu classicisme anglais ; il n'est pas mauvais de mesurer toute la distance qui les sépare et de mettre les Anglais en garde contre la fréquente tentation de rapprocher du leur, et d'interpréter par le leur, notre classicisme, unique dans ses défauts et dans ses qualités, comme tout ce qui est, en littérature, original.

La phase dite classique de la littérature anglaise embrasse, approximativement les cinquante-deux années qui s'écoulent entre la Révolution de 1688 et l'avènement de Georges III. Pope était né en 1688, Richardson en 1689, Samuel Johnson, Hume, Sterne, Gray, Horace Walpole aux alentours de 1712. Dès 1740-45 apparaissent les premiers symptômes de ce que nous appelons aujourd'hui le pré-romantisme, et la tonalité dominante de la période commence à changer.

Par divers traits, si connus que nous nous abstiendrons de les marquer longuement, cette période semble tout d'abord présenter comme une image, parfois comme un reflet de ce classicisme français qui, dès 1688, avait commencé à dépérir. Pour la première fois peut-être, la littérature anglaise rayonne autour d'un foyer unique, la Londres où naquirent Pope, De Foe, et Gray, où accoururent les maîtres du goût littéraire d'alors, Addison, Fielding, Johnson, que chantèrent les *Trivia* de John Gay. Son public se limite à la société polie des salons et des *coffee-houses,* à la cour et à la ville — celle-ci prolongée par quelques résidences plus rustiques, Windsor, Twickenham, Strawberry Hill comme Auteuil, Saint-Germain, et Versailles s'étaient ajoutés à Paris. La recherche de l'intellectualité, le goût du rationnel et du raisonnable, la lucidité d'humoristes amers (Swift, Arbuthnot) ou enjoués (Sterne), ardemment critiques, tout entiers tournés vers le présent et la réalité positive, dédaigneux des chimères de l'imagination ou du lyrisme nostalgique et frémissant, le goût enfin pour l'ordre social, politique et esthétique, pour la politesse célébrée par Lord Chesterfield : tout cela semble reproduire, non sans quelque saveur nationale particulière, la réussite antérieure du classicisme français.

Mais les points de divergence ne sont pas moins frappants pour qui veut se rappeler ce qui faisait la valeur unique du classicisme de France. Le fait même que les écrivains anglais, de Pope à Johnson, se soient voulus classiques, qu'ils aient consciemment ou subconsciemment regardé leurs prédécesseurs français comme des modèles, et désiré remplir auprès de leurs compatriotes le rôle qu'avaient tenu, sous Louis XIV, Boileau, Molière, ou La Fontaine n'est pas sans vicier quelque peu la pureté du classicisme britannique. Le vrai classicisme à nos yeux l'est malgré lui, et souvent à son insu. De plus, si le classicisme de la France n'était pas entièrement indépendant de l'étranger, s'il avait puisé aux sources espagnoles et italiennes, il cherchait du moins à créer un ensemble d'œuvres entièrement nouveau, aussi foncièrement français que l'est Molière vis-à-vis de la farce italienne, ou Racine vis-à-vis d'Euripide. Il n'en fut pas de même en Angleterre au XVIIIe siècle. Les Anglais, venus les derniers au classicisme, prônaient les vertus d'ordre, de lucidité, d'intellectualité, de maîtrise de la forme, comme venaient de le faire avant eux les Français, et souvent en s'inspirant de leurs prédécesseurs. En deux mots, leur classicisme semble moins spontané et moins intérieur. Il regarde volontiers au-delà de la Manche, et semble se contraindre avec quelque effort pour s'imposer la discipline, les qualités sociales et mondaines, le style affiné que les Français avaient paru posséder par l'effet de quelque grâce plus naturelle, et avoir comme nationalisées chez eux.

Le classicisme anglais paraît ainsi, dans l'ensemble de l'évolution littéraire britannique, moins national que celui de la France. Nous ne voulons point laisser entendre par là que nous surestimons la part des influences françaises sur le XVIIIe siècle anglais: cette part reste minime chez des tempéraments aussi originaux et insulaires que Swift, De Foe, Fielding, Johnson. Mais l'âge classique anglais, venant plus tard que le nôtre dans l'évolution littéraire du pays, renie, parfois avec timidité, parfois avec une assurance présomptueuse, le riche héritage de Chaucer, de Spencer, de Marlowe, de Shakespeare. Or une telle ingratitude était plus grave en Angleterre qu'en France. Chez nous, la génération des classiques dédaigna Rabelais et Ronsard pour devenir plus « nationale » qu'eux, et pour honorer par ses œuvres littéraires et artistiques l'apogée de la puissance politique et militaire du pays. En Angleterre, le groupe des classiques se détourna d'un passé trop lourd, ou trop grand pour lui. Les jours glorieux du règne d'Elisabeth étaient révolus ; l'Angleterre ne vibrait plus du même patriotisme qu'aux temps de Drake et de Raleigh. La Renaissance, plus tardive que la nôtre, plus riche aussi, plus ambitieuse dans ses éléments imaginatifs, plus désordonnée et plus excessive, avait tari les sources d'inspiration et épuisé toutes les étrangetés. Le classicisme anglais, sentant que le repos, l'apaisement et même le prosaïsme bourgeois devaient succéder à la tension violente des cerveaux et des cœurs à laquelle un Marlowe, un Webster, un Donne avaient soumis leurs compatriotes, s'efforça, à l'exemple de la France, de cultiver sagement le domaine restreint qui restait encore en friche ; il tourna le dos à ses prédécesseurs.

Il arriva cependant, par un de ces concours de circonstances trop surprenants pour être purement fortuits, que le classicisme anglais, siècle de grands talents non moins que de lumières, ne produisit point de très hauts génies, comparables aux plus glorieux des Elisabéthains ou même à Milton. Il est, on le sait, de ces coïncidences dans l'histoire des littératures. Aucun des grands écrivains du XVIIe siècle français n'avait été un penseur politique ou un philosophe anti-religieux ; au siècle suivant, aucun de nos grands écrivains ne vint au contraire du camp des traditionalistes et des défenseurs de la religion. Le classicisme français reste une réussite unique, parce qu'il groupa en un espace de temps restreint, une pléiade de très grands écrivains, contemporains du prestige politique et social de leur pays, et peut-être supérieurs et en tous cas égaux aux plus illustres de leurs prédécesseurs, comme aux plus illustres de leurs successeurs. Le classicisme anglais, pour des raisons complexes que nous laissons à la philosophie de l'histoire et à la psychologie des peuples le soin d'élucider, ne coïncida ni avec le plus beau moment de la grandeur britannique ni avec la floraison des plus grands génies de la littérature d'outre-Manche.

Les conséquences de ce seul fait suffisent, dans l'appréciation que ces deux peuples voisins portent sur leur classicisme, pour déterminer d'incalculables différences. Le mot « classique » en France peut désigner un grand écrivain du XVIIe siècle et envelopper en même temps un jugement de valeur, c'est-à-dire impliquer que cet écrivain compte parmi les plus grands de son pays ou de tous les pays. En Angleterre, le mot « classique » désigne un auteur de la fin du XVIIe siècle ou du début du XVIIIe. Mais il ne saurait, par lui-même, être synonyme de très grand. Un Français d'aujourd'hui peut donc avec quelque fondement se dire admirateur des classiques et affirmer la prééminence des écrivains du siècle de Louis XIV. Un Anglais ne saurait sans paradoxe prétendre raisonnablement que la période classique est la plus glorieuse de son histoire littéraire. Dryden, Pope, Swift, Goldsmith, quel qu'ait été leur talent, pâlissent aujourd'hui, dans l'ensemble de l'évolution littéraire britannique, entre les géants qui les précédèrent (Shakespeare, Milton) et les géants qui les ont suivis (Wordsworth, Shelley, Keats, Dickens, etc.).

Deux autres traits contribuent encore à différencier du nôtre le classicisme de l'Angleterre. Ce classicisme, étant moins foncièrement national, constituant une déviation légèrement artificielle du cours central de la littérature britannique,[19] est par là

19. Tel est du moins l'avis des étrangers que n'a point séduits la vogue actuelle du XVIIIe siècle anglais. Un critique américain bien informé écrit par exemple : « In comparison with the Classicism of the French, the English Classicism of the eighteenth century, the age of Dr. Johnson and Pope, was a brief ineffective deviation. » (Edmund Wilson, *Axel's Castle,* New York, Scribners 1932, p. 15.) Depuis une vingtaine d'années (avec Edith Sitwell, David Nichol Smith, Geoffrey Tillotson, etc.), la critique anglaise s'est prise d'affection pour la poésie de Pope et tout ce qu'elle contient de raison, d'esprit, de calcul, d'artifice, et d'adresse. Les termes de « raison » et de « classicisme » sont devenus sous leur plume des termes d'éloge. Certes il fallait réagir contre le mépris excessif du romantisme pour l'époque de Pope. Mais nous croyons qu'il y a là affection de professeurs pour une poésie qui se prête particulièrement à l'analyse et qui montre aisément comment elle est faite. Il y a également dégoût pour notre ère de vulgarité démocratique et nostalgie pour la littérature et la société d'un siècle aristocratique, poli, et raisonnable.

même moins pur que le nôtre. Il est déjà chargé de préromantisme, comme disent aujourd'hui nos classificateurs. L'équilibre entre les puissances d'émotion et la raison qui les refrène avait paru en France, pendant une trentaine d'années, réalisé à la perfection. En Angleterre, il est sans cesse comme imposé et contraint. La vraie originalité de l'époque classique anglaise est justement dans cet éternel combat qu'elle se livre à elle-même pour faire triompher la raison et l'ordre, pour réprimer les élans de l'inspiration et les cris de la passion. La grâce sensuelle et la fraîcheur pastorale de certains poèmes de Marvell, le romantisme latent de quelques élégies de Pope, l'intensité lyrique des meilleurs morceaux de Dryden, le réalisme et la sève populaire qui affleurent chez Fielding ou chez l'auteur du *Beggar's Opera,* les préoccupations moralisatrices de Richardson et de Johnson, enfin l'humour féroce de Swift constituent sans doute, dans l'ensemble de la littérature européenne, la contribution la plus originale du classicisme anglais. C'est assez dire que ce classicisme plaît par ce qu'il a de moins rigoureusement classique, et par ce qu'il dissimule discrètement en lui d'éléments romantiques plus proprement anglais.

D'autre part, venant plus tard que celui de France, succédant en Angleterre même à deux révolutions et aux spéculations philosophiques et politiques de Hobbes, de Locke, et de Mandeville, le classicisme anglais correspond à deux périodes que nous distinguons nettement dans l'histoire littéraire de la France : au classicisme du règne de Louis XIV et à l'*Aufklärung* du XVIIIe siècle. La sérénité,[20] l'entente en somme profonde et générale

20. Car le XVIIe siècle anglais est l'époque la plus troublée, et non pas la plus sereine, de l'histoire anglaise : une époque de guerre civile, d'inquiétude et de troubles. Le lyrisme traite alors les sujets les plus personnels (l'amour et la religion, chez Donne, Crashaw, Vaughan, Herbert, Marvell) qu'évitait au contraire le siècle classique français.

entre Français sur les questions de politique, de philosophie et de religion, l'absence de discussion sur la toute-puissance du Roi, que nous avons soulignées comme des traits caractéristiques de notre époque classique française ne se rencontrent à aucun degré en Angleterre. L'auteur de l'*Essay on Criticism,* qu'on appelle parfois le Boileau anglais, est aussi l'auteur de cet *Essay on Man,* dont Voltaire approuvait et admirait la philosophie. Bolingbroke, cet original Shaftesbury qui formule déjà quelques-uns des principes de l'esthétique romantique, Arbuthnot, Swift, les déistes, Hume sont les contemporains de ceux que l'on dénomme les « classiques » anglais. Déisme combatif, critique destructrice, sarcasme amer, pitié sociale, réforme politique : autant de caractères qui rappellent aux Français Montesquieu, Voltaire, Diderot ou les Encyclopédistes, mais non point Racine et Bossuet. Ces traits sont pourtant essentiels à toute compréhension du classicisme de l'Angleterre, fort éloigné, on le voit, de ce que nous désignons en France par le même mot.

La contre-épreuve a d'ailleurs été donnée : les classiques de l'Angleterre comprirent assez mal ceux que nous considérons en France comme nos plus purs classiques, Racine, La Fontaine, Bossuet. L'histoire de la fortune de Racine en Angleterre, qui n'a pas encore été faite comme elle devrait l'être, le montrerait clairement. Si Gray goûta le tragique français, ni Pope ni Johnson ne l'apprécièrent. Les traductions des tragédies raciniennes en anglais, dans tout le cours du XVIIIe siècle, ne sont pas seulement d'assez disgracieuses infidèles ; elles témoignent, par les déformations qu'elles font subir aux originaux, d'une incompréhension radicale des qualités dramatiques et poétiques où nous paraît consister l'essence de leur classicisme. (Voir F. Y. Eccles, No. 85.)[21] Par contre, le Français qui, ignorant des dates et des

21. L'abbé Prévost, qui observa l'un des premiers le faible succès que remportait Racine en Angleterre, l'expliquait, en bon anglomane du XVIIIe siècle, par

classifications de l'histoire littéraire, lirait « uchroniquement » les écrivains anglais et dirait naïvement ceux qui lui donnent un plaisir analogue à celui qu'il trouve aux vers de Racine et de La Fontaine, désignerait probablement quelques textes de Dryden, de Marvell, de Milton, et par dessus tout sans doute de Wordsworth. Ce poète que nous devons bien appeler romantique est l'auteur des vers anglais qui paraissent à un Français (et peut-être auraient paru à un contemporain de Virgile) les plus classiques, dans le sens large et noble du mot : *Laodamia, An Evening Walk* ou ces accents qui célèbrent avec dignité sereine et simplicité grave

The silence that is in the starry skies,
The sleep that is among the lonely hills.

Si tant de divergences, jointes à des ressemblances d'autant plus trompeuses qu'elles semblent plus étroites, séparent du nôtre le classicisme britannique, nous étonnerons-nous que les Anglais aient longtemps éprouvé quelque peine à apprécier nos classiques ? Un étudiant anglo-saxon aborde en général l'étude de nos classiques après s'être familiarisé avec Shakespeare et Milton, avec les romantiques de son pays, et avec les écrivains du XVIIIe siècle anglais. Chez les classiques de France, il croit tout d'abord trouver une littérature raisonnable, disciplinée, adroite, mais inférieure aux audaces de la Renaissance, comme aux élans passionnés de Shelley et de Coleridge. Il découvre bientôt, cependant, que les critiques et les professeurs français semblent accorder à leurs classiques une admiration autrement ardente que n'en donnent les Anglais à leur « Age of Reason. » Et si on ne le met en garde

le sérieux et la profondeur du caractère anglais : « Le génie anglais naturellement porté au sérieux, a plus de profondeur que de délicatesse, préfère l'énergie à l'agrément, et croit en général que l'élégance nuit à la force. De là le peu d'estime que l'on fait dans cette nation des ouvrages de notre illustre Racine. » (Cité par E. Audra, No. 10, p. 144.)

contre ces analogies, il s'expliquera aisément, et faussement, ce trait par l'attachement traditionnel des Français à leur siècle de Louis XIV, par leur goût de l'intellectualité, leur excès de technique et leur défiance de l'imagination.

Tous les professeurs l'ont éprouvé en présence d'auditoires étrangers : si un Français leur expose avec conviction, mais de la même manière qu'il le ferait à ses compatriotes, la beauté de Racine, de La Fontaine, de Corneille, les mérites de Boileau, de Bossuet et de Mme de Sévigné, l'auditeur anglais ou américain s'attendra à trouver chez Corneille ou Racine des tragédies analogues à celles de Dryden ou même au *Cato* d'Addison ; il mettra presque sur le même plan Congreve et Molière, les fables de Gay et celles de La Fontaine, Tillotson ou Barrow ou Jeremy Taylor, et Bossuet, les lettres de Lord Chesterfield ou de Lady Montagu, et celles de la Marquise de Sévigné, l'*Essay on Criticism* et l'*Art poétique* de Boileau.[22] Il déplorera même, dans le XVIIe siècle français, l'absence de ces discussions politiques et philosophiques, de cette foi au progrès et de cette ardeur réformatrice qu'il goûte dans son « Age of Reason » et chez les philosophes de notre XVIIIe siècle. D'où la différence de ton que l'on constate entre les travaux, nombreux et sympathiques, souvent pleins d'un enthousiasme qui nous surprend presque, consacrés par les érudits anglais et américains à notre XVIIIe siècle, et la froideur ou le silence de ces mêmes érudits envers le classicisme français.[23]

22. La magnifique hardiesse de la psychologie racinienne, le lyrisme oratoire de Bossuet, le charme mélodieux des *Elégies* ou des *Fables* de La Fontaine, échappent facilement aux lecteurs anglais qui ne consentent pas à oublier leur littérature pour aborder la nôtre avec un esprit frais et ouvert. Pascal, probablement à cause des affinités entre le jansénisme et le puritanisme, a toujours attiré davantage les Anglais, sans que son originalité fulgurante ait été bien comprise. Seule la supériorité de Molière dans la comédie n'a guère été contestée à l'étranger.

23. Bossuet, Retz, La Fontaine, Saint-Simon, La Bruyère semblent n'avoir jamais inspiré la critique ou l'érudition anglaises et américaines. Par contre, le courant libertin et dissident qui (de Charron et Vanini à Saint-Evremond, aux auteurs de voyages extraordinaires, à Bayle et Fontenelle) unit le siècle de la Renaissance au

Cette assimilation paresseuse, encore que fort naturelle de notre classicisme au prétendu classicisme anglais explique encore comment ces deux périodes littéraires, pourtant si différentes, ont été confondues dans une même réprobation et un même mépris lors de la révolution romantique. Aux Français revient une large part du blâme, puisqu'ils s'obstinèrent, au XVIIIe siècle, sous le Premier Empire et plus tard encore, à comparer leur pseudo-classicisme artificiel, leurs recettes timorées et leurs écrivains les plus académiques avec les modèles vigoureux et hardis de la grande époque. Ils s'étaient, depuis le *Siècle de Louis XIV* de Voltaire jusqu'à La Harpe, Fontanes et Nisard, si enorgueillis du prestige universel de leur littérature classique et de son influence (dans l'ensemble peu féconde), qu'ils firent paraître ce prestige et cette influence plus réels et plus bienfaisants qu'ils ne l'étaient en effet.

Il arriva donc que, lorsque Coleridge, Lamb, Hazlitt, Shelley, Keats, De Quincey, Carlyle partirent en guerre contre la diction poétique du XVIIIe siècle et contre l'*heroic couplet,* contre la poésie raisonnable de Pope et les lourdeurs dogmatiques de Samuel Johnson, ces romantiques purent se poser en champions du passé national et de la fière originalité anglo-saxonne contre un siècle de littérature abâtardie par l'influence française. Le classicisme français avait été si indépendant et si national que le romantisme parut d'abord importé de l'étranger. Pour triompher des préjugés traditionnels, ce romantisme dut s'efforcer de prouver qu'il avait eu des ancêtres au Moyen Age, chez les poètes de la

siècle des lumières, c'est-à-dire l'aspect non classique de l'âge classique, est l'objet d'un intérêt si vif hors de France, que la vraie perspective en est souvent déformée. Certains critiques, pour éviter la confusion que nous signalons entre le classicisme français et le « classicisme » d'Angleterre, voudraient réserver au XVIIe siècle français l'adjectif « classique » et appeler la période correspondante de l'Angleterre « Augustan » ou « augustéenne. » (Ce néologisme français est employé par Middleton Murry, No. 200, p. 358 et par Fernand Baldensperger, *Revue de Littérature Comparée,* VII [année 1927], pp. 553-556.)

Pléiade ou chez les « grotesques » du XVIIe siècle. Toute la subtilité de Sainte-Beuve, toute l'éloquence de Michelet et d'Augustin Thierry, l'ingéniosité pittoresque de Théophile Gautier s'employèrent à faire admettre cette thèse à un public habitué à vénérer ses classiques comme son plus précieux héritage.

Les romantiques anglais eurent beaucoup moins de peine à démontrer que les véritables richesses de leur littérature étaient dans Spenser, Shakespeare, les Elisabéthains chers à Lamb et à Hazlitt, mais non dans l'importation d'un art froid et poli, bon tout au plus pour ce peuple esclave et turbulent qui avait, pendant vingt ans, bouleversé l'Europe et troublé la quiétude britannique. Vers 1780-1800, l'incompréhension du classicisme français devint donc générale en Angleterre. Elle le demeurera pendant près d'un siècle. Elle éclate avant tout chez ces brillants athlètes du romantisme anglais qui insultèrent nos classiques, non tant par répugnance à leur égard (car ils les lurent fort peu) que parce qu'ils voyaient en eux les modèles d'un siècle de leur propre littérature qu'ils méprisaient, et d'une génération, dira Keats, *nurtured by foppery and barbarism.*

Ah ! dismal soul'd !
The winds of heaven blew, the ocean roll'd
Its gathering waves — ye felt it not. The blue
Bared its eternal bosom, and the dew
Of Summer nights collected still to make
The morning precious : beauty was awake !
Why were ye not awake ? . . .

Ainsi vitupérait en 1817 le jeune auteur de *Sleep and Poetry* répudiant tous les versificateurs anglais du siècle précédent qui déguisés en poètes, s'étaient rangés « sous la bannière d'un certain Boileau. »[24] Coleridge et Carlyle, qui demandaient à l'Allemagne

24. J. Keats, *Sleep and Poetry,* vv. 176-182.

le secret d'une inspiration métaphysique plus sublime et d'une sève populaire plus robuste, se montraient plus violents encore dans leur incompréhension brutale de nos classiques. Hazlitt, si pénétrant à ses heures, devient, lorsqu'il s'agit d'humilier Racine, d'un aveuglement à peine concevable.[25] Shelley hausse les épaules avec dégoût devant cette littérature monarchique et chrétienne.[26] Landor et De Quincey vont jusqu'à l'insulte grossière ou, dépourvus de tout sens de l'humour (péché mortel pour des Britanniques) proposent de corriger les vers de Racine pour les rendre plus musicaux.

Ce romantisme déchaîné d'outre-Manche apaisera bientôt sa véhémence. Une génération plus sage, victorienne, plus classique comme on l'appelle parfois, lui succédera dès 1860. Cependant ni Macaulay, ni Thackeray, ni Matthew Arnold, ni Ruskin, ni même le subtil Walter Pater ne comprendront ou n'apprécieront beaucoup mieux notre classicisme.[27] Il ne faudra rien moins que l'avènement d'un nouveau siècle et d'un esprit nouveau, qu'un lent épuisement du romantisme de l'Angleterre devenu, avec Swinburne, Hardy, Oscar Wilde et autres, à demi décadent, pour modifier l'opinion britannique sur la littérature française du règne de Louis XIV. (Voir Nos. 156, 87, 88, 89, 201, 311.)

25. Les textes de Hazlitt et de Thomas De Quincey, auxquels il est fait allusion, sont indiqués dans notre chapitre IV, note 27.

26. Voir notre ouvrage sur *Shelley et la France* (Le Caire, Publications de l'Université Egyptienne, 1935), pp. 71-73.

27. Matthew Arnold a parfois fait l'éloge du classicisme français. Il a proclamé par exemple devant un auditoire américain : « In England and America the French literature of the XVIIth century is peculiarly fitted to do great good, and nothing but good. » M. Arnold, « Numbers » dans *Discourses in America* (New York, Macmillan, 1885, p. 53). Dans l'ensemble il a surtout servi la gloire de Renan, de Sainte-Beuve, de Joubert, de Maurice de Guérin, et de Senancour : il n'a pas très bien compris la littérature française du passé. Mais inclinons-nous devant un homme qui a eu le courage de lire et de relire l'insupportable *Obermann !*

Puisque le mot classique reste, dans l'esprit de beaucoup, synonyme d'excellent ou de supérieur, cela peut paraître une preuve de fatuité naïve, chez un Français, que d'avancer que le classicisme de son pays est le seul authentique, et que les autres peuples n'ont possédé, de ce modèle suprême, que des copies effacées. Les Français étaient-ils donc, seuls entre les nations modernes, prédestinés à être classiques ? Le classicisme correspond-il, dans leur caractère national, à quelques traits fondamentaux et originaux ? On pourrait le soutenir, à l'aide de maint argument que fourniraient à l'envi l'histoire, la géographie, la psychologie des peuples, peut-être même l'anthropologie et l'ethnographie. On pourrait également montrer que ni les cathédrales gothiques, ni les trouvères du Moyen Age, ni les Croisades, ni Rabelais, ni même Montaigne, n'avaient laissé prévoir le classicisme à venir du XVIIe siècle, et que les Français, classiques en 1660, ne l'étaient en 1580 guère plus que les Anglais ou les Espagnols d'alors.

Nous ne saurions plus aujourd'hui, sans faire preuve d'un parti-pris étroit ou d'un aveuglement volontaire, prétendre que le classicisme résume tout le meilleur de la France et que le Moyen Age ou que le XIXe siècle ont été moins français, ou moins grands, que l'époque du Roi-Soleil. Contentons-nous de répéter que, par suite d'un concours de circonstances diverses, dont quelques-unes furent purement fortuites, la France, la première en date parmi les nations de l'Europe et sans doute la seule, créa ou connut, au XVIIe siècle, cet ensemble complexe, littéraire, artistique, philosophique, auquel a été donné le nom de classicisme. Par ce classicisme, les Français traduisirent quelques-uns des traits les plus profonds de leur caractère ou de leur « génie » : leur goût de l'ordre, de la lucidité dans la connaissance de soi ; leur recherche d'un lyrisme discret et pudique, attaché à traduire les objets extérieurs plutôt que le débordement du moi et à s'enfermer volontairement dans un cadre architectural ; leur don unique pour fouiller les replis des âmes et pour comprendre et éclairer les mobiles secrets des consciences et des cœurs ; enfin leur sens de la forme et de l'art.

D'autres littératures ont été plus sublimes, ou plus ardentes, ou plus déchirantes dans la traduction des angoisses de la sensibilité, ou d'une hardiesse imaginative supérieure. La littérature française elle-même, à d'autres époques, a poussé plus loin l'utilisation des puissances de suggestion des mots, des images et des sons et nous fait aujourd'hui paraître pauvre de résonance et dépourvue de secrets la poésie d'un Pope ou d'un Boileau. Mais il s'est trouvé qu'aucun autre peuple moderne n'a possédé au même degré la même combinaison de qualités et n'a créé une littérature « classique » comparable à celle du XVIIe siècle français. Et, comme il n'est guère possible de connaître vraiment la France sans connaître le visage classique qui est l'une de ses faces, l'étranger, faute de se défier des mots et des classifications chargés de tromperie, a souvent abordé le classicisme français avec des préventions, des antipathies, ou même des sympathies mal éclairées, qui ont ajouté aux incompréhensions mutuelles entre les littératures et entre les peuples.

VIII

CLASSICISME ET NÉO-CLASSICISME

CONCLUSION

Deux points, parmi ceux que nous avons souhaité établir ou éclaircir dans les pages qui précèdent, conduisent à des questions qu'un chapitre final doit envisager. La grandeur originale et peut-être inégalée de la littérature classique française n'a-t-elle pas pesé lourdement sur les époques qui ont suivi le classicisme, et ne les a-t-elle parfois accablées, comme a fait Dante pour les lettres italiennes et peut-être Gœthe pour l'Allemagne moderne ? D'autre part, cette réussite que fut, pour bien des raisons précédemment énumérées, la littérature française du XVIIe siècle est-elle restée unique ? Si les « classicismes » de l'étranger n'ont guère de commun avec le nôtre que le nom, et, tout au plus, quelques traits de ressemblance fort extérieurs, en est-il de même en France pour les périodes que l'on a voulu à diverses reprises qualifier de néo-classiques ?

L'histoire entière de la littérature française depuis la mort de Louis XIV répond éloquemment à la première de ces questions. La loi profonde de cette histoire est la riche variété de perpétuels renouveaux. Diderot, Hugo, Michelet, Balzac, Rimbaud, Zola, Claudel ne sont en rien des continuateurs de la littérature du XVIIe siècle. Le cartésianisme d'ailleurs souvent exagéré par les Français eux-mêmes qui se croient plus logiques ou plus méthodiques qu'ils ne le sont, n'a pas empêché la France d'être aussi le pays du bergsonisme, le berceau du néo-thomisme, le foyer de culture de l'obscurité symboliste et des excentricités les moins raisonnables chez les jeunes dadaïstes et surréalistes qui semblent proclamer : *credo* ou *amo quia absurdum*. Pays des académies et des traditions, la France l'est aussi des révoltes les plus audacieuses. Nombreux sont les Français qui n'ont ressenti et professé pour leur classicisme qu'antipathie et dédain. Ceux qui l'aiment savent par contre l'aimer contre ces adversaires, c'est-à-dire avec flamme et avec vie.

Aussi la fortune du classicisme à travers les diverses périodes de l'histoire littéraire française est-elle marquée par de curieuses vicissitudes. Nul ne l'a encore écrite, et c'est grand dommage. Rien ne serait plus instructif que de suivre, génération par génération, les jugements que les deux derniers siècles ont portés sur leurs prédécesseurs de l'époque classique. On y verrait sans doute que l'ère dite romantique (1815-1843 si l'on veut) est loin d'avoir uniformément médit des classiques. Elle en a même, tout bien considéré, fort peu médit. Chateaubriand ou Lamartine ont dû une large part de leur succès à toutes les survivances classiques que leur public retrouvait dans les *Martyrs* ou dans les *Méditations*. Stendhal, Mérimée, Musset ne choquaient que bien peu les lecteurs de La Bruyère, de Voltaire, de Marivaux. Mme de Staël elle-même, si attaquée par nos néo-classiques nationalistes, n'a jamais réussi à aimer vraiment le drame espagnol ou la poésie anglaise de la Renaissance et goûtait Racine plus que Shakespeare. Delacroix ne cessera de vénérer Poussin et se montrera envers Racine, « le romantique de son époque, » bien plus indulgent, et peut-être plus intelligent, que le normalien Taine.[1] Pierre Moreau a apporté, à cette enquête sur ce qui persiste de classicisme chez

1. « On lui a reproché de n'avoir fait que des Grecs de Versailles. Eh, que voulait-on qu'il fît, sinon ce qu'il avait sous les yeux ? Mais il a fait des hommes et surtout des femmes. » Delacroix, *Lettres* (édition Burty, Quantin, 1878, p. 291).

nos romantiques, une utile contribution (No. 192). Une histoire détaillée de la fortune de Racine (voir l'ouvrage de Bentmann, No. 26), de Boileau, de Bossuet dans les quarante premières années du dix-neuvième siècle[2] montrerait sans doute que ce sont ces années romantiques qui virent accepter par l'université et la critique, et par le grand public demeuré fort bourgeois, la consécration des écrivains du dix-septième siècle comme « classiques français » et leur œuvre comme base de l'éducation littéraire de la jeunesse,

Au contraire, la génération suivante, que l'on baptise commodément d'anti-romantique parce qu'elle a reproché à Lamartine et à Musset un excès de sensiblerie et quelques défauts de forme, fut à son insu baignée dans le romantisme. Flaubert à Rouen, Leconte de Lisle à Rennes, Fromentin en Charente, Baudelaire parmi la bohème parisienne, Renan au Séminaire, et Taine lui-même à l'École Normale grandirent dans l'admiration de Victor Hugo et de Delacroix, de Byron et de Michelet, ou de Herder et de Hegel. Jamais certes, au cours de notre histoire intellectuelle des deux cents dernières années, n'a-t-on vu autant d'esprits de premier ordre répudier l'héritage sacro-saint du classicisme français, ou l'écarter au point de ne rien lui demander comme inspiration vivante. L'Inde bouddhique, la Grèce primitive, la Chine même, et le Japon ou la Germanie charmèrent par leurs légendes, leurs cosmogonies et leur art ces hommes du Second Empire. Là furent pour eux ces contrées de rêve où l'on aime à se réfugier pour mieux mépriser son auditoire contemporain de philistins ou de décadents.

Si ces écrivains de 1850-1880 ont pu être parfois appelés des néo-classiques en réaction contre le romantisme, ce n'est point dans le sens d'admirateurs ou de continuateurs du XVIIe siècle.

2. L'histoire de la fortune de Molière a été faite en partie par Otis E. Fellows, *French Opinion of Molière*, 1800-1850, Providence, Brown University Press, 1937.

L'antiquité qu'ils admiraient était soit la Grèce primitive et farouche, soit l'Athènes républicaine et polythéiste (Leconte de Lisle, Louis Ménard) que Racine ou Fénelon n'avaient certes pas songé à célébrer. Les universitaires de l'époque précédente, contemporains des romantiques (Patin, Nisard, Saint-Marc Girardin, Cousin amoureux des héroïnes romanesques de la Fronde) avaient chéri le XVIIe siècle et souhaité vivre à Versailles ou à Marly.[3] Sous Napoléon III, l'Université, libérale ou républicaine, s'emploie au contraire à détrôner le classicisme de la position privilégiée où l'avaient élevé Voltaire, La Harpe et Chateaubriand. La critique la plus écoutée est loin de traiter avec des égards les classiques du XVIIe siècle : Schérer les bannit presque entièrement de ses volumineuses *Etudes de littérature contemporaine.* Montégut, Amiel les mentionnent rarement. Sainte-Beuve, à la fin de sa vie, semble leur préférer la pensée plus hardie du XVIIIe siècle ou de ceux qui alors reprennent la tâche du XVIIIe siècle irréligieux et positiviste, Taine et Renan. Michelet décerne le titre de « grand siècle » au groupe d'années qui prépara la grande Révolution. Bersot, admirateur de l'*Encyclopédie,* Ernest Havet, Alphonse Peyrat, Renan enfin laissent éclater leur mépris pour cette littérature trop peu critique dont on les a rassasiés et dégoûtés au collège.[4] Taine, s'il a admiré La Fontaine, Saint-Simon et même

3. Flaubert s'est bien écrié un jour (lettre à Louise Colet du 4 septembre 1852) : « Que ne vivais-je sous Louis XIV avec une grande perruque, des bas bien tirés et la société de M. Descartes ! » (oubliant d'ailleurs que Descartes est mort dix ans avant le règne effectif de Louis XIV). Mais il transporte aussitôt son rêve plus loin dans le passé, au temps de Néron ou au temps de Périclès et d'Aspasie. Flaubert est pourtant, avec Baudelaire dans quelque mesure, celui des écrivains de cette génération qui s'est montré le plus sympathique au classicisme. Nous avons cité plus haut, chap. v, note 18, son amusant aveu sur Boileau.

4. Voir No. 235 quelques jugements fort hostiles à Pascal, Bossuet, dans l'*Avenir de la Science.* Si Renan a jamais oublié son souci d'insinuer par des « nuances aussi indiscernables que celles du cou de la colcombe, » c'est bien le jour où il s'est emporté contre la littérature classique et en particulier contre Bossuet. « Je vous félicite, » écrit-il en 1856 à Alphonse Peyrat, No. 237, « d'avoir osé attaquer avec tant de franchise et de vigueur l'une des idoles de l'admiration

Mme de La Fayette ou La Bruyère, a laissé sur Boileau et sur Racine les pages les plus laborieusement erronées que l'on ait écrites.

« Personne ne peut lire Boileau sinon à titre de document historique. . . . Corneille et Racine ont fait des discours admirables et n'ont pas créé un seul personnage tout à fait vivant. Shakespeare n'a pas fait un seul discours concluant et éloquent. . . . » (No. 269, pp. 104, et 111.)

On se prend à se demander si le futur historien de la littérature anglaise, en écrivant ces lignes en 1857, avait lu les discours de *Troilus and Cressida,* d'*Henry V,* d'*Othello,* autrement longs et non moins éloquents que ceux des tragiques français. La raison oratoire, pour nous aujourd'hui, paraît plus encombrante et plus déplacée dans les drames de Victor Hugo, dans les éloquents volumes de Taine, et même dans les *Chants de Maldoror,* que dans Racine.[5]

Tout ce qui touche au goût esthétique d'une époque donnée est donc complexe à l'infini et difficilement susceptible de géné-

routinière . . . . Cette *Histoire universelle* de nos jours mériterait à peine de figurer parmi les ouvrages destinés à un pensionnat de religieuses. . . . Bossuet n'est qu'un sorboniste encroûté. »

5. On recueillerait bien d'autres dénonciations sévères de Racine chez les écrivains de la même génération : chez les Goncourt, par exemple, *Journal,* à la date du 17 août 1881, ou lorsqu'ils rapportent que Théophile Gautier s'excusait d'avoir dû rendre compte dans un feuilleton de ce Racine « qui faisait des vers comme un porc. » Banville, lui-même admirateur de Racine, rapporte dans ses souvenirs les boutades de son ami Méry : « Surtout le recit de Théramène, qui n'a d'autre tort que de charmer démesurément les marchands de soupe, était la cible de ses plus cruelles plaisanteries, et il ne tarissait pas en railleries ironiques sur ces poltrons de gardes qui fuient ' sans s'armer d'un courage inutile ' et abandonnent leur jeune maître dévoré par un thon. » (Banville *Mes Souvenirs,* Charpentier, 1882, p. 315.) Verlaine enfin, qui a envié la sagesse d'un Louis Racine, n'invoque, dans ses moments de ferveur catholique, ni le Racine d'*Athalie* ni Pascal ni Bossuet. A ces classiques de France, il préfère

Ce poète terrible et divinement doux,
Plus large que Corneille et plus haut que Shakespeare.

Devinerait-on qu'il veut désigner Calderon ?

ralisation. La logique y a peu de place. Les moments où la France a le plus goûté Racine, par exemple, où ses écrivains ont conté avec le plus d'amour sa vie ou célébré sa poésie, où ses théâtres ont applaudi *Phèdre* et *Britannicus* (l'après-guerre par exemple) ne sont nullement des périodes de tonalité classique. Par contre, si l'on entend par classique le désir de l'ordre et de la modération, la prédominance de la raison et de la lucidité analytique sur les forces spontanées ou aveugles de l'émotion et de l'imagination, il est vrai que la génération dite parnassienne représente un retour au classicisme, venant après un ébranlement romantique et un relâchement de toutes les disciplines. Mais ce classicisme de l'Art pour l'Art n'a certainement point cherché ses modèles parmi les auteurs du XVIIe siècle. Il a voulu dépasser le romantisme, refaire, mais *à sa manière* et non à la leur, ce que de grands écrivains avaient accompli vers 1660 en combattant et dépassant les excès et les désordres de leurs prédécesseurs du règne de Louis XIII. La vérité est que dans la vie littéraire d'une nation comme dans la vie psychologique d'un individu, on ne se baigne jamais deux fois dans le même fleuve. La France l'a presque toujours compris. Elle a très rarement imité les créations classiques du règne de Louis XIV : mais elle a appliqué leur leçon profonde, qui est une leçon de jeunesse, de révolte contre le faux et le conventionnel, de répudiation du précieux, du mélodramatique et de l'académique. La prétendue « ère classique » du Second Empire, qui a critiqué et les romantiques et l'admiration scolaire pour les auteurs du XVIIe siècle, a créé autre chose que nous appelons provisoirement « le moderne » : le réalisme dans le roman, la révolte poétique de Baudelaire, Rimbaud et Mallarmé, la notation aiguë de la vie contemporaine chez Daumier, Courbet, Manet, Degas.

D'autres époques, cependant, se sont voulues ou se sont dites néo-classiques. Le prestige du mot classique est resté tel, en Europe et en particulier en France, qu'il emplit toujours de fierté et semble hausser de quelques coudées celui qui se fait appeler ou que l'on appelle « un classique » — fût-il François Ponsard ou Jean Moréas. Le critique, au contraire, qui qualifierait Mme de Noailles, ou Claudel, ou Suarès de « véritable romantique » s'attirerait de redoutables foudres. Vingt fois depuis un demi-siècle, les observateurs des lettres françaises ont prédit avec le plus grand sérieux un retour imminent aux valeurs classiques. Dix fois, et en toute sincérité, de jeunes écrivains se sont groupés en nouvelle pléiade classique, ont donné à leur revue éphémère le sous-titre d'« organe d'une renaissance classique, » et ont conquis par ce sûr moyen la sympathie des universitaires, des directrices de salons littéraires ou de sociétés de conférences, et l'attention des journalistes.[6]

Le mieux organisé et le plus sincère de ces retours au classicisme est celui qui précéda la guerre de 1914. Pas plus que d'autres tentatives analogues de « retour en arrière, » il ne vint de l'Université. Il est arrivé que des universitaires français, à qui incombe la tâche d'interpréter à la jeunesse les grandes œuvres classiques, soient devenus des laudateurs exclusifs de ce classicisme : mais ce fut alors pour combattre les tendances contraires de leur public. Nisard, Saint-Marc Girardin s'en étaient pris, avec violence, au romantisme ; Brunetière, et avec une ténacité et une conviction moindres, Faguet, Lemaître et Anatole France se firent les champions du classicisme pour attaquer par ricochet les audaces ou les dérèglements des naturalistes et des symbolistes. Les vrais héritiers

6. L'« Ecole romane » groupée autour de Charles Maurras, Raymond de la Tailhède et Moréas est encore considérée par certains historiens de la littérature comme une réalité. De même et sur un autre point de la géographie littéraire française, il a suffi de quelques réunions de café et de deux ou trois manifestes pour conquérir au « populisme » droit de cité dans les manuels et titre à inspirer quelques thèses dans le Nouveau-Monde. Heureux les groupements d'écrivains et leurs chefs, car ils auront l'immortalité dans les écoles, sinon le royaume des cieux de la gloire !

de ce dogmatisme un peu lourdaud qui avait fait prononcer aux Nisard, aux Pontmartin, aux Brunetière tant d'arrêts rigoureux que nous avons cassés depuis, ont été, en notre siècle, Pierre Lasserre, Henri Massis, Ernest Seillière, et quelques autres princes obstinés de l'erreur. Ils attaquèrent sans ménagements l'Université et ce qu'ils dénommèrent sa « doctrine officielle. » Les sots, certes, ne manquent pas parmi les universitaires et quelques esprits chagrins peuvent même prétendre, comme le faisait le Louis Lambert de Balzac, que les gouvernements choisissent leurs professeurs timorés et étroits à dessein.[7] Mais il faut avouer que l'honnêteté intellectuelle et la pénétration d'un Gustave Lanson par exemple (dont la méthode fut le point de mire des attaques néo-classiques) ont autrement servi notre compréhension du XVIIe que les déclamations de ses adversaires.

L'histoire littéraire plus objective et plus scientifique à quelques égards qu'ont pratiquée Gustave Lanson et ses émules ou disciples a d'ailleurs, depuis 1900 environ, cessé d'accorder au XVIIe siècle une place privilégiée dans ses études. N'a-t-elle même point préféré les autres siècles au siècle classique ? Rabelais, Ronsard, Montaigne, Voltaire, Rousseau, Flaubert ont suscité plus de travaux et des travaux plus neufs que n'importe quel écrivain du grand siècle, excepté peut-être Pascal. Mais Pascal a longtemps passé pour un isolé dans son siècle, une manière de romantique égaré dans un milieu de courtisans raisonnables (voir sur Pascal et la critique récente notre article, No. 220). Sur Corneille, sur La Fontaine, sur Retz, Mme de Sévigné, Bossuet et même sur Molière, le grand livre reste encore à écrire.

La froideur pour ne pas dire davantage, que la Sorbonne témoigna aux zélateurs trop exclusifs du classicisme ou d'un nou-

7. « Si le gouvernement avait une pensée, je le soupçonnerais d'avoir peur des supériorités réelles qui, réveillées, mettraient la société sous le joug d'un pouvoir intelligent. Les nations iraient trop loin trop tôt, les professeurs sont alors chargés de faire des sots. » Balzac, *Louis Lambert,* lettre du 20 septembre écrite par le héros.

veau classicisme (à la thèse retentissante de Pierre Lasserre, aux théories maurrassiennes,[8] ou plus récemment aux dénonciations anti-romantiques de Léon Daudet, d'Ernest Seillière, de Louis Reynaud) indique bien tout ce qu'il y eut dans ce mouvement de partial et d'excessif, d'anti-universitaire pourrait-on dire, dans la mesure où l'adjectif « universitaire » désigne la sagesse et la modération, le souci de la vérité nuancée et timide plus que de l'originalité belliqueuse. Cela d'ailleurs n'est pas un mal. Et le siècle classique n'étant plus le siècle préféré des universitaires y gagne d'être abordé avec plus de fraîcheur par la jeunesse, toujours avide de réagir contre les idées reçues et les admirations proposées par ses maîtres. On frémit parfois de songer à ce que la jeunesse de 1960 pensera de Baudelaire, de Mallarmé, de Rimbaud et de Proust, désormais entrés dans les programmes et commentés par les plus vénérables professeurs de littérature, d'esthétique, et de psychologie.

Entre les années 1902-1905, qui marquent, avec le triomphe des partisans de Dreyfus et le glissement d'une belle mystique vers la sordide politique, le début du vieillissement de la Troisième République, et les années 1910-1913 qui voient naître une littérature nouvelle et audacieuse, se place le mouvement néo-classique le plus bruyant que la France ait connu. L'*Action Française* devient, en mars 1908, un quotidien important ; la *Revue Hebdo-*

8. Ces sentiments furent réciproques. Il existe, sur le grand-prêtre de l'Idéal classique, Brunetière, une page du néo-classique nationaliste Maurras dont l'ironie virulente est digne du meilleur Voltaire. « On assiste à la formation de l'Idéal classique. On admire la longueur de l'enfantement. Comme à Jupiter pour Hercule, il fallut aux dieux pour engendrer ce considérable Idéal toute la longue et féconde nuit médiévale. Ils accouchent enfin de 1498 à 1550. . . . Idéal classique paraît. Il grandit. Sa famille le conduit à l'école [« A l'Ecole de l'antiquité, » dit un des titres de chapitres], et bientôt le petit Idéal se distingue par sa diligence et son application. Il conquiert tous les prix. Mais, ayant obtenu la main de la jeune Littérature française, voilà qu'il « nationalise » cette dernière, qui n'a plus désormais qu'à se ' déformer ' au plus tôt. » Charles Maurras, *L'Allée des Philosophes,* No. 183, pp. 206-223.

madaire, au même moment, se rajeunit ; la *Revue Critique des Idées et des Livres* se fonde (1908) ; les *Marges,* en 1909, s'élargissent en périodique régulier ; Henri Clouard parle du « renouveau français de l'année 1912 » (No. 57, p. 36) ; la *Minerve française,* l'*Opinion,* la *Revue Universelle* suivront après la guerre. Le *Divan* célèbre les louanges de Stendhal, de Toulet, d'Abel Hermant. Unis par une étroite camaraderie, prompts à vanter mutuellement leurs écrits, n'hésitant pas à accabler d'injures ceux qui rejettent leurs vues et quelques bêtes noires (Michelet, Hugo, et surtout « le grand malfaiteur, » le « fou malade, » Jean-Jacques Rousseau), ces néo-classiques disposèrent pendant un temps d'une puissante influence sur l'opinion et la critique parisiennes.[9]

Il serait trop aisé d'accabler ce néo-classicisme d'avant-guerre par d'inégales comparaisons. Il n'a compté ou produit aucun talent de premier ordre (car ni Valéry, ni Gide, ni Proust, ni Claudel, ni Péguy ne lui ont appartenu) ; il n'a suscité ni roman, ni poème, ni même critique mémorable, et dresser ce maigre bilan en face de l'œuvre des Parnassiens ou de celle des classiques du XVIIe siècle serait trop injuste. Mais les arguments qu'utilisèrent alors ces polémistes anti-romantiques sont assez frappants pour mériter une réponse exempte de passion partisane. Ils ont frappé le public qui aime, en France, à voir les écrivains s'affronter en des débats ou des joutes, et même les observateurs étrangers, que la logique apparente des raisonnements anti-romantiques a parfois

9. On devine les noms auxquels nous faisons allusion. Les admirations communes de ce groupe sont Barrès, Moréas surtout, Maurras, parmi les morts Stendhal, et dans une moindre mesure Toulet. Certains auteurs n'ont appartenu que fugitivement à ce groupe : Maritain, parce qu'adversaire de Rousseau, le Julien Benda de *Belphégor,* le Lasserre des débuts, Louis Dimier. D'autres ont été plus obstinés : Henri Massis surtout. A côté d'eux il faudrait ranger, à des titres divers, Eugène Marsan, Jacques Boulenger, Charles Le Goffic, Jean-Marc Bernard, Henri Clouard, Pierre Lièvre, André Thérive, Henri Ghéon (voir No. 121) et même un protestant bergsonien séduit par la logique maurrassienne, René Gillouin.

séduits.[10] Si la caractérisation que nous avons tentée du classicisme dans le présent ouvrage a paru acceptable, il nous est loisible sans doute de la reprendre pour indiquer combien ce néo-classicisme s'éloigne de l'idéal qu'il prône.

Le classicisme du XVIIe siècle impliquait, avons-nous dit, acceptation de son temps et de son milieu. Une telle acceptation s'est rarement rencontrée chez les écrivains et les artistes depuis que l'avènement de la démocratie ou de la grande presse les a jetés dans l'opposition contre leur public ou dans l'isolement fier et douloureux. Elle ne se rencontre certes pas chez les néo-classiques du vingtième siècle. Louer le classicisme comme ils l'ont fait, c'était, avant tout, protester contre le présent, invoquer le XVIIe siècle pour accabler le « stupide dix-neuvième. »

Il est vrai que nous avons eu cruellement à pâtir des erreurs de nos prédécesseurs. Le goût du primitif et de la jeunesse a été poussé à des excès ridicules ; le goût de l'histoire a causé bien des étroitesses et des absurdités, généreuses parfois, mais lourdes de conséquences funestes : nationalismes, contemplation orgueilleuse et jalouse par chaque peuple de son passé, principe des nationalités qui a servi de levier pour disloquer une Europe trop équitablement morcelée, préjugés racistes favorisant hypocritement les déchirements et les haines. Le culte de la science, l'idée de progrès, exaltée par Shelley, Victor Hugo, Auguste Comte à l'égal d'une religion, les mille imperfections de régimes politiques aussi éloignés de leur pur idéal démocratique que les églises établies peuvent l'être du pur idéal évangélique, éveillent la raillerie ou la colère de maint bon esprit aujourd'hui. A de tels esprits, la belle quiétude du classicisme français, sa constante poursuite de

10. Un Anglais, Paul M. Jones (No. 157) et un Allemand (Hugo Friedrich, *Das antiromantische Denken im modernen Frankreich*, (Munich, Hueber, 1936), ont écrit l'esquisse ou l'histoire de cet antiromantisme français. Le petit livre de F. Baldensperger, H. Girard et H. Moncel, *Pour et contre le romantisme* (Belles-Lettres, 1927) est utile mais trop bref. L'étude de tout ce mouvement de pensée et de critique reste à écrire.

l'achevé et du raisonnable, son estime pour l'homme fait dégagé des élans sentimentaux de l'adolescent, son indifférence envers l'histoire et cette stylisation où le place un recul de deux cents ans, sont un havre où les modernes sont tentés de chercher refuge. La haine ou le dégoût du présent inspirent les retours au classicisme.

Rien n'est plus loin de Boileau ou de Molière que cette nostalgie romantique d'un passé révolu dont souffrent nos néo-classiques. Rien n'est moins réaliste, chez ces hommes, qui se sont souvent glorifiés d'être des réalistes en politique.[11] D'un trait de plume, ils veulent supprimer la Révolution française, la triple révolution industrielle (celle de la vapeur, celle de l'électricité, celle du moteur à combustion interne), et la révolution démographique qui a renversé l'ancienne proportion entre les peuples et les continents. Ils exigent de leurs compatriotes la foi du charbonnier, eux qui en général ont trop de sèche lucidité pour accepter la religion et ses mystères, comme si Voltaire, Renan, l'exégèse et l'anthropologie, n'avaient point rendu l'homme de 1900 différent de celui de 1660. Le retour aux vertus paysannes (traître emprunt au « malfaiteur » Rousseau) leur paraît suffisant pour résoudre toutes les questions sociales du monde moderne. Si romantisme veut dire jeter un défi aux faits et se réfugier dans un passé transfiguré par nos chimères nostalgiques, qui plus que ces néo-classiques a été « entaché » de romantisme ?

Il est facile chez nous de s'attirer les bonnes grâces d'une partie du public en lui proposant de le ramener à ces heureux temps où la France était incontestablement la première puissance de l'Europe, la plus peuplée, la plus glorieuse, en face d'une Espagne

11. Comme s'il y avait là titre de gloire ! Ces honnêtes intellectuels s'appliquant à étudier Talleyrand, Machiavel (voir Maurras, Benoist, Jacques Bainville), considérant le testament de Richelieu comme la charte définitive de la politique française, et même, avec Pierre Gaxotte, se pâmant devant les roueries cyniques de Frédéric II, feront sourire l'historien futur de leurs naïvetés !

décadente, d'une Allemagne ravagée par la guerre de Trente Ans, d'une Angleterre déchirée par la rébellion. Mais ces temps sont révolus. Au lieu d'accabler une France qui n'est point à blâmer de trouver sous son sol moins de pétrole, ou de charbon que d'autres pays naguère plus deshérités qu'elle, il conviendrait plutôt de l'admirer de tenir dans le monde de l'art, des lettres et des sciences la place qu'elle occupe, alors qu'elle ne représente plus, au vingtième siècle, que huit pour cent de la population de l'Europe. Le tort grave de ces zélateurs d'un passé qui fut magnifique est de ne pas admettre que le présent doive être également splendide. Ils se refusent à faire confiance à leur pays, à sa jeunesse, à sa puissance de renouvellement et à sa capacité d'adaptation. En politique comme en littérature (et ces nationalistes ne séparent guère l'une de l'autre, Richelieu de Descartes ou Louis XIV de Racine), ils ne proposent autre chose à leur pays qu'une démission et le refuge dans la restauration impossible du passé.

Ces néo-classiques renoncent ainsi à l'une des grandes vertus du vrai classicisme — son universalité. Ils veulent être français égoïstement et traditionnellement. Ni Pascal, ni La Fontaine, ni Molière ne songeaient ainsi à être « bien français » ; et Descartes ou Racine prétendaient avec raison s'adresser à l'homme de tous les temps et dépeindre l'homme de tous les pays. Dans l'homme même, ils renoncent à cette autre vertu classique : l'équilibre harmonieux. Le classicisme, nous l'avons dit, ne réprimait point et surtout ne méprisait point les émotions ou le sentiment ; il les comprenait, les analysait et les épurait. Le néo-classicisme est presque toujours intellectualité. Il refoule et contient si bien ses élans et ses passions qu'on se demande bientôt s'il est capable d'en ressentir. Le meilleur du génie, l'intensité de la sensibilité ou de la vision imaginative traduite en beauté semble avoir été refusé à Maurras comme à Toulet, à Moréas comme à Louis Bertrand, à ces critiques désespérément arides et maîtres d'eux-mêmes que sont Jacques Boulenger, Pierre Lièvre, Eugène Marsan, Lucien Dubech. Leur réserve n'a jamais connu l'exubérance, leur sagesse pincée n'a jamais éprouvé la folie qui agita un Racine, un Lulli, un Pascal, un Mozart et même ce romanesque Stendhal dont ils firent un de leurs dieux.

Ce mouvement néo-classique, qui fut très représentatif d'une certaine attitude de la France moderne, tournée fièrement vers son passé, fascinée et aveuglée par lui, est resté stérile. Il a accumulé les négations, mais il n'a rien construit lui-même. Il a voulu voir clair et raisonner juste : excellente discipline pédagogique. Mais seule la vision forte, même si elle est confuse, et seule l'illusion, pourvu qu'elle soit sincère, sont fécondes en art. Dans la poésie, dans le roman, au théâtre, ces néo-classiques n'ont produit que des œuvres glacées : les *Stances* de Moréas, la *Musique intérieure* de Maurras, les récits au souffle court d'André Thérive ou d'Abel Hermant. Relus aujourd'hui, ils nous apparaissent plus dignes de Mérimée ou de Voltaire, du Parnasse ou même de Delille, que proches des vrais classiques. Leurs successeurs, Tristan Derème, Henry Charpentier, Jacques Reynaud, sont également des Alexandrins, mais non des classiques. Plus grave est encore la déception qu'éprouve, après trente ans, le lecteur de leurs articles de revues (*Revue Critique des Idées et des Livres,* les *Marges,* l'*Opinion,* etc.) : entre tant de bons esprits, à la culture solide, au jugement sévère, au goût difficile, il n'est point apparu un seul grand critique (car ni André Thérive ni Pierre Lasserre ni certes l'intarissable et « anti-impérialiste » baron Seillière, ni même Pierre Lièvre, le plus pénétrant d'eux tous, ne méritent ce rang).[12] L'alexandrinisme ne fait pas le classique en poésie ; l'atticisme ne fait pas davantage le critique vivant, courageux, imaginatif. « Périsse l'atticisme lui-même si on ne peut absolument le conserver

12. On l'accorderait plus volontiers à André Gide et Paul Valéry, à Jacques Rivière, à Albert Thibaudet, ou à Charles Du Bos.

que par le manque de vie ! » s'est écrié au siècle dernier le plus célèbre des critiques, Sainte-Beuve, trop intelligent pour ne pas sentir que l'excès d'intellectualité peut finir par dessécher et aveugler le critique lui-même.

Les erreurs de ces néo-classiques (ou ce qui nous paraît être des erreurs) nous éclairent d'ailleurs, et sur la difficulté et l'unicité du classicisme supérieur du XVIIe siècle, et sur la manière la plus féconde dont on pourrait espérer poursuivre aujourd'hui ce classicisme. Ni l'unité « totalitaire » du règne de Louis XIV, ni le public restreint de connaisseurs, ni la satisfaction de soi et la création intrépide du nouveau sans désir de choquer ou de surprendre n'ont plus jamais caractérisé l'ère de démocratie, de divergences, de cosmopolitisme et de conscience excessive de soi et de son art qui s'est ouverte avec le XVIIIe et le XIXe siècles. En voulant revenir en arrière, ces nationalistes qui sont d'excellents patriotes commettent à leur insu une grave injustice envers l'avenir de leur pays. Pour eux, la décadence est inévitable ; elle nous a déjà envahis. Il ne nous reste qu'à mourir avec grâce, en relisant *Andromaque,* le *Discours sur l'Histoire universelle* ou les *Mémoires* de Louis XIV et en murmurant quelques plates litanies extraites des *Stances* de Moréas.

Le pauvre Jean-Marc Bernard, tué à la guerre en 1915, traduisait fidèlement les leçons de ses maîtres néo-classiques lorsqu'il écrivait, peu d'années avant la catastrophe :

« Nous sommes condamnés à ne plus pouvoir dépasser le XVIIe siècle.... Sachons alors mourir dignement. Que nos derniers ouvrages aient au moins l'apparence de la solidité et de la proportion.... J'ai dit que je croyais le grand rôle français achevé depuis le XVIIe siècle.[13]

13. Jean-Marc Bernard, *Oeuvres,* Le Divan, 1923, II, 212-213 (« Discours sur le symbolisme »).

Etrange profession de foi de ceux qui prétendent convaincre le monde (ou, sinon le monde entier, du moins les « nations latines ») de la grandeur de leur culture et proclament que cette culture est depuis plus d'un siècle en décomposition ! Rien n'a été plus funeste source d'erreurs que la parole trop vantée de La Bruyère : « Tout est dit, » sinon le reproche aveugle lancé périodiquement aux talents hardis de n'être pas « français. » Tout n'était pas dit en 1690 ou même en 1910, puisque Rimbaud, Cézanne, Baudelaire lui-même étaient à peine compris, puisque Proust, Claudel, Péguy, et vingt autres n'étaient pas encore lus. André Gide, qui a protesté avec le plus d'intelligence contre les étroitesses des néo-classiques,[14] a cité dans son *Journal* (à la date du 28 octobre 1935) une phrase beaucoup plus hardie où l'auteur des *Caractères* (*Des Jugements,* pensée 107) s'écrie, en vrai « moderne » :

« Si le monde dure seulement cent millions d'années, il est encore dans toute sa fraîcheur et ne fait presque que commencer ; ... quelles choses nouvelles nous sont inconnues dans les arts, dans les sciences, dans la nature, et j'ose dire dans l'histoire ! quelles découvertes ne fera-t-on point ! »

Et la plus définitive condamnation de ces sceptiques dogmatiques qui affirment la décadence de la littérature française moderne et veulent ressusciter le classicisme de jadis a été proposée, dans ses notes d'étudiant, par un large esprit que nos néo-classiques traitent de germanisé et de contaminé par le virus romantique, Ernest Renan. On lit dans ses *Nouveaux Cahiers de jeunesse* (No. 234, pp. 154-155) la remarque que voici :

Il est incontestable que la littérature classique française a suivi exacte-

14. André Gide, No. 122, pp. 16-17 et p. 24 où il loue la jeune génération de se détourner de Barrès. « Ce qu'elle cherche dans la tradition et dans l'étude du passé, c'est un élan. » Voir encore p. 217 : « Le véritable classicisme n'est point tant conservateur que créateur ; il se détourne de l'archaïsme et se refuse à croire que tout a déjà été dit. »

ment la même voie que la littérature grecque et latine, que par conséquent il faut la tenir pour dûment morte, enterrée et irressuscitable, donc ceux-là sont des sots qui la veulent ressusciter, car ils ne seront jamais que des copistes affectés et fades....

Mais je ne veux pas qu'on tire la conclusion d'après l'induction de l'antiquité : donc il n'y a plus de littérature pour la France. Les deux littératures antiques ont été *uniques* dans leurs nations ; il n'est pas impossible que chez nous, modernes, qui sommes plus forts, poussent sur le même tronc deux, trois littératures, parlant des langues à peu près les mêmes, mais toutes différentes par l'esprit.... Gardez-vous de croire que tout sera fini avec nous aussi vite qu'avec les anciens : nous avons plus de vie qu'eux, nous en avons assez pour fournir à deux ou trois formes d'existence.

C'est donc un paradoxe plus touchant que risible que celui de ces hommes brandissant fièrement leur devise « Tout ce qui est national est nôtre, » et s'empressant de raturer de notre histoire les deux siècles qui ont donné Rousseau, Hugo, Michelet, Bergson. Tant la logique partisane et la volonté d'avoir raison, plus forte que le souci de dire vrai, peuvent être ardents chez ceux-là mêmes qui se croient réalistes et rejettent aussitôt ce qui a été et ce qui est, comme si le réel n'était que

Dans le présent le passé restauré.[15]

Il en est parmi eux qui l'ont senti. Pierre Lasserre a eu le courage intellectuel de prononcer bien haut sa palinodie. Moréas, sur son lit de mort, murmura à l'oreille de Barrès quelques repentirs dans des phrases où les disciples de ce poète voient la plus sublime des confessions : « Classique romantique, des bêtises que tout cela ! » Et Barrès d'ajouter : « Je crois qu'un sentiment dit romantique, s'il est mené à un degré supérieur de culture, prend un caractère classique. »[16] Barrès lui-même se refusa (No. 22) à

15. Baudelaire, *Les Fleurs du Mal*, *Un Fantôme*, II, *Le Parfum*.

16. Barrès a rapporté ces phrases dans son article « Dernier Entretien avec Jean Moréas », *Vers et Prose*, tome XXII, juillet-septembre 1910, p. 36.

immoler Victor Hugo, Baudelaire, Flaubert sur les cruels autels du néo-classicisme. Et, dès son *Voyage de Sparte* où il avait senti comme une femme, raisonné comme un enfant, mais écrit en prosateur viril et mélodieux, il avait écouté frémir au pied du Taygète « toutes les lyres du romantisme. » Jean-Marc Bernard ne put s'empêcher de défendre le romantisme devant la sécheresse des attaques de Lasserre.[17] Il n'est pas jusqu'à Charles Maurras lui-même qui, sans oser avouer que son infaillibilité avait pu jadis être prise en défaut et que le néo-classicisme méfiant de l'avenir était demeuré stérile, écrivait en 1932 (No. 185, p. 94) :

> La suite de la tradition classique autorise une critique scrupuleuse, précise, passionnée. Loin de glacer le sens, elle excite, elle inspire, elle engendre la création. Même chez nous (où l'on assure que tout est dit), surtout chez nous, il reste beaucoup à tenter. On peut rêver des tragédies plus rapprochées de la nature, d'un tour plus direct et plus simple encore que celles de Racine.

Soupirer après le classicisme ou aspirer à l'ordre et à l'harmonie n'a donc jamais suffi pour faire un classique. Mutiler délibérément son être spirituel et fonder une littérature sur des théories préconçues et en grande partie négatives (des « ne faites pas » inscrits sur d'indiscrètes pancartes) ne saurait créer ou susciter un art digne du siècle de Louis XIV. Les meilleures œuvres du XVIIe siècle, nous l'avons vu, étaient bien autre chose que cela. Elles étaient émotion, passion, hardiesse et innovation, pudiquement dissimulées derrière des contraintes de forme et une stylisation d'art. Certains Français n'ont que trop tendance à chanter en

17. Voir ces aveux de Jean-Marc Bernard, *Œuvres*, Le Divan (1923), II, 235 ; « Le romantisme et le christianisme tous deux sont des faits. Il est oiseux de vouloir discuter s'il eût été préférable qu'ils n'aient point existé. Ils sont humains, puisqu'ils répondent à des besoins de l'homme. Or aujourd'hui, que nous le voulions ou non, nous en sommes imprégnés. Notre devoir est clair : disciplinons ces deux tendances, mais gardons-nous bien de vouloir les étouffer. »

toute occasion les bienfaits de la modération, de la discipline, et du frein. Encore faut-il qu'il existe au préalable quelque fougue à refréner, quelque passion à modérer. Sinon cette discipline s'exerce à vide. Prendre la prédominance de l'intellectualité seule pour un trait classique, c'est élever au rang de classiques des esprits qui ne sont que secs ; c'est comparer aux créations raciniennes, aux réussites de La Fontaine ou de Mme de La Fayette de simples jeux de technique et de virtuosité. C'est réaliser un art qui finit par ne plus être intelligent à force de n'être que cela.

Il est trop clair qu'une fois de plus les vrais héritiers du classicisme ne sont point ceux qu'hypnotise l'éclat des diamants ciselés par leurs ancêtres ou ceux qui croient pouvoir refaire dans le respect et la timidité ce qui fut créé jadis dans la hardiesse et l'insolence.[18] Il ne l'est pas moins que la passion, la ferveur, la fougue (ce n'est point par hasard que ces mots sont revenus si souvent dans une étude sur le classicisme) ne sauraient passer pour des vertus typiquement classiques. Le vrai classicisme consiste à mûrir et à dépasser la vigueur juvénile, l'éclat, la révolte, en un mot à *classer* le romantisme latent et profond et à l'épurer sans le tuer. Mais classer ne doit pas être cataloguer et réléguer à jamais dans quelque tiroir poudreux les élans ou les excès romantiques.[19] C'est refaire un ordre parallèle à l'ordre ancien, mais différent de lui ;

18. « Vous respectez, moi j'aime, » disait, paraît-il, Stravinski à ceux qui lui reprochaient son irrespect envers Pergolese. Jean Cocteau, qui cite cette phrase (*Lettre à Jacques Maritain*, Stock, 1926, p. 23) voudrait se l'approprier et nous faire admettre qu'au lieu de respecter ces chefs-d'œuvre que furent *Œdipe* ou *Antigone*, il les aime, et donc se marie avec eux. Les fruits de cet hymen sont des enfants assez terribles !

19. Un de nos grands esprits, qui se contente parfois d'être un de nos beaux esprits, a pu dire que les romantiques sont les explorateurs et les pionniers, et les classiques ceux qui les suivent : les admirateurs, les ingénieurs, les arpenteurs, et les gendarmes (Paul Valéry, No. 286, p. 119). Voir aussi, du même auteur (No. 289, pp. 105-106) cette remarque piquante et quelque peu injuste : « Entre classique et romantique, la différence est bien simple ; c'est celle que met un métier entre celui qui l'ignore et celui qui l'a appris. Un romantique qui a appris son art devient un classique. Voilà pourquoi le romantisme . . . a fini par le Parnasse. »

retrouver à travers bien des luttes et des angoisses le prix de la sobriété, de la sérénité et de la paix, mais dans l'épanouissement de la maturité et non dans l'assagissement de la vieillesse.

Il est aventuré de vouloir retrouver ce rythme (romantisme, intégré dans le classicisme) aux diverses époques de l'évolution littéraire française. Il le serait moins de signaler comme une constante, chez la plupart de nos écrivains et de nos artistes depuis le XVIIe siècle, cet achèvement et cet élargissement d'un romantisme antérieur en classicisme. Ne croyons pas les grandir en les opposant au romantisme pour les baptiser ou les sacrer « classiques. » Un Baudelaire, un Flaubert, un Claudel, un Mallarmé, et un Valéry eux-mêmes sont grands et intenses parce qu'ils ont pu, non dans une juxtaposition éclectique et un dosage timide, mais dans une synthèse frémissante, souvent fragile parce que toujours en péril, unir en eux l'émotion et la sérénité, la souffrance de la révolte et la joie de l'apaisement, le désordre passionné et l'ordre, non point imité ou accepté, mais retrouvé avec volupté.

En ce sens seulement, et non dans la conception d'un classicisme émasculé chère à quelques néo-classiques, nous croyons qu'il est possible de parler du « classicisme éternel » de la France et de proposer aux générations nouvelles les leçons classiques largement comprises. Un recueil de pages critiques ou doctrinales, empruntées à nos écrivains et artistes depuis Delacroix jusqu'à Stravinski, Cocteau et Picasso, serait le plus émouvant des témoignages et des messages classiques, et révélerait comment souvent dans l'ignorance des querelles doctrinales et par le labeur patient de l'artisan beaucoup plus que dans les enseignements des écoles, les Français retrouvent grâce à un romantisme antérieur les vertus classiques.

Baudelaire, le souverain maître de notre esthétique contemporaine, aujourd'hui célébré pour avoir été classique après le romantisme (« le plus vrai classique du XIXe siècle avec Keats, » l'appelle quelque part T. S. Eliot) n'a pas eu l'ingratitude de renier les maîtres par qui il avait retrouvé le prix de la lucidité et de l'architecture musicale en poésie. « Le romantisme est une grâce, céleste ou infernale, à qui nous devons des stigmates éternels, » écrivait-il dans son *Salon de* 1857, section V.[20] Peu de pages de Sainte-Beuve, qui a ailleurs décoché aux hommes du romantisme quelques flèches empoisonnées, sont plus nobles que celles où (dans un *Lundi* du 12 octobre 1857, publié dans le XIVe volume des *Causeries*) il confesse n'avoir jamais renié cette « flamme de l'art, » ce « petit signe du cœur auquel se reconnaissent les amants, » qui l'avaient jadis sacré à jamais romantique. Il n'aurait point aussi bien compris le classicisme littéraire et religieux du Grand Siècle s'il n'avait commencé par chérir Hugo, Lamennais et la poésie crépusculaire de Joseph Delorme.

Mais il est légitime d'avancer avec un sentiment d'orgueil que jamais peut-être en France la compréhension du classicisme par l'intérieur, et la réincarnation des vertus classiques, n'ont été aussi remarquables que dans notre siècle de déséquilibre politique, d'inquiétude sociale, et de révoltes littéraires. Au moment même où nos néo-classiques d'avant-guerre préconisaient le retour à la clarté et à l'intellectualité, un adorateur de la lutte et de tous les carnages rappelait aux Français que rien ne se construit que par le feu et à travers le sang. Sans nulle sobriété du verbe et sans grande méfiance de ses intuitions tumultueuses, parfois géniales et quelquefois banales, Elie Faure louait derrière les nouveautés de l'art français d'aujourd'hui « la tradition nationale de mesure dans le lyrisme et de simplicité dans l'expression. »[21] André Suarès accumulait les paradoxes audacieux et les contradictions déconcertantes

20. En juin 1858, il adressait également une lettre au *Figaro* (Oeuvres *Pléiade*, II, 451) pour dire sa reconnaissance pleine d'amour envers les maîtres du romantisme.

21. Elie Faure, *Histoire de l'Art* (Crès, 1926, nouvelle édition), IV, 465. Voir aussi la *Danse sur le feu et l'eau* (Crès, 1920), les *Constructeurs* (Crès, 1921), chapitre sur Cézanne, *Montaigne et ses trois premiers-nés* (Crès, 1926), chapitre sur

pour retrouver dans Retz, dans Pascal, et dans Racine tout le tragique moderne de Dostoiewski, d'Ibsen, et de Wagner.[22] Jacques Rivière, après des évolutions sinueuses et des adorations bien vite brûlées, attaquait le romantisme, dès 1913, en ces phrases sévères, pour mieux retrouver, chez les modernes qu'il allait admirer (Gide, Proust) la filiation classique :

« Le romantisme n'est pas seulement un art démodé ; c'est vraiment un art inférieur, une sorte de monstre de la littérature. ... Nous avons beau faire ; en présence de l'œuvre romantique, nous sentons irrémédiablement que nous n'avons devant nous justement qu'une façade. »[23] Gide n'a cessé d'affirmer que « c'est dans son art classique que le génie de la France s'est le plus pleinement réalisé. »[24] On sait du reste combien Valéry, dans ses éloges de La Fontaine et de Racine, dans ses dialogues, et même dans ses vers, aussi classiques que symbolistes, est l'héritier du XVIIe siècle. Le classicisme de Paul Claudel n'est pas moins réel et profond, s'il est moins apparent. Nous avons essayé ailleurs de le rappeler (No 221) et les lignes peu connues que voici, que Claudel écrivait en 1910 en réponse à une enquête de Paris-Journal, suffiraient à en convaincre les sots (qui furent souvent, hélas, les néo-classiques de profession) qui ne voulaient voir et flétrir dans le poète de *Tête d'or* qu'un mystique déchaîné :

Je ne sais trop si l'on peut parler d'un idéal classique ou d'une doctrine classique. Mais je crois qu'il y a une discipline classique.

Le principe essentiel en est exprimé par cette devise, qui fait le titre de l'une des fables de La Fontaine : *Rien de trop.*

Pascal, et l'analyse lyrique de l'âme française dans *Découverte de l'archipel* (Nouvelle Revue Critique, 1932).

22. Voir Nos. 264, 265, 267, et 266, p. 92, ces lignes caratéristiques : « Tristan est conçu comme *Phèdre* ou *Bérénice* ; un entretien acharné de passions face à face, et toujours dans la mort. Mais, tandis que Racine se meut sur le plan de l'intelligence, le plan de Wagner est celui de l'émotion. »

23. Jacques Rivière, *Le Roman d'Aventures*, IIIe partie, *Nouvelle Revue Française*, juin 1913, pp. 916-917.

24. André Gide, No. 122, p. 40.

Cela veut dire que, dans la production d'une œuvre d'art, le jugement, l'intelligence, le sens de l'arrangement et de la proportion, l'attachement scrupuleux à un but envisagé jouent un rôle aussi important que l'imagination proprement dite. Le plus sûr que l'on puisse dire de la beauté est qu'elle réside avant tout dans une juste composition, et que l'esprit de mesure, d'ailleurs irréductible aux formules scolastiques, est ce couronnement des dons de l'artiste sans lequel tous les autres sont vains : le goût est un autre nom français de la Sagesse. L'art classique commence là où l'artiste s'intéresse plus à son œuvre qu'à lui-même.[25]

Chez Jean Cocteau (« L'ordre après la crise, voilà l'ordre que je réclame, » écrivait-il à Maritain en 1926), chez Pierre Reverdy et André Breton lui-même, comme chez le Douanier Rousseau, Rouault, Derain, Salvador Dali et Miro, nos contemporains retrouvent, ou ne tarderont pas à retrouver le meilleur de l'héritage classique, et les qualités d'ordre voluptueux, de clarté audacieuse, de sensualité cérébralisée, d'impersonnalisation du lyrisme réfugié derrière la composition, la fantaisie, et l'humour. Et aux côtés de Cézanne, ce « Poussin de l'impressionnisme » et du cubiste Picasso, le meilleur professeur de composition classique est cet Henri Matisse qui fut, à vingt-cinq ans, chassé des académies néo-classiques et parut à d'autres un fauve échappé à sa cage. Il déclarait à l'un de ses familiers, il y a bien des années : « Je veux un art d'équilibre, de pureté, qui n'inquiète ni ne trouble ; je veux que l'homme fatigué, surmené, éreinté, goûte devant ma peinture, le calme et le repos. » Et, en décembre 1908, il révélait dans la *Grande Revue* les secrets de son art en une simple et grave confession, qui surpasse en classicisme intelligent Ingres, Chardin, Poussin, ou Boileau :

La composition est l'art d'arranger de manière décorative les divers éléments dont le peintre dispose pour exprimer ses sentiments. Dans un tableau, chaque partie sera visible et viendra jouer le rôle qui lui revient,

25. Cité par Jean-Marc Bernard, *Revue critique des Idées et des Livres,* 25 août 1910, p. 374.

principal ou secondaire. Tout ce qui n'a pas d'utilité dans le tableau est, par là même, nuisible. Une œuvre comporte une harmonie d'ensemble : tout détail superflu prendrait, dans l'esprit du spectateur, la place d'un autre détail essentiel. ... Pour moi, tout est dans la composition. ... Une œuvre doit porter en elle-même sa signification entière et l'imposer au spectateur avant même qu'il en connaisse le sujet. ... Je crois qu'on peut juger de la vitalité et de la puissance d'un artiste lorsque, impressionné directement par le spectacle de la nature, il est capable d'organiser ses sensations et même de revenir à plusieurs fois et à des jours différents dans un même état d'esprit, de les continuer : un tel pouvoir implique un homme assez maître de lui pour s'imposer une discipline. »[26]

Une page telle que celle-là est loin d'être une exception parmi les jugements significatifs que les peintres français contemporains ont portés sur le but profond et essentiel de leurs recherches. Le mot classique, ou la poursuite de vertus classiques, caractérisent Cézanne comme Matisse, Friesz et les Fauves domestiqués dès la quarantaine, et les cubistes. Matisse pouvait même aisément demander un art « lénifiant et calmant, quelque chose d'analogue à un bon fauteuil » (dans son article de 1908) ; il est sans doute lui-même médiocrement tourmenté et trop dépourvu de désordre antérieur ou de déchirements intérieurs pour compter parmi les très grands peintres.

Mais Cézanne s'est lui aussi écrié, devant les insuffisances de l'impressionnisme : « Il faut redevenir classique par la nature, c'est-à-dire par la sensation. » Othon Friesz, après ses premières violences de Viking havrais, découvrit le midi méditerranéen et classique et confessa avec gravité : « Si notre génération de peintres a rendu quelques services, c'est en continuant l'œuvre de Cézanne et en cherchant, sous les variations de la lumière, ce quelque chose de stable et d'éternel qu'avait entrevu Nicolas Poussin. » Et le plus intelligent et le seul excellent parmi les historiens de l'art

26. Nous empruntons ces citations caractéristiques a l'ouvrage de Raymond Escholier. *Henri Matisse* (*Floury,* 1937), pp. 62, 98, 105, 107 et 108.

contemporain (René Huyghe, *Les Contemporains,* Editions Pierre Tisné, 1939) à qui nous empruntons ces citations (p. 12 et p. 29) a ingénieusement et justement marqué comment le cubisme, tentative acharnée pour soumettre les créations picturales à la pure raison, est une réaction de l'esprit cartésien contre l'esprit bergsonien (comme l'était à la même époque le néo-thomisme), et comment le surréalisme est au fond l'imposition de la logique française au dadaïsme anarchique d'origine étrangère.

Ce classicisme profond et vivant est fort loin, et de l'académisme, et du respect routinier de la tradition, et de la froideur pompeuse qui ont parfois passé pour synonymes de ce mot mal compris. Il convient de proclamer au contraire que la tradition classique est en France plus vivace que jamais en ce milieu du vingtième siècle, non parce qu'elle est enseignée dans les écoles, mais parce qu'elle imprègne les écrivains les plus indépendants, l'étranger presque autant que nos compatriotes, et les couches les plus diverses de la nation. Il n'est pas de pays aujourd'hui où le théâtre national (fût-ce Shakespeare, Schiller, ou Calderon) soit aussi fréquemment et aussi pleinement goûté par de nombreux auditoires que la France de Corneille, de Molière, et de Racine. Quelques naïfs ont pu souhaiter que l'ouvrier lise des romans modernes sur les usines et le paysan des nouvelles paysannes. Ils ne comprennent pas que des Français qui ne sont point bacheliers puissent prendre le moindre intérêt aux passions d'une princesse grecque ou de la reine de Trézène. Il a fallu que Mauriac, peu suspect de craindre la peinture du péché et du remords, leur ouvrît les yeux sur la modernité, c'est-à-dire sur l'universalité, de Racine.

Il fallait justement que Racine allât chercher jusqu'en Epire cette Hermione et jusqu'à Trézène cette Phèdre pour qu'une piqueuse de bottines, un femme de journée se pussent reconnaître en elles, aussi bien que les oisifs des classes privilégiées. On doit même affirmer que si chez Racine l'équilibre est rompu, c'est en faveur du peuple : l'instinct d'une Hermione ou d'une Roxane les apparente au peuple plus qu'au monde. . . .

Quelle petite ouvrière n'a plusieurs fois dans sa vie soupiré des paroles qui faisaient écho presque mot pour mot à tel vers de Racine : « Je ne t'ai point aimé, cruel, qu'ai-je donc fait ? »[27]

Une biographie anglaise de Racine a apporté le témoignage le plus curieux de la popularité dont jouirait dans les bas-fonds de Paris ce peintre des régions troubles de l'âme.[28] Un entrefilet d'un journal parisien signalait, en 1909, sans étonnement et sans commentaire comment un ouvrier imprimeur, Laurent, «dit Coco,» accusé de vol, avait présenté à la police un alibi convaincant : « Juste à cette heure-là, je me trouvais chez un marchand de vin de la rue de Tracy, et je discutais avec un camarade au sujet de la mère de Britannicus dans la tragédie de Racine. » Plusieurs témoins assurèrent en effet qu'ils avaient, dans le café, pris part à cette discussion de trois-quarts d'heure sur un point de psychologie classique, et « Coco » fut relâché. Sur un plan plus élevé, l'admiration passionnée et nullement scolaire ou conventionnelle que le héros de Proust éprouve devant *Phèdre* jouée par la Berma, ou que sa grand'mère ressent pour Mme de Sévigné, les éloges délirants que Péguy a prodigués à *Polyeucte* ou Suarès au Cardinal de Retz, n'ont probablement pas d'analogue dans le pays de Gœthe, de Shakespeare, ni même dans celui de Dante.

A plusieurs reprises au cours de cet ouvrage, nous avons signalé que la compréhension du classicisme n'était plus, aujourd'hui, limitée aux seuls Français. Certes la conception du monde (astronomique, physique, biologique) qu'avaient les contemporains de Louis XIV les éloigne de nous ; mieux vaut jeter là-dessus un voile, disait pudiquement Sainte-Beuve, « par respect pour ces beaux génies. » (*Nouveaux Lundis,* X, 96.) Les peuples férus d'hygiène et de sanitation peuvent les juger aussi arriérés que les

27. François Mauriac, *Journal* II (Grasset, 1937), pp. 117-118.

28. Mary Duclaux, *The Life of Racine* (Londres, Fisher Unwin, 1925), p. 244. L'entrefilet en question a paru dans l'*Echo de Paris* du 18 avril 1909.

contemporains de Ramsès II.[29] Mais, par delà ces minimes obstacles, le public européen qui achète la peinture de Cézanne et de Derain ou la sculpture de Maillol, qui applaudit aux *Concertos* de Ravel et aux *Charmes* de Valéry comprend Poussin, Racine ou Pascal mieux sans doute qu'il n'avait jamais fait dans le passé (voir Nos. 254, 255, 300 et le groupe de *Corona* pour l'Allemagne ; le groupe du *Criterion* pour l'Angleterre).

Le snobisme, sans doute, s'est mis de la partie. Il est devenu de mode, dans la Grande-Bretagne de 1930, d'admirer Racine et parfois de préférer le théâtre français ou le théâtre grec, pour des raisons techniques ou morales, à Shakespeare, que les romantiques anglais, il y a plus d'un siècle, avaient hissé sur un piédestal inaccessible à toute critique. Shakespeare sans doute est très grand, admet Lytton Strachey ; mais « la tradition dramatique de l'époque élisabéthaine était fort défectueuse. » Virginia Woolf s'avoue également déroutée par « these strange Elizabethans » qui ravissaient jadis Charles Lamb. George Santayana et Herbert Grierson déplorent dans Shakespeare l'absence de toute religion, de pitié, ou de cette « high ethical note » qui résonne dans les drames antiques de rétribution divine et de justice immanente. T. S. Eliot enfin regrette l'absence des unités dans le drame anglais et encourage son pays d'adoption dans la voie du classicisme. « Les Français étaient-ils classiques en l'an 1600 ? » demande-t-il, pour prouver aux Anglais que nul vice congénital, nul mauvais sort ne les empêche de devenir classiques, comme les Français, qui ne l'étaient pas de naissance, le sont devenus.[30]

29. Un poète américain d'aujourd'hui évoque les héros de Molière et leur civilisation défunte ou surannée,

> *A civilization as marvellous and as far, far away*
> *As that of Rameses.*

(Frederic Prokosch, *Death at Sea, X, Molière,* New York, Harper 1940).

30. Voir Lytton Strachey, Nos. 261, 262 ; Virginia Woolf, *The Common Reader,* first series ; Santayana, *Interpretations of Poetry ;* Grierson, *Cross- currents in English Literature of the* XVIIth *Century* ; Eliot, No, 88 (*A Dialogue*

C'est aller bien loin sans doute. Il y a trop de néo-classicisme, volontaire, dogmatique et à demi politique, chez T. S. Eliot et ses amis. L'Angleterre ne peut que s'appauvrir à célébrer dans Pope « le plus parfait artiste de la race anglaise » (Edith Sitwell) ou à immoler le romantisme de Shelley à Dryden et même à Crashaw. Un tel classicisme risquerait de mutiler dangereusement la luxuriante et libre végétation littéraire anglo-saxonne, et de n'aboutir qu'à un dessèchement intellectuel. La génération d'après-guerre en Grande Bretagne, railleuse, amère, critique, très ouverte aux influences françaises (Lytton Strachey, David Garnett, E. M. Forster, Harold Nicolson, Clive Bell, les Sitwells, Aldous Huxley, Richard Aldington) a frisé à plusieurs reprises ce péril agréable et perfide. L'intellectualité aiguë et à demi précieuse, la virtuosité distinguée, la compréhension accueillante et le sourire « clever » et un peu sec ont compté parmi les dons de ces auteurs, en qui Dryden aurait de la peine à reconnaître

[*Those*] *true-born Britons who ne'er think at all.*

Il n'y a pas un siècle qu'un romancier-poète épris de lucidité critique, admirateur de la France lui aussi, criait à ses compatriotes victoriens : « More brain, O Lord, more brain ! »[31] Son appel a été entendu au-delà de ses espérances.

Si le néo-classicisme nous a paru étroit, stérilisant et funeste pour la France, il l'est davantage encore pour d'autres pays, où il ne saurait se rattacher comme chez nous à un ensemble de traditions nationales et quasi-populaires. Le néo-classicisme allemand

on Dramatic Poetry et *The Function of Criticism*). La citation d'Eliot est extraite du second de ces articles où le critique « anglo-catholique » ajoute : « Les hommes ne peuvent vivre ensemble qu'en se soumettant à quelque chose qui soit en dehors d'eux. . . . L'artiste de second ordre peut refuser de faire le sacrifice de son moi, car la grande affaire pour lui est d'accentuer les petites différences qui le distinguent des autres. Seul l'homme qui a assez à donner pour pouvoir s'oublier lui-même dans son œuvre est à même de collaborer. »

31. George Meredith, *Modern Love,* XLVIII, 3.

ne peut que rester un vernis superficiel, dissimulant sans les contenir les forces telluriques et les impulsions primitives, s'il est une imitation de l'étranger réalisée par quelques esthètes. Il ne peut être valable et durable que s'il admet, intègre et discipline le romantisme éperdu de l'âme allemande. Le nouvel humanisme américain (Irving Babbitt, Paul Elmer More, Norman Foerster, etc.) reste le rêve nostalgique et réactionnaire d'une élite, s'il prétend méconnaître ou combattre la vitalité ou l'indépendance souvent brouillonne mais féconde de la jeunesse des Etats-Unis, pour lui proposer sans cesse un « inner check, » bouddhiste et puritain tout à la fois. La littérature anglaise a toujours été plus grande par la spontanéité imaginative, le lyrisme, l'humour et le roman, que par la critique ou l'ordonnance rationnelle imposée à la vie. Un classicisme qui est prêché par de graves pontifs du traditionalisme ou qui est adopté par une élite intellectuelle raffinée et amère, mais pauvre de sève et privée d'âme, ne saurait guère prendre racine dans le sol britannique. Confiant en son instinct, l'Anglais moyen préférera toujours ne point comprendre ou ne point analyser ce don précieux, le flair que John Bull s'enorgueillit de posséder en commun avec les femmes les plus subtiles et les animaux les plus racés. Même ceux qui, en Grande-Bretagne, ont souhaité, après le choc de la guerre de 1914, plus d'ordre, de prévision et d'autocritique ont compris que ce classicisme devait, en passant la Manche, se faire anglais et accepter l'imagination, le mystère et la tradition de l'instinct héréditaire. « Le triomphe du classicisme, » écrivait le *Times Literary Supplement* du 30 septembre 1920 (No. 6), « consiste à accepter l'élément d'infini que contient la vie, et à lui trouver sa place, sans pour cela nier la raison.... La tâche de notre temps consiste à réaliser, non un ordre quelconque, mais notre ordre à nous. »

Le Français, nous l'avons répété, n'est pas naturellement classique. Il serait même déplorable qu'il le fût. A Paris plus que dans toute autre ville, le jeune homme entre dans la vie « l'injure à la bouche, » selon la phrase que Barrès prête à Renan dans le *Jardin de Bérénice.* Mais il n'est pas rare que, naturellement, le Français devienne classique, et sans le vouloir ou sans le savoir. Et nous résumerions ce classicisme essentiel par quelques traits analogues à ceux que nous avons trouvés chez les grands auteurs du siècle de Louis XIV :

a) Un goût très vif du concret, de l'objet et presque de la matière ; le maintien des liens qui unissent l'homme à la terre et aux choses, et des rapports qui doivent persister en effet entre les arts les plus ambitieux (peinture, poésie, musique) et ces arts plus humbles qui consistent à labourer, à filer, à faire son vin ou à décorer sa chambre ou, légèrement plus haut, les arts de l'émailleur, du cuisinier, ou du verrier.[32]

b) Mais alors que d'autres peuples, plus naïvement émerveillés, plus longtemps ou plus pleinement enfants se délecteraient satisfaits ou éperdus dans cette richesse de sensations, le Français n'a de cesse qu'il ne les ait organisées, ordonnées et dominées. Son œuvre y perd quelquefois en pureté d'âme et en spontanéité exubérante. Mais elle évite aussi parfois les enfantillages, et surtout le gaspillage et l'immaturité persistante d'autres littératures. Toute comparaison est fausse entre des talents sans commune mesure. Il semble cependant que si les poètes français (Rimbaud excepté) sont fréquemment inférieurs, dans leur jeunesse, à ce que furent jeunes Coleridge, Shelley, Keats ou les romantiques allemands, un lent mûrissement redonne, à quarante ans, l'avantage à Vigny, Hugo, Baudelaire, Mallarmé, ou Valéry sur le refus de mûrir qui fige à l'âge critique Swinburne, Wilde, Heine, ou sur le dessèchement précoce qui atteint Wordsworth ou Tennyson. Il en est de

32. « Avant d'écrire un mot, » a révélé un des grands artistes et artisans du style d'aujourd'hui, Jean Giono, « je le goûte comme un cuisinier goûte le produit qu'il va mettre dans sa sauce, je l'examine aux lumières comme un décorateur examine le vase chinois qu'il va mettre en valeur. »

même dans le roman ; et c'est un lieu commun de la critique américaine et britannique que de déplorer certaine difficulté à vieillir en mûrissant et en s'approfondissant que semblent éprouver Dickens, Meredith, Huxley, ou G. B. Shaw, et surtout Dreiser, Hemingway, Sinclair Lewis ou William Faulkner. L'absence d'une tradition classique et de leçons classiques devenues une seconde nature y est peut-être, en Amérique et même en Angleterre, pour quelque chose.

c) Enfin ce classicisme n'a, et cela est fort heureux, jamais empêché en France ou fait taire les génies excessifs, débordants et tempétueux. Un Michelet ou un Victor Hugo ont su rugir, un Léon Bloy a su tonner, Delacroix, Balzac, Lautréamont, Claudel, ou Rodin n'ont pas été des professeurs de modération. Mais autour d'eux, et respirée par eux malgré qu'ils en aient eu, une atmosphère « classique » les baignait. Elle pénètre subtilement les Français et leur enseigne qu'après avoir déployé sa force juvénile et détendu avec fracas ses muscles ou apaisé ses nerfs, l'homme mûr comprend que la vraie force est celle qui sait se réserver et frapper avec calcul et discrétion. Baudelaire l'a su comme Racine, et Mallarmé comme La Fontaine, et Villon ou Ronsard avant eux. « J'aime la force, » aimait, paraît-il,[33] à dire Stendhal; « mais la force que j'aime, une fourmi, l'abeille, en montrent autant qu'un éléphant. » La densité de leur lyrisme compense ce qui lui manque parfois en élan vers le ciel ou les nuées. Ils ne cherchent point tant à couvrir de vastes surfaces qu'à creuser en profondeur, dans des limites par eux-mêmes à eux-mêmes assignées, leur puits artésien. Comme la peinture de Fouquet, de Poussin, de Chardin, et de Cézanne, cette littérature que nous appelons classique est plus verticale qu'horizontale. Le classicisme est sa troisième dimension.

33. Barrès cite cette phrase dans son article sur Dante (*Les Maîtres,* Plon, 1927, p. 45) et l'appelle : « ce cri, digne de Pascal, que Bourget a recueilli de Stendhal. »

d) Si ce classicisme profond de la littérature et de l'art français n'a pas, à part d'éphémères triomphes de l'académisme que la révolte de la jeunesse eut tôt fait de changer en déroutes, conduit au desséchement et au conservatisme figé, c'est qu'il est une réussite fragile et toujours individuelle avant que d'être œuvre collective ou produit des circonstances historiques ou sociales. C'est aussi que cet équilibre que nous qualifions (au XVIIe siècle, et par extension chez quelques grands artistes qui sont venus depuis) de classique n'est pas éclectisme ou conciliation, mais accord momentané entre la faculté de sentir et la faculté de comprendre. Là est peut-être la vocation la plus merveilleuse de la France, dans son art de vivre comme dans ses Beaux-Arts ou dans ses lettres. L'intellectualité agile et virtuose n'est pas difficile ; l'exaltation et les élans de la passion tragique ou lyrique ne sont point chose malaisée à l'homme. Mais connaître et comprendre sa passion sans la détruire, charger la raison elle-même de passion, la gonfler pour ainsi dire du suc du réel et de la richesse des sens, cela est plus noble et plus rare. C'est l'un des moins ordonnés, des moins raciniens des Français, mais l'un des plus authentiques fils du peuple et du sol de la France qui l'écrivait bien peu de temps avant de donner sa vie pour la terre de Corneille et de Descartes : « Il y a des passions qui sont plates comme des billards et il y a des sagesses et il y a des raisons qui sont pleines et mûres et lourdes comme des grappes. »[34]

34. Charles Péguy, No. 216, p. 14.

NOTICE BIBLIOGRAPHIQUE

La bibliographie d'un sujet aussi vaste et aussi vague que « Le Classicisme » ne saurait évidemment se donner pour complète. Il est d'ailleurs assez douteux qu'il soit possible, ou même souhaitable, pour une bibliographie quelle qu'elle soit, d'être complète. Une bibliographie ne devrait point être un simple monument de pédantisme. Il convient certes qu'elle soit exacte et méthodique ; mais il faut également qu'elle soit, s'il se peut, vivante, suggestive, et personnelle, c'est-à-dire qu'elle repose sur une connaissance réelle et directe des œuvres qu'elle mentionne.

L'énumération qui suit comprend donc, non point tout ce qui traite du classicisme dans la production littéraire de notre siècle, mais ce qui nous a paru présenter le plus d'intérêt vivant sur ce sujet dans la production française et étrangère de ces dernières années. Il ne pouvait être question, bien entendu, d'énumérer tous les travaux de nos classiques eux-mêmes. Nous avons négligé, volontairement les ouvrages déjà dépassés du siècle dernier (Nisard, Vinet, Deschanel, etc.), et avons inclus au contraire quelques commentaires curieux dus à de grands écrivains : Flaubert, Taine, Renan, Gide, Valéry, etc. Fidèle aux directives que nous avons suivies dans le cours de cet ouvrage, nous avons souvent demandé à l'étranger des références suggestives au classicisme français, ou au classicisme étranger comparé au nôtre.

Une attention particulière a été accordée à quelques jugements récents portés sur Racine considéré comme le classique le plus représentatif. On les complètera par les nombreuses indications que renferme la bibliographie récente due à Edwin Williams (No. 306).

L'ordre suivi est l'ordre alphabétique, c'est-à-dire le plus commode, croyons-nous. Chaque titre est précédé d'un numéro d'ordre, auquel renvoient les notes dans le texte. La table de concordance qui suit permettra une utilisation systématique et rapide de nos références. Dans tous les cas où le nom de la ville n'est pas mentionné avant celui de l'éditeur, Paris doit être suppléé,selon la coutume.

BIBLIOGRAPHIE

1. ABERCROMBIE (Lascelles). *Romanticism,* Londres, Martin Secker, 1926 (Analyse pénétrante de l'essence du romantisme par un poète et critique anglais éminent, qui ne dissimule pas sa préférence pour un certain classicisme très largement conçu.)
2. ABRIL (Manuel). « Romanticismo, clasicismo y goticismo, » *Revista de Occidente,* décembre 1927, pp. 349-383.
3. ADAM (Antoine). *Théophile de Viau et la libre pensée française en* 1620, Droz, 1935. (Etude attentive des rapports entre le libertinage et le rationalisme au début du XVIIe siècle.)
4. ———. « L'Ecole de 1660. Histoire ou légende, » *Revue de l'Histoire de la Philosophie et de l'Histoire Générale de la Civilisation* (Lille), juillet-décembre 1939, pp. 215-250. (Article un peu confus, mais très curieux et bien informé sur les vrais rapports qui unirent les écrivains dits « classiques » et la grande influence exercée par le cercle de Lamoignon.)
5. ALBALAT (Antoine). *L'Art poétique de Boileau,* Malfère, 1929. (Les grands évènements littéraires.)
6. ANONYME. « Une Opinion anglaise sur Charles Maurras et le génie français, » *Nouvelle Revue Française,* janvier 1921, pp. 110-122. (Longue citation d'un article du *Times Literary Supplement* du 30 septembre 1920 sur le néo-classicisme français. Mentionné par A. Gide dans *Incidences,* pp. 41-43.)
7. ANONYME. « Racine in English, » *Times Literary Supplement,* 12 juin 1937.
8. ANONYME. « Jean Racine, Poet of the Passions of Love, the Discipline of Court Convention, » *Times Literary Supplement,* 23 décembre 1939.
9. ASCOLI (Georges). *La Grande-Bretagne devant l'opinion française au XVIIe siècle,* Gamber, 1930, 2 vols.
10. AUDRA (Emile). *L'Influence française dans l'oeuvre de Pope,* Champion, 1931.

11. AYNARD (Joseph). « Comment définir le romantisme, » *Revue de Littérature Comparée,* 1925, pp. 641-658. (Fines considérations sur la nostalgie et l'inquiétude, traits romantiques par excellence, opposés à la sérénité classique.)

12. BAB (Julius). *Fortimbas, oder der Kampf des* 19 *Jahrhunderts mit dem Geiste der Romantik,* Berlin, Bondi, 1914. (Etudie en six conférences l'esprit romantique, symbolisé par le personnage shakespearien Fortimbras, et suit les transformations du romantisme, opposé au classicisme, dans l'Allemagne du XIXe siècle.)

13. BABBITT (Irving). *The New Laocoon, an Essay on the Confusion of the Arts,* Boston, Houghton Mifflin, 1910. (Défense vigoureuse de la distinction « classique » des genres et des arts, opposée à l'esthétique « confusionniste » du romantisme.)

14. ———. *Rousseau and Romanticism,* Boston, Houghton Mifflin, 1919. (Le chapitre I traite des termes « classic » et « romantic » ; l'opposition forcée que l'auteur étabit entre les deux termes vicie sa conception du classicisme.)

15. BAGLEY (Charles). *An Introduction to French Literature of the Seventeenth Century,* New York, Appleton-Century, 1937.

16. BAILLY (Auguste). *L'Ecole classique française, les doctrines et les hommes,* 1660-1715, A. Colin, 1921. (Choix d'extraits logiquement classés.)

17. BAKST (Léon). « Les Formes nouvelles du classicisme dans l'art, » *Grande Revue,* 25 juin 1910, pp. 770-800.

18. BALDENSPERGER (Fernand). « Le Classicisme français et les langues étrangères, » *Revue de Littérature Comparée,* 1933, pp. 14-42. (Que le classicisme français est loin d'avoir autant qu'on le dit ignoré les langues étrangères.)

19. ———. « Pour une Revaluation littéraire du XVIIe siècle classique, » *Revue d'Histoire Littéraire,* 1937, pp. 1-15. (Qu'il y a beaucoup de romanesque au XVIIe siècle, et partout variété et contradictions.)

20. ———. « Romantique, ses analogues et ses équivalents, tableau synoptique de 1650 à 1810, » *Harvard Studies in Philology,* 1937, XIX, pp. 13-106.

21. BARING (Maurice). *Punch and Judy and Other Essays,* New York, Doubleday, Page and Co., 1924. (Essais sur La Fontaine, Racine, Jules Lemaître et Racine, etc.)

22. BARRES (Maurice). *Les Maîtres,* Plon, 1927. (Le dernier article sur « Les Maîtres romantiques » dépeint l'embarras d'un grand écrivain tenté par les doctrines néo-classiques politiques et littéraires, et pourtant incapable de renoncer aux prestiges des romantiques ou de médire de Victor Hugo, de Baudelaire, de Flaubert. Cet article parut dans l'*Echo de Paris* le 28 septembre 1912.)

23. BAUMAL (Francis). *Le Féminisme au temps de Molière,* La Renaissance du Livre, 1924. (Réhabilitation de certains aspects de la préciosité.)

24. BELL (Clive). *An Account of French Painting,* Londres, Chatto and Windus, 1932. (Chap. II sur la peinture au XVIIe siècle.)

25. BENDA (Julien). *Belphégor, Essai sur l'esthétique de la présente société française,* Emile-Paul, 1918. (Attaque d'un romantisme véhément contre le romantisme, le culte de la sensualité, de l'instant, du moi et de la « vie » dans la littérature française du XXe siècle : nostalgie des valeurs classiques.)

26. BENTMANN (Friedrich). *Die Geschichte der Racine-Kritik in der franzoesischen Romantik,* Dissertation de Würzbourg, 1930. (Jugements favorables ou hostiles portés sur Racine à l'époque de Chateaubriand, de Stendhal et de Musset.)

27. BERTHELOT (René). *La Sagesse de Shakespeare et de Goethe,* NRF, 1930. (Considérations éparses sur le classicisme de Gœthe et sur le classicisme français.)

28. BIRRELL (Francis). « Racine and Some Critics, » *Nineteenth Century,* Avril 1923, pp. 557-564.

29. BLUM (Léon). « Le Goût classique, » *Revue Blanche,* janvier 1894, pp. 29-40. (Contre les tentatives de renaissance classique qui semblaient alors vouloir enterrer le symbolisme.)

30. BONDY (L. J.). *Le Classicisme de Ferdinand Brunetière,* Baltimore, Johns Hopkins Press, 1930. (Analyse et commentaire des idées philosophiques, morales et esthétiques de Brunetière.)

31. BORGESE (Giuseppe). *Storia della critica romantica in Italia,* Milan, Treves, 1920. (Nouvelle édition d'un ouvrage paru d'abord en 1903 : considérations sur le classicisme dans la préface, et chapitre X sur « Il Classicismo dei Romantici. »)

32. ———. *Il Senso della letteratura italiana,* Milan Treves, 1931. (Pp. 21 sq., sur le caractère essentiel de la littérature française, opposé au « romantisme » foncier de l'Italie.)

33. ———. *Poetica dell' unità ; cinque saggi,* Milan Treves, 1934. (Essais sur le rôle croissant joué par le concept de personnalité dans l'esthétique post-classique, sur la ressemblance, l'imitation et le modèle, dans la poésie.)

34. BOURGEOIS (Emile). *Le Grand Siècle. Louis XIV, les arts et les idées.* Hachette, 1896. (Belle présentation, largement illustrée, de la civilisation française sous le règne de Louis XIV.)

35. BRAY (René). *La Formation de la doctrine classique en France,* Hachette, 1927. (Etude solide et neuve sur les origines de la doctrine classique, dont la formation a été achevée avant la génération des grands classiques et la critique de Boileau. A compléter par cinq articles du même auteur sur « L'Esthétique classique, » *Revue des Cours et Conférences,* 1929, vol. II, 30 avril au 30 juin.)

36. BRÉHIER (Emile). *Histoire de la philosophie.* Tome II, *La Philosophie moderne,* I, *Le XVII*e *Siècle,* Alcan, 1929. (Considérations pénétrantes sur les caractères généraux de la pensée française au XVIIe siècle.)

37. BREMOND (Henri). *Histoire littéraire du sentiment religieux en France,* Bloud et Gay, 1916-1933. (Onze volumes dont plusieurs enrichissent notre connaissance du siècle classique. Index alphabétique et analytique de l'ouvrage par Charles Grolleau, Bloud et Gay, 1936.)

38. BRUNET (Gabriel). *Evocations littéraires,* Editions Prométhée, 1930. (Aperçus ingénieux sur Mme de Sévigné et long chapitre sur « Bossuet et l'esprit classique, » pp. 67-127.)

39. BRUNETIERE (Ferdinand). « Le Naturalisme au XVIIe siècle, » *Etudes critiques sur l'histoire de la littérature française,* Hachette, 1896, 1re série, pp. 305-336. (Conférence prononcée en 1883.)

40. ———. « Descartes et la littérature classique, » *ibid.,* 1898, 3e série, pp. 1-28. (Etude écrite en 1882 à propos du livre de Krantz.)

41. ———. « Classiques et romantiques, » *ibid.,* 1898, 3e série, pp. 291-326. (Article de 1883 à propos du livre de Deschanel sur le romantisme des classiques.)

42. ———. « Jansénistes et cartésiens, » *ibid.,* 1898, 4e série, pp. 111-178. (Article de 1889 sur l'influence limitée du cartésianisme au XVIIe siècle.)

43. ———. « L'Esthétique de Boileau, » *ibid.*, 1899, 6e série, pp. 153-192 (étude de juin 1889).
44. ———. *Histoire de la littérature française,* Delagrave, 1912, tome II, *Le XVIIe Siècle.* (Livre III, chapitre I, pp. 355-362, « Qu'est-ce qu'un classique ? »)
45. ———. *Manuel d'histoire de la littérature française,* Delagrave, 1898. (Plusieurs chapitres sur la formation de l'idéal classique.)
46. BRUNOT (Ferdinand). *Histoire de la langue française,* tome IV, 1660-1715, 1re partie, *La Langue classique,* A. Colin, 1913, et tome V, *Le Français en France et hors de France au XVIIe siècle,* A. Colin, 1917.
47. BRUNSCHVICG (Léon). *Le Progrès de la conscience dans la philosophie occidentale,* Alcan, 1927, 2 vols. (Le chapitre VI du livre III, pp. 138-161, traite de Descartes.)
48. CASELLA (Alfredo). « Il Neoclassicismo mio e altrui, » *Pegaso,* mai 1929, pp. 576-583. (Sur le néo-classicisme musical.)
49. CAUDWELL (Hugo). *Introduction to French Classicism,* Londres, Macmillan, 1931. (Ouvrage élémentaire, mais mesuré et sage, qui s'efforce d'expliquer aux étudiants anglais le classicisme.)
50. CAZAMIAN (Louis). *L'Evolution psychologique et la littérature en Angleterre,* Alcan, 1920. (Tentative vigoureuse et originale, parfois forcée, pour ramener l'histoire de la littérature anglaise moderne à une luttre entre un classicisme et un romantisme définis en profondeur.)
51. ———. « La Notion de retours périodiques dans l'histoire littéraire, » *Annales de l'Université de Paris,* mars 1926, pp. 59-68. (La même thèse est reprise et élargie, et rendue applicable à d'autres littératures que l'anglaise.)
52. ———. *Essais en deux langues,* Didier, 1938. (L'article précédent est réimprimé pp. 3-10 ; pp. 165-180, étude pénétrante sur « Le Romantisme en France et en Angleterre : quelques différences. »)
53. ——— et LEGOUIS (E.) *Histoire de la littérature anglaise,* Hachette, 1924 et éditions suivantes. (2e partie, livre VIII, « Le Classicisme, » et surtout chap. I, « Le Mouvement classique. »)
54. CLARK (A. F. B.). *Boileau and the French Classical Critics in England,* Champion, 1925.
55. ———. *Jean Racine,* Cambridge, Harvard University Press, 1939.

56. CLAUDEL (Paul). « Lettre sur le classicisme, » citée dans *Revue Critique des Idées et des Livres,* 25 août 1910, p. 374.

57. CLOUARD (Henri). *Les Disciplines : nécessité littéraire et sociale d'une renaissance classique,* Rivière, 1913. (Pp. 87-89, « substance du classicisme » ; p. 241, définition gidienne : « Le classicisme, c'est une pudeur. »)

58. COHEN (Gustave). « La Clarté française, » *Nouvelles Littéraires,* 6 juillet 1929. (A propos de l'ouvrage de D. Mornet.)

59. COLLINS (H. P.). « Notes on the Classical Principle in Poetry, » *The Criterion,* avril 1925, pp. 388-400. (Recherche des éléments classiques de la poésie anglaise, par un critique sympathique à un large classicisme.)

60. ———. *Modern Poetry,* Londres, Jonathan Cape, 1925, (Pp. 108-136 sur le classicisme.)

61. COMBARIEU (Jules). *Histoire de la musique,* A. Colin, 1920, tome II, *Du* 17e *Siècle à la mort de Beethoven.*

62. COURAJOD (Louis). *Leçons professées à l'Ecole du Louvre,* Picard, 1903, vol. 3, *Origines de l'art moderne.* (Pp. 41-64, chapitre sur « L'Art du XVIIe siècle ».)

63. CRÉMIEUX (Benjamin). *Inquiétude et reconstruction,* Corrêa, 1931. (Chapitres VI, VII et IX sur le prétendu renouveau classique de 1930.)

64. CROCE (Benedetto). « Le Definizioni del romanticismo, » *La Critica,* 1906, pp. 241-245.

65. ———. *Bréviaire d'esthétique* (traduction G. Bourgin), Payot, 1923. (P. 33 sur le conflit entre classicisme et romantisme ; pp. 175-180, sur la nécessité présente d'un certain classicisme.)

66. ———. « La Poesia del Racine, » *La Critica,* 1927, pp. 64-68 (réédité dans la nouvelle édition de *Ariosto, Shakespeare e Corneille,* Bari, Laterza, 1929, pp. 267-274.)

67. ———. *Storia della età barocca in Italia,* Bari, Laterza, 1929.

68. CRUMP (Phyllis). *Nature in the Age of Louis XIV,* Londres, Routledge, 1928.

69. CURTIUS (Ernst-R.). « Restauración de la razon, » *Revista de Occidente,* septembre 1927, pp. 257-267.

70. ———. « Abandon de la culture, » *Nouvelle Revue Française,* décembre 1931, pp. 849-867. (Sur le rôle du classicisme dans la culture française.)

71. ———. « Gœthe ou le classique allemand, » *Nouvelle Revue Française,* mars 1932, pp. 321-350.

72. DALMEYDA (Georges). *Goethe et le drame antique,* Hachette, 1908. (Sur l'hellénisme et le « classicisme » de Gœthe.)

73. DELACROIX (Eugène). *Lettres,* Quantin, 1878. (Lettre du 29 mars 1858 sur Racine, p. 291.)

74. ———. *Journal,* Plon, 1932, 3 vols. (I, 438-440, sur Poussin ; II, 29-31 sur Poussin, 25, 103 et 281 sur les qualités classiques de Racine ; III, 22-24, sur le classicisme de Racine).

75. DEMEURE (Jean). « Les quatre Amis de *Psyché,* » *Mercure de France,* 15 janvier 1928, pp. 331-366. (Identification de trois de ces amis comme La Fontaine, Maucroix et Pellisson : réduit l'influence de Boileau sur les écrivains de 1660-1670.)

76. ———. « *L'Introuvable Société des quatre amis,* 1664-1665, » *Revue d'Histoire Littéraire,* 1929, pp. 161-180 et 321-336. (Examen critique précis des traditions relatives aux quatre amis, donnés comme étant Racine, Boileau, La Fontaine, et Molière.)

77. DESBIENS (Maurice). *Romantisme,* Cahiers de la Quinzaine, 20e série, Nos. 3 et 4, 5 et 20 février 1930. (Mise au point des travaux récents sur le romantisme et le classicisme.)

78. DESJARDINS (Paul). *Poussin,* Laurens, 1906. (Etude plus littéraire et morale que technique du peintre classique.)

79. ———. *La méthode des classiques français,* A. Colin, 1904. (Long chapitre sur « Le classicisme de Corneille, » pp. 1-163 ; bonne étude sur « La méthode classique de Poussin, » pp. 165-233.)

80. DESONAY (Fernand). *Qu'est-ce que le classicisme ?,* Bruxelles, Van Muysewinkel, 1934. (Commentaire et critique de la première édition de notre livre.)

81. DORBEC (Prosper). « La sensibilité plastique et picturale de la littérature du XVIIe siècle, « *Revue d'Histoire Littéraire,* 1919, pp. 374-395. (Relations entre peintres et écrivains, qualités plastiques de quelques écrivains classiques.)

82. DUPOUY (Auguste). *France et Allemagne, littératures comparées,* Delaplane, 1913. (Chapitre I, 4e partie, « Boileau en Allemagne. »)

83. ———. *Rome et les lettres latines,* A. Collin, 1924. (Chapitre VI sur le « classicisme » latin.)

84. ECCLES (F. Y.). « Recent French Poetry and Racine, » *The Quarterly Review*, juillet 1909, pp. 127-155.

85. ———. *Racine in England,* Oxford Press, 1922, (Taylorian lecture, 1921).

86. EGGER (Emile). *L Hellénisme en France,* Didier 1869, 2 vols. 20e leçon sur les études grecques en France sous les règnes de Louis XIII et de Louis XIV. Leçons 21 à 25 sur l'hellénisme au XVIIe siècle.)

87. ELIOT (Thomas S.). *The Sacred Wood, Essays in Poetry and Criticism,* Londres, Methuen, 1920.

88. ———. *Selected Essays* (1917-1932), New York, Harcourt Brace, 1932. (Sur la nécessité d'un retour aux traditions classiques en Angleterre, *passim* et surtout dans les essais « Tradition and the Individual Talent, » 1917, « The Function of Criticism, » 1923, « The Humanism of Irving Babbitt, » 1927, « A Dialogue on Dramatic Poetry, » 1928.

89. ———. *Essays, Ancient and Modern,* Londres, Faber and Faber, 1936. (Nouvelle édition du volume de 1928 « For Lancelot Andrewes » augmenté de quatre essais à tendance néo-classique sur la religion et la littérature, le catholicisme et l'ordre, Pascal, l'éducation moderne et les études antiques.)

90. ELTON (Oliver). *The Augustan Ages,* Edimbourg, Blackwood, 1899. (*Periods of European Literature,* vol. VIII). (Les trois premiers chapitres traitent du classicisme français, avec un effort sincère de compréhension et des étrangetés dans le jugement typiques des réactions d'un Anglais érudit et averti.)

91. ERNST (Fritz). *Der Klassizismus in Italien, Frankreich und Deutschland,* Zürich, Amalthea Verlag, 1924. (Etude générale et comparée, qui confond sous le nom de classicisme la Renaissance et le XVIIe siècle.)

92. EVANS (Ifor). *Tradition and Romanticism,* Londres, Methuen, 1940. (Chapitre II sur les termes « classique » et « romantique » ; la tentative de définition est confuse et superficielle, mais soutient avec raison que cette controverse n'a guère de sens en Angleterre, où elle est d'importation étrangère.)

93. FAGUET (Emile). « L'Humanisme français au XVIe siècle, » *Revue Bleue,* 17 janvier 1891, pp. 65-73.

94. ———. « La Révolution littéraire de 1660, » dans *Propos littéraires,* 2e série, Société française d'Imprimerie et de Librairie, 1904. (Article du 1r septembre 1883 qui limite la part de la raison chez les classiques.)

95. ———. *Histoire de la poésie française,* Boivin, 1926 à 1932. (Vols. II, « De Malherbe à Boileau » ; III, « Précieux et burlesques » ; IV, « La Fontaine » ; V, « Boileau » ; VI, « De Boileau à Voltaire ».)

96. FAGNIEZ (Gustave). *La Femme et la société française dans la première moitié du XVIIe siècle,* Gamber, 1929.

97. FAURE (Elie). « Remarques sur le classicisme français, » *Grande Revue,* mars 1922, pp. 1-13. (Interprétation vivante du classicisme, envisagé surtout dans le domaine des Beaux-Arts.)

98. ———. *Histoire de l'art,* vol. III, *L'Art moderne.* Crès, 1926, (pp. 131-171 sur « La Monarchie française et le dogme esthétique ».

99. FELS (Martha de). « Terre de France : Poussin, » *Revue de Paris,* 15 janvier 1933, pp. 292-326.

100. FERNANDEZ (Ramon). « De L'Esprit classique, » *Nouvelle Revue Française,* janvier 1929, pp. 42-53.

101. ———. « On Classicism, » *The Symposium,* janvier 1930, pp. 33-44

102. ———. « Le Classicisme de T. S. Eliot, » dans *Messages,* N. R. F. 1926, pp. 216-222.

103. FIDAO-JUSTINIANI (J. E.). *L'Esprit classique et la préciosité,* Picard, 1914. (Que la préciosité n'est nullement opposée à l'esprit classique ; que le XVIIe siècle est un, et s'est développé régulièrement de Richelieu à Louis XIV.)

104. ———. *Qu'est-ce qu'un classique ?* 1. *Le Héros ou génie,* Didot, 1930. (Sur le goût de l'épopée, de la grandeur héroïque et l'amour « grande passion » au siècle classique.)

105. ——— *Discours sur la raison classique,* Boivin, 1937. (Essai d'interprétation vivante du classicisme comme un art de vivre, une prudence épique, une raison créatrice.)

106. FISHER (Dorothy F. Canfield). *Corneille and Racine in England,* New York, Columbia University Press, 1904. (Etude vieillie sur l'accueil fait par la critique et la scène anglaises aux deux Corneille et à Racine.)

107. FLAUBERT (Gustave). Voir L. Gardner MILLER, *Index de la correspondance de Flaubert,* Strasbourg, 1934, pour les allusions

au XVIIe siècle dans la correspondance de Flaubert et Tony H. SERVAIS, *Gustave Flaubert, Urteile über die franzoesische Literatur in seiner Correspondance.* Dissertation de Münster, 1936.

108. FOLKIERSKI (Wladyslaw). *Entre classicisme et romantisme,* Champion, 1925. (Survivance et affaiblissement du classicisme dans l'esthétique du XVIIIe siècle.)
109. FONTAINE (André). *Les Doctrines d'art en France : peintres, amateurs, critiques. De Poussin à Diderot,* Laurens, 1909.
110. ———. *Académiciens d'autrefois,* Laurens, 1914. (Sur Le Brun, Mignard, Bosse, Bourdon.)
111. ———. *Conférences inédites de l'Académie royale de peinture et de sculpture,* Fontemoing, s.d. (Discours de Le Brun, Philippe et J. B. de Champaigne et autres sur le dessin et la couleur, etc.)
112. FRANCOIS (Alexis). « Où en est romantique ? » *Mélanges Baldensperger,* Champion, 1930, I, 321-331.
113. FRANK (Waldo). « The Modern Drama, » dans *Fine Arts* (série *Man and His World*), New York, Van Nostrand, 1930. (Pp. 13-14, remarquable appréciation de Racine.)
114. FRYE (Prosser H.). « Racine, » *University of Nebraska Studies,* juillet-octobre 1919, 40 pp.
115. ———. *Romance and Tragedy,* Boston, Mashall Jones, 1922. (Renferme l'article précédent, et une étude pénétrante, reposant sur une tentative de définition philosophique, sur « Les Termes classique et romantique. »
116. FUBINI (Mario). « Umanesimo, Teatro, Poesi nell' opera di J. Racine, » *La Cultura,* 1924-1925, pp. 62-71 et 206-215.
117. ———. *Jean Racine e la critica delle sue tragedie,* Turin, Sten, 1925. (Esquisse d'une histoire de la critique racinienne, précédée d'un essai très fin sur Racine.)
118. GAIFFE (Félix). *L'Envers du Grand Siècle,* Albin Michel, 1924.
119. GALLETTI (Alfredo). « Classicismo, » article de *l'Enciclopedia italiana,* Rome, Istituto Treccani, 1931, X, 534-535.
120. GAQUERE (François). *La Vie et les oeuvres de Jules Fleury,* 1640-1723, De Gigord, 1925. (La connaissance de ce jurisconsulte et humaniste, plus tard devenu prêtre et auteur de l'*Histoire ecclésiastique,* nous éclaire sur les cercles littéraires de Lamoignon où fréquentèrent Boileau, Racine, etc. Le même érudit, l'abbé Ga-

quère, a réédité en 1925 les *Dialogues sur l'éloquence* (1664) de Claude Fleury chez De Gigord, en 1925.)

121. GHÉON (Henri). *Partis pris, réflexions sur l'art littéraire,* Nouvelle Librairie Nationale, 1923. (Chapitre XV et XVI traitent en particulier du classicisme envisagé par un néophyte du néo-classicisme.)

122. GIDE (André). *Incidences,* N.R.F. 1924 (voir surtout « L'Avenir de l'Europe, » « Billets à Angèle » I, II et Appendice).

123. ———. « Nationalisme et littérature, » conférence de 1911, *Oeuvres complètes,* Gallimard, volume VI. (Vive critique du néo-classicisme littéraire, étroit et forcé selon Gide.)

124. ———. *Journal,* 1889-1939, La Pléiade, 1939. (Sur Racine, voir l'index, et en particulier pp. 741, 1100, 1181, 2298. Plusieurs passages relatifs à Racine avaient paru antérieurement dans *Divers,* Gallimard, 1931.)

125. GILLET (Louis). *La Peinture de Poussin à David,* Laurens, 1935.

126. GILLOT (Hubert). *La Querelle des Anciens et des Modernes en France.* (De la *Défense* aux *Parallèles*), Champion, 1914. (Information très riche sur la critique littéraire et la critique d'art au XVIIe siècle et sur la connaissance et l'influence de l'antiquité.)

127. GILSON (Etienne). *Les Idées et les Lettres,* Vrin, 1932. (Pp. 243-274, essai sur « La Scolastique et l'esprit classique » : que l'esprit classique ne s'oppose pas à la scolastique, mais la continue à bien des égards.)

128. GIRAUD (Victor). « Qu'est-ce qu'un classique ? » *Revue des deux Mondes,* 1er janvier 1931, pp. 119-130. (Généralités vagues et conventionnelles.)

129. GIRAUDOUX (Jean). « Racine, » *Nouvelle Revue Française,* décembre 1929, pp. 733-756 ; réimprimé en volume, Grasset, 1930 ; traduit en anglais par Paul M. Jones, Cambridge, Fraser, 1938 ; reproduit dans No. 268.

130. GOETHE (J. W.) « Literarischer Sanculottismus » (1795), dans *Saemtliche Werke,* Berlin et Stuttgart, Jubilaeums-Ausgabe, Cotta, 1902-1907, vol. XXXVI, pp. 139-144. (Sur les conditions nécessaires à la production d'un classique.)

131. ———. *Gespraeche mit.* (Conversations d'Eckermann avec Gœthe et Paris, Presses Universitaires, 1931. (Montre un état du goût dans les dernières années de la vie du grand homme en 1823-32,

dont plusieurs traitent du classicisme, souvent opposé au romantisme. Une traduction française, parue chez Charpentier en 1863, est précédée d'un intéressant essai de Sainte-Beuve.)

132. GOSSE (Edmund). *Malherbe and the Classical Reaction in the XVIIth Century,* Oxford Press, 1920 (Taylorian Lecture).

133. ———. *Three French Moralists, and the Gallantry of France,* Londres, Heinemann, 1918. (Essais sur La Rochefoucauld, La Bruyère, et Vauvenargues.)

133. bis GRAVES (Robert). *Poetic Unreason and Other Studies,* Londres, Cecil Palmer, 1925. (Pp. 125-138 sur l'opposition entre classique et romantique, et pp. 139-155.)

134. GRIERSON (Herbert G.). *The first Half of the XVIIth Century,* New York, Scribners, 1906 (série : *Periods of European Literature,* vol. VII). (Etude désordonnée et comparative de la littérature du siècle en Hollande, Angleterre, France, Italie.)

135. ———. *Classical and Romantic,* Cambridge University Press, 1923 (Leslie Stephen Lecture). (Excellente analyse des diverses définitions données de ces deux termes, conclusions un peu fuyantes et vagues. Repris dans *The Background of English Literature and Other Essays,* Londres, Chatto and Windus, 1925.

136. GRUBBS (Henry). *Damien Mitton,* Princeton, Elliott Monographs et Paris, Presses Universitaires, 1931. (Montre un état du goût moyen à l'époque classique.)

137. GUÉRARD (Albert). *The Life and Death of an Ideal, France in the Classical Age,* New York, Scribners, 1928. (Brillante présentation historique qui n'accorde qu'une place limitée à la littérature et définit le classicisme, chronologiquement et idéologiquement, d'une façon beaucoup trop large.)

138. HALEY (Sister Marie Philip). *Racine and the « Art Poétique » of Boileau,* Baltimore, Johns Hopkins Press, 1938. (Réduit l'influence de Boileau sur Racine.)

139. HAZARD (Paul). « Romantisme italien et romantisme européen, » *Revue de Littérature Comparée,* 1926, VI, 224-245. (Sur le romantisme « antiromantique » de l'Italie et ses rapports avec un classicisme profond et permanent.)

140. ———. Compte-rendu de A. Farinelli, *Il Romanticismo nel mondo latino, Revue de Littérature Comparée,* 1928, VIII, 379-392.

(Aperçus originaux sur le romantisme et le classicisme dans les pays latins.)

141. ———. « Les Rationaux, » *Revue de Littérature Comparée,* 1932, XII, 677-711, (Sur le développement du rationalisme en dehors du classicisme, entre 1670 et 1700. Repris dans No. 143.)

142. ———. « La Fin du XVIIe siècle : le schisme religieux, les nouveaux principes politiques, l'unité littéraire, » *Revue des Deux Mondes,* 15 août, 1er septembre et 15 septembre 1932, pp. 778-795, 97-113, 407-424. Repris dans No. 143.

143. ———. *La Crise de la conscience européenne,* 1680-1715, Boivin, 1935, 3 vols. (Voir surtout I, i, « De la Stabilité au mouvement » et II, i, « Les rationaux. »)

144. HEINE (Heinrich). *Die Romantische Schule in Deutschland,* dans *Werke,* Leipzig, Insel-Verlag, 1910, VII. (Pp. 73-74 sur Racine.)

145. ———. « Über die franzœsische Bühne, » sechster Brief an August Rewald, mai 1837, dans *Werke,* Leipzig, Insel-Verlag, 1913, VIII, 77-85 (Sur Racine).

146. HENLEY (William E.). « A Note on Romanticism, » dans *Views and Reviews, Essays in Art* (Complete Works, Londres, Macmillan, 1921, III, 221-254.)

147. HENRIOT (Emile). *Courrier littéraire,* XVIIe siècle, Editions de la Nouvelle Revue Critique, 1933. (Série de chroniques parues dans le *Temps,* vivantes et bien informées.)

148. HEPP (François). « Le Classicisme éternel, » *Revue Universelle,* 1er avril 1921, pp. 45-57. (Que le romantisme est naturellement malfaisant et le classicisme sain.)

149. HERVIER (Marcel). *Les Ecrivains français jugés par leurs contemporains ;* I, *Le XVIe et le XVIIe siècles*, Delaplane, 1910.

150. HOFMILLER (Josef). « Gibt es Klassiker ? » *Corona,* 1938, V, 558-563. (Reprend la question de Nietzsche, à savoir s'il existe des classiques allemands, et lesquels.)

151. HOMEN. *Studier i fransk klassicism* (1630-1665), Helsingfors, 1914.

152. HOURTICQ (Louis). « L'Art académique, » *Revue de Paris,* 1er juin 1904, pp. 597-622 et 1er juillet, pp. 165-188. (Sur les controverses de l'académie au XVIIe siècle.)

153. ———. *La Jeunesse de Poussin*, Hachette, 1937.

154. ———. *De Poussin à Watteau, ou des origines de l'école parisienne de peinture,* Hachette, 1921.

155. HUCH (Ricarda). *Die Romantik,* Leipzig, Haessel, 1911, 2 vols. (Sur l'épanouissement et la décadence du romantisme allemand. Traduit en français sous le titre *Les Romantiques allemands,* Grasset, 1933.)

156. HULME (T. E.). *Speculations. Essays on Humanism and the Philosophy of Art,* Londres, Kegan Paul, 1924. (Pp. 111-140, essai sur le romantisme et le classicisme, définis par un philosophe anglais mort à la guerre de 1914, influencé à la fois par les néo-classiques français, par Bergson et par Georges Sorel.)

157. JONES (Paul Mansell). *Tradition and Barbarism. A Survey of Anti-Romanticism in France,* Londres, Faber and Faber, 1930. (Exposé des arguments anti-romantiques des critiques français par un Anglais qui se laisse peut-être trop impressionner par la logique apparente de ce néo-classicisme doctrinaire.)

158. KAUFMAN (Paul). « Defining Romanticism, » *Modern Language Notes,* 1925, pp. 193-204.

159. KER (W. P.). « On the Value of the Terms *Classical* and *Romantic* as applied to Literature, » dans *Collected Essays,* Macmillan, 1925, II, 327-338. (Essai de clarification, un peu trop négatif.)

160. KLEMPERER (Victor). « Romantik und franzœsische Romantik, » dans *Idealistische Philologie, Festchrift für Karl Vossler,* Heidelberg, septembre 1922, pp. 10-32.

161. KOHLER (Pierre). *L'Esprit classique et la comédie,* Payot, 1925. (Pp. 11-15 sur le classicisme, et ailleurs sur la comédie du classicisme et sur Molière, vus par un auteur suisse.)

162. KOERNER (Josef). *Romantiker und Klassiker. Die Brüder Schlegel in ihren Beziehungen zu Schiller und Goethe,* Berlin, Askanischen Verlag, 1924.

163. KRANTZ (Emilie). *Essai sur l'esthétique de Descartes, étudiée dans les rapports de la doctrine cartésienne avec la littérature française au XVII*e *siècle,* Baillière, 1882. (Thèse absolue, depuis longtemps vieillie et réfutée.)

163 bis LALOU (René). « Gœthe, classique français ? » *Revue des Vivants,* novembre 1933, pp. 1709-1713.

164. LANCASTER (Henry C.) *History of French Dramatic Literature in the Seventeenth Century,* Baltimore, The Johns Hopkins Press,

1929-1940, 8 volumes in four parts. (Voir surtout, dans cette monumentale histoire du théâtre, les parties III et IV qui traitent de la période de Molière [1652-1672] et de la période de Racine [1673-1700] et, dans la Ire partie, vol. II, le chapitre vii, sur l'introduction des unités.)

165. LANDRY (Lionel). « Classicisme et romantisme, essai de définition, » *Mercure de France,* 15 juillet 1927, pp. 257-276. (Opposition un peu forcée et qui mêle la politique à la littérature. « Le classique croit au bulletin de vote, à l'arbitrage, au collège interconfessionnel, le romantique ne croit qu'à la guerre civile, étrangère ou religieuse. »)

166. LANSON (Gustave). « L'Influence de la philosophie cartésienne sur la littérature française, » *Revue de Métaphysique et de Morale,* octobre-décembre 1896 ; réimprimé dans *Etudes d'Histoire Littéraire,* Champion, 1929, pp. 58-96.

167. ———. *Boileau,* Hachette, 1892.

168. ———. *Choix de lettres du XVIIe siècle,* Hachette, 1898. (Introduction riche et suggestive.)

169. ———. *L'Art de la prose,* Librairie des Annales, 1908. (Chapitres IV, V et VI sur la phrase du Grand Siècle.)

170. LAPCEVIC (Draguicha). *La Philosophie de l'art classique,* Alcan, 1927. (Développement prétentieux et fumeux sur le classicisme conçu comme l'antique, le Beau et le Bon.)

171. LEMAITRE (Jules). « M. Deschanel et le romantisme de Racine, » dans *Les Contemporains,* Société française d'Imprimerie et de Librairie, 1886, II, 143-188.

172. ———. « Le Romantisme des classiques, » dans *Les Contemporains,* ibid., 1918, VIII, 159-176. (L'article date de 1882.)

173. LEMONNIER (Henry). *L'Art français au temps de Richelieu et de Mazarin,* Hachette, 1913 (deuxième édition).

174. ———. *L'Art français au temps de Louis XIV,* Hachette, 1911.

174 bis LOISEAU (Hippolyte). *Goethe et la France,* Attinger, 1930. (Chapitres III et IV sur l'influence, que l'auteur grossit quelque peu, de la littérature française sur Gœthe.)

175. LUCAS (Frank L.) *The Decline and Fall of the Romantic Ideal,* New York, Macmillan, 1936. (Chapitre I, sur la nature du romantisme, avec l'inévitable opposition classicisme-romantisme.)

176. LUGLI (Vittorio). « Rileggendo Racine, » *La Cultura,* 1923-1924, pp. 489-496.

177. ———. *Racine,* Rome, Formiggini, 1926.

178. MAGENDIE (Maurice). *La Politesse mondaine et les théories de l'honnêteté en France de* 1600 *à* 1660, Alcan, 1925, 2 vols.

179. MANZONI (Alessandro). « Sur L'Unité de temps et de lieu dans la tragédie, » *Lettre à M. Chauvet,* publiée par Fauriel en 1823. Dans *Opere,* Milan, Hœpli, 1907, III, 309-384.

180. MARSAN (Eugène). « Que la vertu ne fait pas le classique, » *Revue critique des Idées et des Livres,* 25 juin 1921, pp. 650-664. (Essai sur La Fontaine.)

181. ———. *Instances,* éditions Promethée, 1930. (Comprend l'article précédent et plusieurs autres sur le XVIIe siècle.)

182. MAURRAS (Charles). *Romantisme et révolution,* Nouvelle Librairie Nationale, 1922 (édition nouvelle de l'*Avenir de l'intelligence*). (Pp. 269-270, « De l'esprit classique, » protestation contre la thèse de Taine qui explique la Révolution française par l'esprit classique.)

183. ———. *L'Allée des philosophes,* Crès, 1924. (Pp. 206-223, amusantes pages sur « la décadence de M. Brunetière vue de la fin du siècle » et l'idéal classique conçu par ce critique.)

184. ——— et LA TAILHÈDE (Raymond de). *Un Débat sur le romantisme,* Flammarion, 1928. (Quelques heureuses formules sur le classicisme, opposé au romantisme considéré comme l'erreur et la barbarie.)

185. ———. *Prologue d'un essai sur la critique,* La Porte étroite, 1932. (Pp. 92-94 sur la manière dont nous devrions comprendre aujourd'hui l'esprit classique.)

186. MÉLÈSE (Pierre). *Le Théâtre et le public à Paris sous Louis XIV,* 1659-1715, Droz, 1934. (Comment les publics jugèrent alors le théâtre de leur temps.)

187. MENENDEZ Y PELAYO (M.). *Historia de las ideas estéticas en España,* Madrid, Dubrull, 1883-91, vol. V, *Siglo XIX, El Romanticismo en Francia.* (Esquisse du développement de la littérature française avant le XIXe siècle et au XIXe, très sévère pour le classicisme rationaliste et doctrinal du règne de Louis XIV.)

188. MERIAM-GENAST (Ernst). « Racine und Gœthe, » *Archiv für das Studium der neueren Sprachen,* décembre 1935, pp. 197-224.

189. MICHÉA (R.). « Les Variations de la raison au XVIIe siècle. Essai sur la valeur du langage employé en histoire littéraire, » *Revue Philosophique*, septembre-octobre 1938, pp. 183-201. (Sur le sens du mot raison au siècle classique.)

190. MONGRÉDIEN (Georges). *Les Précieux et les précieuses*, Mercure de France, 1939. (Vive et fine défense de la préciosité dans l'introduction, suivie de morceaux choisis.)

191. MONTÉGUT (Emile). *Types littéraires et fantaisies esthétiques*, Hachette, 1882. (Pp. 99-100 sur la conception classique de l'homme abstrait.)

192. MOREAU (Pierre). *Le Classicisme des romantiques*, Plon, 1932. (Chap. I, « Qu'est-ce qu'un classique ? Qu'est-ce qu'un romantique ? »)

193. MORNET (Daniel). *Histoire générale de la littérature française*, Larousse, 1925. (Pp. 74-77, définition de l' « époque classique. »)

194. ———. Article dans les *Nouvelles Littéraires*, 18 juin 1927. (Sur le rôle des influences étrangères dans le classicisme et dans le romantisme français.)

195. ———. *Histoire de la clarté française*, Payot, 1929. (Sur la formation progressive de cet idéal de clarté, contemporaine du classicisme.)

196. ———. « La Véritable Histoire de la littérature française, » *Annales de l'Université de Paris*, novembre-décembre 1936, pp. 506-527. (Proteste contre la tendance à isoler les écrivains classiques de leur public et du goût de leur temps ; le goût classique s'est débattu contre la doctrine classique, antérieure à 1660.)

197. ———. « Comment étudier les écrivains ou les ouvrages de troisième ou de quatrième ordre, » *The Romanic Review*, octobre 1937, pp. 204-216. (A propos de Donneau de Visé, persistance de la préciosité à travers le classicisme.)

198. ———. « La Signification et l'évolution de l'idée de préciosité en France au XVIIe siècle, » *Journal of the History of Ideas*, avril 1939 pp. 225-231. (Que la préciosité, souvent mécomprise, est un large mouvement qui remonte au XVIe siècle et se poursuit encore au XVIIIe.)

199. ———. *Histoire de la littérature française classique* 1660-1700 ; *ses caractères véritables, ses aspects inconnus*, A. Colin, 1940. (Etude très savante et très précise des aspects non classiques du

goût littéraire de l'époque ; nombreuses citations sur la persistance de la préciosité, du pédantisme après 1660 ; le « compromis entre la raison et les argéments » réalisé par les grands classiques est examiné, pour chacun d'eux, dans la dernière partie. Les conclusions de cette patiente enquête restent peu révolutionnaires et peut-être trop modestes. Bibliographie abondante et souvent originale, groupée peu systématiquement.)

200. MURRY (J. Middleton). « La Renaissance du classicisme en Angleterre, » *Bibliothèque Universelle et Revue de Genève,* mars 1926, pp. 356-368.

201. ———. « Towards a Synthesis, » *The Criterion,* juin 1927, pp. 295-313. (L'auteur encourage les Anglais à aspirer à un idéal classique, mais conçu fort différemment du classicisme du XVIIe siècle, et à tendances catholiques.)

202. ———. *Countries of the Mind,* Oxford University Press, second series, 1931. (Essais sur Bossuet et sur « Reason and Criticism. »)

203. NIETZSCHE (Friedrich). *Die Froehliche Wissenschaft.* (No. 370, « Qu'est-ce que le romantisme ? »)

204. ———. *Menschliches, Allzumenschliches* (I, 221, « La Révolution dans la poésie, » curieux éloge des règles.)

205. ———. *Der Wanderer und sein Schatten.* (Deuxième partie de *Menschliches, Allzumenschliches,* II, No. 125, « Y a-t-il des classiques allemands ? » ; No. 214, éloge des auteurs français classiques.)

206. ———. *Der Wille zur Macht.* (3e livre, No. 848, curieuse énumération des conditions ou des éléments qui font un classique, entre autres « être un esprit qui délimite et mène en avant, qui affirme même avec sa haine. »)

207. NITZE (William) et DARGAN (E. Preston). *A History of French Literature,* New York, Holt, 1922. (IIe partie, livre IV, chapitre i, sur le classicisme.)

208. OGG (David). *Europe in the XVIIth Century,* Londres, Black, 1925. (Histoire du XVIIe siècle où la France occupe une large place. L'auteur voit la vraie grandeur du génie français chez les écrivains du XVIIe siècle et surtout chez les penseurs de Port-Royal.)

209. ORR (John). *French, the Third Classic,* Edimbourg, Oliver and Boyd, 1933. (Que le français, par les qualités classiques de sa

langue et de sa littérature constitue pour les modernes la troisième culture « classique » après la Grèce et Rome.)

210. ORS (Eugenio d'). *Poussin y el Greco y otras notas de estética,* Madrid, Caro Raggio, 1922. (Quelques pages brèves et hâtives sur Poussin, peintre pour philosophes.)

211.———. *Du Baroque,* Gallimard, 1935. (Série de paradoxes sautillants et peu convaincants, mais ingénieux.)

212. PARODI (Dominique). « L'Essence du romantisme, » *Revue de Métaphysique et de Morale,* octobre-décembre 1931, pp. 511-526. (Conclusion sur la nécessité d'englober le romantisme dans une large conception du classicisme.)

213. PASTOUREL (Dom). *Pascal-Racine,* Avignon, Aubanel, 1930. (Essai de cinquante pages sur l'hellénisme de Racine.)

214. PATER (Walter). *Appreciations* (1889), dans *Complete Works,* Macmillan, 1900, V, 241-261, « A Postcript, Classical and Romantic. » (Essai ingénieux et séduisant, mais un peu vague et extérieur pour ce qui touche au classicisme.)

215. PÉGUY (Charles). *Victor-Marie Comte Hugo* (Cahier du 18 octobre 1910), *Œuvres complètes,* N.R.F. 1916, vol. IV. (Vibrants éloges de Corneille, jugements sévères sur Racine, sa cruauté féminine, son manque d'ordre profond.)

216. ———. *Note sur M. Bergson et la philosophie bergsonienne, note conjointe sur M. Descartes, Œuvres complètes,* N.R.F. 1924, vol. IX. (Sur le « classicisme » de Péguy, voir les entretiens avec J. Lotte, dans *Lettres et entretiens,* Cahiers de la Quinzaine, 18e série, cahier 1, 1927, pp. 176-179.)

217. PELLISSIER (Georges). *Le Réalisme des romantiques,* Hachette, 1912. (Le premier chapitre oppose le romantisme, considéré comme réaliste, au classicisme.)

218. PEVSNER (Nicolaus). *Academies of Art, Past and Present,* Cambridge University Press, 1940. (Etude compréhensive des académies et des rapports entre l'artiste et son public par un historien allemand de l'art émigré en Angleterre. Les pages relatives au XVIIe siècle français sont placées dans le chapitre III, intitulé étrangement « Baroque and Rococo, 1600-1750. »)

219. PEYRE (Henri). « Racine et la critique contemporaine, » *Publications of the Modern Language Association of America,* septembre 1930, pp. 848-855.

220. ———. « Pascal et la critique contemporaine, » *The Romanic Review,* octobre-décembre 1930, pp. 325-340.

221. ———. « Le Classicisme de Paul Claudel, » *Nouvelle Revue Française,* septembre 1932 1932, pp. 432-441.

222. ———. « La Notion de classicisme, » *The French Review,* mars 1933, pp. 271-281.

223. ———. *Hommes et oeuvres du XXe siècle,* Corrêa, 1938. (Avant-dernier essai, « Qu'est-ce que la culture française ? » sur le classicisme foncier de la France.)

224. ———. « Présence de Racine, » *The French Review,* janvier 1940, pp. 211-221.

225. ———. *L'Influence des littératures antiques sur la littérature française moderne,* New Haven, Yale University Press, 1941. (Chapitre IV, pp. 36-46, sur XVIIe siècle et l'antiquité.)

226. POIZAT (Alfred). *Du Classicisme au symbolisme,* Editions de la Nouvelle Revue Critique, 1929. (Chapitre II, pp. 31-54, « De l'esprit classique. »)

227. POUSSIN (Nicolas). *Correspondance,* publiée par Charles Jouanny, Archives de l'art français, nouvelle période, vol. V, 1911.

228. PRAZ (Mario). « Approssimazioni : romantico, » *La Cultura,* 15 mars 1926, pp. 193-213. (Examen des théories récentes sur la définition du romantisme ; reproduit pour l'essentiel dans le chapitre I de l'ouvrage du même auteur, *La Carne, la morte e il diavolo nella letteratura romantica,* Milan, La Cultura, 1930.)

229. PRUNIÈRES (Henry). *Lully,* Renouard, 1910. (Rapports entre la tragédie en musique de Lully et les écrivains et artistes contemporains.)

230. ———. *La Vie illustre et libertine de J. B. Lully,* Plon, 1929. (Récit animé et fort révélateur sur l' « envers » du Grand siècle.)

231. QUILLER-COUCH (Arthur). « On the Terms Classical and Romantic, » dans *Studies in Literature,* Cambridge University Press, 1919, I, 76-95. (Essai superficiel où l'auteur abandonne toutes les spéculations sur cet éternel débat aux Allemands qui, n'ayant guère de littérature à eux, passent leur temps, selon l'auteur, à échafauder des théories sur celles des autres.)

232. RANSOM (John C.). « Classical and Romantic, » *The Saturday*

Review of Literature (New York), 14 septembre 1929, pp. 125-127.

233. READ (Herbert). *Reason and Romanticism,* Londres, Faber and Gwyer, 1926. (Série d'essais favorables à un certain néo-classicisme.)

234. RENAN (Ernest). *Nouveaux Cahiers de jeunesse* (1846), C. Lévy, 1907. (Pp. 126-127, jugement hardi sur Pascal ; p. 197, sur le culte des classiques vers 1845.)

235. ———. *L'Avenir de la science,* pensées de 1848, C. Lévy, 1890. (Nombreux jugements sur le XVIIe siècle, en général sévères pour le manque de spontanéité, de relativisme, et d'esprit critique de cette période. Voir pp. 59, 144, 154, 193, 226, 264, 289, 296, 385, 386.)

236. ———. *Nouvelles Etudes d'histoire religieuse,* C. Lévy. (Dans le troisième article sur Port-Royal de 1887, vif éloge du style des écrivains classiques : « Leur langue suffit à tout ; elle peut servir à exprimer des pensées opposées aux leurs, » P. 492.)

237. ———. *Correspondance,* C. Lévy, 1926. (Lettre du 8 avril 1856 à Alphonse Peyrat, attaquant avec violence l'étroitesse de Bossuet et, à travers lui, du XVIIe siècle.)

238. REY (Robert). *La Renaissance du sentiment classique dans la peinture française à la fin du XIXe siècle,* les Beaux-Arts, 1931. (Chap. I, assez confus, intitulé « A La Recherche d'une définition du sentiment classique. »)

239. REYNAUD (Louis). *Histoire générale de l'influence française en Allemagne,* Hachette, 1924. (Solide ouvrage, moins partial que d'autres plaidoyers anti-romantiques de l'auteur, et notamment long chapitre [pp. 171-319] sur l'influence française en Allemagne aux XVIIe et XVIIIe siècles.)

240. REYNIER (Gustave). *La Femme au XVIIe siècle, ses ennemis et ses défenseurs,* Tallandier, 1929.

241. RHEINWALD (Albert). « Poussin ou la raison dans l'art, » *Bibliothèque Universelle et Revue de Genève,* avril 1926, pp. 421-427.

242. RIVIÈRE (Jacques). « Le Roman d'aventures, » *Nouvelle Revue Française,* juin 1913, 3e article, pp. 914-922. (Interprétation esthétique d'un classicisme transposé en termes imaginatifs.)

243. ———. « De Dostoiewski et de l'insondable, » *Nouvelle Revue*

Française, janvier 1923, pp. 175-179. (Sur la psychologie des classiques français et celle des Russes.)

244. ———. « Les Méfaits du moralisme, » dans *Moralisme et Littérature,* Corrêa, 1932. (Débat avec Ramon Fernandez, où Rivière soutient la thèse de l'immoralisme des classiques.)

245. ROBERTSON (John G.). *The Reconciliation of Classic and Romantic,* Cambridge, Bowes and Bowes, 1925. (Presidential address, Modern Humanities Research Association ; réimprimé dans *Essays and Addresses,* Londres, Routledge, 1935.)

246. ROCHEBLAVE (Samuel). *Le Goût en France, les Arts et les Lettres de* 1600 à 1900, A. Colin, 1914. (Paru d'abord comme une série de chapitres sur l'art français dans l'*Histoire de la littérature française* dirigée par Petit de Julleville.)

247. ———. *L'Age classique de l'art français,* Didot, 1932.

248. SAINTE-BEUVE, « Qu'est-ce qu'un classique ? » *Causeries du lundi,* C. Lévy, III, 38-55 (article du 21 octobre 1860).

249. ———. « Joachim du Bellay, » *Nouveaux Lundis,* article de juin 1867, C. Lévy, vol. XIII. (P. 295, emploi du terme classique pour désigner un moderne imbu des anciens.)

250. ———. *Les Cahiers de Sainte-Beuve,* suivis de quelques pages de littérature antique, Lemerre, 1876. (Pp. 108-109, Sainte-Beuve se refuse à juxtaposer les deux termes, « classiques » et « allemands. »)

251. SANCTIS (Francesco de). « La *Fedra* di Racine » (1856), dans *Saggi critici,* Naples, Morano, 1931, II, 7-31. (Proteste contre les étroitesses de Schlegel et insiste sur l'indépendance de Racine à l'égard des Grecs.)

251 bis SAUVEBOIS (Gaston). *L'Equivoque du classicisme,* l'Edition libre, 1911. (Développement repris dans « D'un nouveau classicisme, » *La Vie des Lettres,* juillet 1914, pp. 267-276 : demande un classicisme qui soit européen et vivant, et pas seulement nationaliste et nostalgique.)

252. SCHNEIDER (Ferdinand J.). *Die deutsche Dichtung vom Ausgang des Barocks bis zum Beginn des Klassizismus,* 1700-1785, Stuttgart, Metzlersche Verlagsbuchhandlung, 1924.

253. SCHNEIDER (René). *L'Art français au XVIIe siècle* (1610-1690), Laurens, 1925. (Excellents aperçus sur le classicisme, pp.

1-8, sur Poussin, sur l'indépendance de la peinture du XVIIe siècle envers l'antique, sur Versailles et le style Louis XIV.)

254. SCHROEDER (Rudolf A.). « Zur deutschen Würdigung Racines, » suivi d'une traduction d'*Athalie, Corona,* 1931-1932, II, pp. 540-545.

255. ———. « Racine Renaissance in Deutschland, » *Deutsche-franzoesische Rundschau,* 1933, pp. 134-139.

256. SCHULTZ (Franz). *Klassik und Romantik der Deutschen.* I, *Die Grundlagen der Klassisch-romantischen Literatur,* Stuttgart, Metzlersche Verlagsbuchhandlung, 1935.

257. SCHÜRER (Oskar). « Der Neoklassizismus in der jüngsten franzoesischen Malerei, » dans *Jahrbuch für Philologie, oder Idealistische Philologie,* Munich, 1925, pp. 427-443.

257 bis SEILLIERE (Ernest). « Qu'est-ce que le classique ? » *Nouvelle Revue Critique,* décembre 1933, pp. 529-542. (Appréciation et discussion de notre livre.)

258. SILZ (Walter). *Early German Romanticism,* Cambridge, Harvard University Press, 1929. (Que les romantiques ne s'opposent pas aux classiques, mais les continuent.)

259. SMITH (Logan P.). *Four Words* (*Society for Pure English,* Tract 17), Oxford University Press, 1924. (Sur le mot « romantic » opposé à « classical. »)

260. STAPFER (Paul). *Racine et Victor Hugo,* A. Colin, 1887. (Curieux récit des critiques, souvent fort violentes, adressées à Racine par Victor Hugo en exil.)

261. STRACHEY (Lytton). *Landmarks in French Literature,* Londres, Williams and Norgate, 1912. (Excellent chapitre sur le XVIIe siècle.)

262. ———. *Books and Characters,* Londres, Chatto and Windus, 1922. (Pp. 1-32, célèbre éloge de Racine.)

263. STRICH (Fritz). *Deutsche Klassik und Romantik, oder Vollendung und Unendlichkeit,* Munich, 1922. (Antithèse philosophique, pénétrante mais trop absolue, établie entre l'esprit classique et l'esprit romantique.)

264. SUARÈS (André). *Essais,* NRF, 1913. (Pp. 17-35, sur « Le Grand Siècle » ; pp. 211-226, « Shakespeare à Paris, » jugement sévère sur Racine et éloge des unités.)

265. ———. *Sur La Vie,* Emile-Paul, 1925 (nouvelle édition), II, 247-

261, « Classique et romantique » ; III, 61-70, « Du Classique » ; pp. 277-287, « Shakespeare et toujours Racine. »

266. ———. *Musique et poésie,* éditions Aveline, 1928. (P. 92, sur Racine comparé à Wagner.)

267. ———. *Goethe le grand Européen,* Emile-Paul, 1932 (Pp. 83, 101-103, sur Racine opposé à Gœthe.)

268. *TABLEAU de la littérature française, XVIIe-XVIIIe siècles,* Gallimard, 1939. (Série de chapitres, inégaux et parfois brillants, sur les grands écrivains de ces deux siècles par plusieurs des écrivains les plus éminents d'aujourd'hui.)

269. TAINE (Hippolyte). *Les Philosophes français au XIXe siècle,* Hachette, 1857. (Pp. 104 sur Boileau, 111 sur Racine.)

270. ———. « Sainte-Odile et Iphigénie en Tauride, » dans *Essais de critique et d'histoire,* Hachette, s. d., pp. 393-414. (Essai de 1868, qui ne se trouve donc point dans les premières éditions de ce volume paru d'abord en 1858.)

271. ———. « Racine, » *Nouveaux essais de critique et d'histoire,* 1865. (Célèbre et sévère critique du dramaturge classique, pp. 207-270.)

272. ———. *Sa Vie et sa correspondance,* Hachette, 1903. (II, 456, sur l'abstraction des personnages de Racine et du classicisme français.)

273. ———. *Les Origines de la France contemporaine,* l'*Ancien Régime,* Hachette, 1875. (Vol. I, livre III, chap. ii, « L'Esprit classique. »

274. THÉRIVE (André). « Classicisme et nationalisme littéraire, » *Revue Critique des Idées et des Livres,* mars-mai 1924, pp. 250-254. (Pourquoi le néo-classicisme en France est nécessairement nationaliste, puisque le classicisme est national dans notre pays.)

275. THIBAUDET (Albert). « Boileau, » *Nouvelle Revue Française,* juillet 1936, pp. 141-158 (voir No. 268).

276. THOMAS (Jean). *L'Humanisme de Diderot,* Belles-Lettres 1932 (nouvelle édition, 1938). (Chap. V, sur « Diderot et la tradition française de l'humanisme.)

277. THOMAS (Richard). *The Classical Element in German Literature,* 1755-1805. *An Introduction and an Anthology,* Cambridge, Bowes and Bowes, 1939.

278. TILLEY (Arthur). *From Montaigne to Molière, or the Preparation of the Classical Age of French Literature,* Cambridge University Press, 1923.

279. ———. *The Decline of the Age of Louis XIV, or French Literature 1687-1715*, Cambridge University Press, 1929.
280. ———. *Three French Dramatists ; Racine, Marivaux, Musset,* Cambridge University Press, 1933. (Chapitre sur Racine sympathique au dramaturge classique, mais sans éclat.)
281. TOINET (Raymond). « Les Ecrivains moralistes au XVIIe siècle, » *Revue d'Histoire Littéraire,* 1916, pp. 570-610 et 1917, pp. 296-306 et 656-675. (Bibliographie de 405 ouvrages consacrés à la politesse et aux livres de caractères, pensées, maximes de 1638 à 1715.)
282. TRUC (Gonzague). *Classicisme d'hier et classicisme d'aujourd'hui,* Belles-Lettres, 1929. (Définition du classicisme assez partielle et partiale dans le premier chapitre.)
283. ———. *Bossuet et le classicisme religieux,* Denoel et Steele, 1934.
284. ULLMANN (Richard) et GOTTHARD (Helene). *Geschichte des Begriffes « Romantisch » in Deutschland,* Berlin, Ebering, 1927.
285. UPHAM (Alfred H.). *The French Influence in England from the Accession of Elizabeth to the Restoration,* New York, Columbia University Press, 1908.
286. VALÉRY (Paul). *Entretiens avec* (par Frédéric Lefèvre), Le Livre, 1926. (Pp. 115-120, entretien sur « classique et romantique. »
287. ———. *Rhumbs,* Le Divan, 1926. (Pp. 117-119, sur le secret de l'art classique.)
288. ———. Préface à *Leonardo o dell' arte,* de Leo Ferrero, Turin, Buratti, 1929. (Pp. 1920, remarques pénétrantes sur les qualités essentielles du classicisme. Réimprimé dans *Variété III.*)
289. ———. *Littérature,* Gallimard, 1930. (Pp. 53, 95, 97, 99-100 sur les qualités de l'art classique.)
290. ———. *Choses tues,* Gallimard, 1932. (P. 35 sur les œuvres classiques.)
291. ———. *Pièces sur l'art,* Gallimard, 1934. (P. 8 sur les règles.)
292. ———. *Variété III,* Gallimard, 1936. (P. 51 sur la durée de l'œuvre classique ; pp. 70-71 sur la composition.)
293. VAN TIEGHEM (Paul). *Précis d'histoire littéraire de l'Europe depuis la Renaissance,* Alcan, 1925. (Chapitre VII, sur l'âge classique en Europe.)
294. ———. « Classique, » *Revue de Synthèse,* juin 1931, pp. 238-241.

295. VEDEL (Valdemar). *Deux Classiques français vus par un critique étranger,* Champion, 1925. (Ouvrage sur Corneille et Molière, qui présente le classicisme comme une réaction contre la Renaissance, la Réforme et le baroque.)

296. VÉZINET (François). *Le Dix-septième Siècle jugé par le dix-huitième,* Recueil de jugements littéraires choisis et annotés, Vuibert, 1924.

297. VIAL (Francisque) et DENISE (L.). *Idées et doctrines littéraires du XVII*e siècle, Delagrave, 1906. (Extraits théoriques logiquement groupés et allant de la Pléiade à la querelle des Anciens et des Modernes.)

298. VINES (Sherard). *The Course of English Classicism,* Londres, Hogarth Press, 1930. (Livre vivant et jeune, mais rapide, confus et peu empreint de sérénité classique.)

299. VITET (Ludovic). *L'Académie royale de peinture et de sculpture, étude historique,* M. Lévy, 1861.

300. VOSSLER (Karl). *Jean Racine,* Munich, Hueber, 1926. (Belle étude sur Racine par un éminent romaniste.)

301. WALZEL (Oskar). *Deutsche Romantik,* Leipzig, Teubner, 1908. (Volume I, *Welt- und Kunstanschauung,* renferme quelques considérations générales sur le classicisme, interprété comme l'imitation de l'antiquité.)

302. WATERHOUSE (Francis A.). *Random Studies in the Romantic Chaos,* New York, McBride, 1925. (Ouvrage aussi chaotique que le suggère le titre : le chapitre V oppose l'objectivité réaliste à l'objectivité classique.)

303. WEISNACH (Werner). *Franzoesische Malerei des XVIII Jahrhunderts,* Berlin, Keller, 1932. (Pénétrantes considérations sur la peinture française du siècle classique.)

304. WERNAER (Robert). *Romanticism and the Romantic School in Germany,* New York, Appleton, 1910. (Chapitre I sur romantisme, classicisme et humanisme.)

305. WHITEHEAD (Alfred N.). *Science and the Modern World,* Londres, Macmillan, 1926. (Le chapitre III, « The Century of Genius, » constitue un excellent aperçu sur le caractère des sciences au XVIIe siècle.)

306. WILLIAMS (Edwin E.). *Racine depuis* 1885, *bibliographie raison-*

née, Baltimore, Johns Hopkins Press, 1940 (Johns Hopkins Studies, No. 16.)

307. WILLOUGHBY (Leonard A.). *The Classical Age of German Literature* (1748-1805), Oxford University Press, 1926. (Définition assez lâche du classicisme.)

308. ———. *The Romantic Movement in Germany,* Oxford University Press, 1930. (Le premier chapitre oppose classique et romantique.)

309. WOLLSTEIN (Rose H.). *English Opinions of French Poetry,* 1660-1750, New York, Colombia University Press, 1923.

310. WRIGHT (Charles H.). *French Classicism,* Harvard University Press, 1920. (Etude générale, perspicace et juste en bien des points, mais manquant de clarté et rapprochant à l'excès le classicisme du XVIIe siècle de l'humanisme du XVIe.)

311. WOLFE (Humbert). « English Bards and French Reviewers, » *The Criterion,* janvier 1927, pp. 57-73. (Dialogue imaginaire entre un Français et un Anglais, exposant la nouvelle attitude, plus sympathique et compréhensive, des critiques anglais envers le classicisme français et la poésie française.)

TABLE DE CONCORDANCE

(*Les chiffres renvoient aux numéros de la bibliographie qui précède.*)

I. TRAVAUX RÉCENTS SUR LE CLASSICISME FRANÇAIS.

a) Le milieu historique :
15, 23, 34, 35, 37, 68, 75, 76, 90, 91, 94, 96, 103, 118, 136, 137, 142, 143, 147, 149, 164, 178, 186, 190, 193, 195, 198, 199, 207, 208, 230, 240, 246, 261, 273.

b) L'esprit et la philosophie classiques :
14, 25, 33, 36, 38, 39, 40, 42, 43, 47, 65, 70, 79, 80, 94, 100, 101, 104, 105, 127, 141, 143, 156, 161, 163, 166, 170, 183, 187, 189, 191, 212, 216, 222, 244, 245, 263, 273, 281, 288, 305, 310.

c) Les théories du classicisme :
4, 13, 16, 31, 33, 35, 43, 58, 103, 105, 109, 110, 111, 126, 128, 130, 138, 161, 163, 164, 167, 189, 195, 199, 203, 211, 218, 222, 248, 264, 275, 296, 297, 299, 310.

d) Les œuvres classiques :
3, 5, 16, 23, 34, 38, 68, 75, 76, 90, 95, 103, 120, 128, 132, 133, 149, 161, 164, 168, 169, 187, 193, 197, 199, 202, 215, 220, 275, 278, 282, 287.

e) Racine considéré comme le classique représentatif :
7, 8, 21, 26, 55, 66, 84, 85, 106, 113, 114, 116, 117, 124, 129, 138, 144, 145, 164, 171, 176, 177, 188, 213, 219, 224, 254, 255, 260, 261, 262, 264, 265, 271, 272, 280, 300, 306.

II. LES CLASSIQUES COMPRIS OU JUGÉS PAR LEURS SUCCESSEURS.

a) Classiques et romantiques :
1, 2, 11, 12, 14, 20, 22, 26, 41, 51, 52, 64, 65, 73, 77, 92, 108, 112, 131, 133 bis, 135, 140, 144, 146, 148, 155, 157, 158, 159, 160, 162, 165, 172, 175, 184, 192, 203, 212, 214, 217, 228, 231, 232, 245, 258, 265, 266, 267, 286, 302.

b) Le classicisme jugé par le XIXe siècle :
29, 30, 44, 45, 94, 107, 234, 235, 236, 237, 260, 269.

c) Le classicisme jugé par le XXe siècle :
4, 11, 17, 19, 22, 25, 37, 56, 63, 80, 97, 121, 122, 123, 165, 185, 221, 223, 226, 242, 268, 282, 287, 288, 289, 290, 291, 292, 306.

d) Le néo-classicisme en France et à l'étranger :
6, 17, 25, 30, 57, 69, 87, 88, 89, 102, 121, 122, 123, 148, 157, 165, 180, 181, 182, 184, 200, 201, 233, 257, 257 bis, 274, 282.

III. LE CLASSICISME DANS LES BEAUX-ARTS.
24, 61, 62, 73, 74, 78, 79, 81, 97, 98, 99, 109, 110, 111, 125, 152, 153, 154, 173, 174, 210, 218, 227, 229, 230, 238, 241, 246, 247, 253, 257, 291, 299, 303.

IV. LE CLASSICISME ET L'ANTIQUITÉ. HUMANISME ET CLASSICISME.
35, 72, 83, 86, 89, 93, 126, 127, 167, 209, 213, 225, 249, 276, 297, 301, 310.

V. LE CLASSICISME HORS DE FRANCE.

a) Le classicisme français et l'étranger :
9, 18, 27, 49, 50, 54, 82, 90, 91, 134, 151, 175, 194, 202, 208, 231, 239, 243, 262, 285, 293, 294, 307, 308.

b) Le classicisme en Italie et en Espagne :
2, 31, 32, 48, 67, 91, 116, 117, 119, 139, 140, 177, 179, 187, 210, 211, 251

c) Le classicisme en Allemagne :
12, 27, 71, 72, 82, 91, 108, 130, 131, 144, 150, 155, 160, 162, 163 bis, 175, 188, 203, 204, 205, 206, 239, 250, 252, 254, 255, 256, 258, 263, 267, 270, 277, 284, 301, 304, 307.

d) Le classicisme, l'Angleterre et les Etats-Unis :
1, 6, 7, 9, 10, 13, 15, 49, 50, 53, 54, 59, 60, 84, 85, 87, 88, 102, 106, 113, 114, 133 bis, 146, 156, 157, 200, 209, 214, 233, 262, 285, 298, 311.

INDEX DES NOMS D'AUTEURS

Table des Matières